포스트 교토체제하

배출권거래제의 국제적 연계

포스트 교토체제하

배출권거래제의 국제적 연계

이창수 지음

경인문화사

추천사

조홍식 ｜ 서울대학교 법과대학 교수

기후변화는 21세기 인류의 최대 도전이다. 인류의 삶은 그로 인하여 전대미문의 변화를 겪을 것이고, 그 대응은 인간 사회의 기본 틀을 변혁하는 험로(險路)가 될 것이다.

우리나라 정부는 "글로벌 금융위기" 이후 지구촌 문제로 급부상한 기후변화·에너지 문제에 대응하기 위하여 "저탄소 녹색성장"을 국가비전으로 제시하고 온실가스 총배출량을 2020년까지 배출전망치 대비 30% 감축한다는 목표를 대내외적으로 천명하였다. 녹색성장기본법은 이 비전을 달성하기 위한 법정책적 수단으로 입법된 것이다.

본서의 연구주제인 배출권거래제는 온실가스 감축을 위하여 상정할 수 있는 최선의 수단이다. 배출권거래제는 온실가스 감축의무가 있는 기업들로 하여금 온실가스 배출권을 거래하도록 허용함으로써 감축목표 이행에 드는 비용을 최소화한다. 온실가스 감축능력이 뛰어난 기업은 할당받은 배출권보다 적게 배출해 배출권을 남기고 이를 삭감능력이 부족한 기업에게 양도하게 되는데, 이로써 두 기업 모두 감축목표를 '싸게' 달성할 수 있다. 또한 기업들은 돈 되는 배출감축기술의 개발에 자연스레 매진하게 될 것이다. 이것이 의무감축국이 아닌 미국과 일본이 자발적 배출권거래제를 시행하고 있는 까닭이다.

본서는 포스트 교토체제 하에서 각국의 배출권거래제의 국제적 '연계'를 촉진하기 위하여 필요한 적극적·소극적 조건을 살피고 이를 충족시키기 위한 법정책적·법제도적 방안을 제시하고 있다. 배출권거래제의 국제적 연계는 배출권이 거래되는 시장을 국내에 한정하지 않고 국경을 넘어 확장시키는 것이고, 이로써 전 지구적 온실가스 감축비용을 줄이는 경제적 효과를 가져온다. 또한 배출권거래제의 국제적 연계는 글로벌 탄소시장 출범의 디딤돌이 될 것이다.

인터넷의 발명으로 남북 아메리카 크기의 새로운 시장이 생겼다고 한다. 콜럼버스가 신대륙을 발견한 후 100년이 지나서도 왜란(倭亂)을 겪은 조선(朝鮮)이었지만, 대한민국은 IT기술로 무장한 덕분에 이 새로운 시장을 선점할 수 있었다. 기후변화는 또 다른 시장을 탄생시킬 것이다. 배출권거래제에 기반을 둔 탄소시장이 그것이다. 우리나라는 에너지집약적 산업구조를 가지고 있는 반면, 녹색기술은 선진국과 경쟁하기에 버거운 수준이다. 공정하고 합리적인 배출권거래제의 정착은 산업계에 대한 '녹색 시그널'이다. 배출권거래제의 국제적 연계는 이에 더하여 우리 기업들로 하여금 저탄소 녹색기술에 대한 연구개발 및 투자를 촉진하게 해 녹색시장을 선점할 수 있는 기반을 만들 것이다.

본서가 이와 같은 기반조성에 기여함은 물론이다. 본서는 연구주제의 전망(展望)과 핵심을 파악하고 이에 터 잡아 분석적인 이론 틀을 마련한 후 선진제국의 경험을 토대로 수미일관한 논의를 전개하고 있다. 본서가 앞으로 이어질 후속연구의 기폭제가 될 것을 기대하면서 강호제현의 관심을 촉구해마지 않는다.

2013년 9월 6일

趙 弘 植

서 문

"기후변화, 뉴스에서 몇 번 들어는 봤는데?", "배출권은 도대체 뭐야?" 게다가 "탄소를 사고 파는 것이 가능해?" 2007년 9월 13일 국무조정실의 첫 기후변화대책팀장으로 발령받기 전까지 저자는 기후변화나 배출권거래제에 대해 특별한 관심이나 지식이 없었다. 동년 10월 23일, UN 기후변화 총회에 참석하시는 한덕수 국무총리님을 수행하면서, 그리고 귀국 후에는 기후변화 제4차 종합대책(2008-2012) 수립에 적극 참여하면서 기후변화와 배출권거래제에 대한 본격적인 공부가 시작되었다.

2007년 말부터 시작된 미국발 "서브 프라임 모기지 사태(subprime mortgage crisis)"와 근 150 달러까지 육박한 유가급등으로 기후변화·에너지 문제는 글로벌 경제회복과 함께 지구촌의 양대 핵심의제로 떠올랐다. 이에 이명박 대통령께서는 인수위내에 처음으로 기후변화·에너지팀을 설치해 이 문제를 본격적으로 다루기 시작했고, 2008년 8.15 광복절에서 "저탄소 녹색성장"을 국가비전으로 제시하였다. 저자는 2008년 11월 녹색성장위원회 설립준비팀장으로서 대통령 직속 녹색성장위원회의 설립을 추진하면서, 이와 동시에 기후변화법안·에너지기본법·지속가능발전법 3개를 기능적으로 통합하여 녹색성장기본법을 제정하는 작업에 몰두하였다. 당시 경복궁옆 생산성본부의 골방에서 거의 매일 새벽에 출근해 자정을 넘기는 강행군 끝에 법시안을 완성하고 기뻐했던 눈내린 크리스마스 이브의 자정이 지금도 눈에 선하다.

2009년 2월 녹색성장위원회가 출범하고 난 뒤 녹색위의 기획국장으로서 김형국 위원장님을 모시고 "녹색성장 5개년 계획" 수립에 매진하였다. 2009년 3월부터는 대통령실 국정기획수석실 미래비전비서관실의 선임행정관으로서 박재완 국정기획수석님과 유명희 미래전략기획관님(수석급), 김상협 녹색성장환경기획관님(수석급)을 모시고 국가발전전략인 녹색성장(Green Growth)을 국제사회에 전파하고 실현하기 위해 동분서주하였다.

2010년 여름부터는 마음이 조급해지기 시작했다. 배출권거래제법의 초안 이 만들어지지 않은 상황에서 버클리대 법과대학(UC Berkeley School of Law)의 에너지환경법센터(Center for Law, Energy & the Environment, CLEE) 에 1년간 객원연구원으로 가기로 예정되어 있었기 때문이었다. 그래서 당초 8월에 떠나려던 계획을 잠시 미루고, 한국법제연구원의 글로벌 법제연구센 터장인 박찬호 박사와 함께 거래제법 초안 작성에 매달렸다. 당시 배출권거 래제에 대해서는 관계부처간의 갈등과 주도권 싸움이 워낙 심했던 지라 이 해관계를 갖지 않은 중립적인 입장에 있는 필자와 박찬호 박사가 주도적인 역할을 하지 않을 수 없었다. 다만, 배출권거래제도가 워낙 어렵고 시작단계 에서 제도설계를 잘못할 경우 많은 비용과 대가를 치를 수 밖에 없어 상당 한 부담이 수반되었다. 2010년 12월 7일 청와대를 떠나던 마지막 날 저녁까 지도 김상협 기획관님과 함께 지경비서관실을 찾아가 배출권거래제법의 시 행일을 못박지 말고 국제협상·산업계의 여건 등을 고려해 별도로 정한다 정 도로 부칙에 모호하게 규정하자는 윤상직 비서관님 및 강성천국장과, 법에 그렇게 막연히 규정하는 것은 입법론적으로 수용하기 어렵고 또 정책적으 로도 바람직하지 않다며 격론을 벌인 기억이 새롭다.

근 2년간의 청와대 근무를 마치고, 2010년 12월 13일 샌프란시스코로 향 하는 비행기에 몸을 실었다. 버클리 법대에서의 연수는 공무로 지칠 대로 지친 저자에게 새로운 연구경험을 제공하고 학문적 시야를 넓혀주었다. 다 니엘 파버(Daniel Farber) 교수님의 환경에너지법의 강연, 미국 환경성(EPA) 장관인 리사 잭슨(Lisa P. Jackson)의 기후변화와 청정에너지에 관한 강연, 로 렌스 연구소(Lawrence Berkeley National Laboratory) 로젠버그(Rosenberg) 교 수님의 새크라멘토(Sacramento)시의 기후변화 실험강연 등은 지적 호기심을 자극하였다. 버클리대의 자유로운 환경아래에서 Westlaw에서 다운로드한 방대한 분량의 기후변화, 환경, 에너지 및 배출권거래제에 관한 논문들에 푹 빠져 "학문의 즐거움"을 만끽하였다.

2011년 말 버클리대 연수를 마치고 귀국 후 국무총리실의 농수산국토정책관으로 복귀한 뒤, 미국에서의 연구와 공직에서의 관련 실무경험을 살려, 국제적 현안으로 떠오르고 있는 "배출권거래제의 국제적 연계"를 연구주제로 잡아 관련 자료를 압축·정리하고 시간이 나는 데로 짬짬이 박사논문을 작성해 나가기 시작했다. 하지만 바쁜 공직생활 중에 주말과 휴가를 반납하고 나이 오십이 넘어 주경야독한다는 것은 참으로 힘든 과정이었다. 2005년 2월 서울대 법대 박사과정에 입학해서 천신만고 끝에 8년이 지난 2013년 2월에 "포스트 교토체제하 배출권거래제의 국제적 연계를 위한 법제도 구축방안"으로 박사학위를 취득하였는데, 이 책은 위의 박사논문을 토대로 하여 일부를 수정·보완한 것임을 밝힌다.

이 책이 나오기까지는 많은 분들의 가르침과 도움이 있었다. 지도교수인 서울대 법대의 조홍식 교수님께서는 환경·에너지법 분야에 새로운 눈을 뜨게 해주셨고, 부족하고 미흡한 글을 박사논문으로 완성될 수 있도록 성심껏 지도해 주셨다. 서울대 법대의 이재협 교수님과 아주대 법대의 소병천 교수님께서는 폭넓은 국제적 식견으로 기후변화와 배출권거래제의 세계적 동향과 흐름, 국제규범에 대해 세세히 알려주셨고, 서울대 법대의 이효원 교수님께서는 기존의 환경에너지법과 다른 새로운 시각에서 논문의 구성과 체계및 미비점에 대한 날카로운 조언을 해주셨다. 또한 서울대 법대의 허성욱 교수님은 법경제학적 관점에서 배출권거래제의 연계에 대한 이론적 분석과 우리나라 법제도에 미치는 영향과 시사점에 대해 방향성을 제시해 주셨다. 그리고 서울대 법대 박사과정의 입학에서부터 졸업때까지 논문의 구성과 작성방식, 학문의 가치에 대해 가르쳐 주시고 지도해 주신 서울시립대 법대의 구대환 교수님, 서울대 법대의 정상조 학장님, 이원우 교수님께 감사를 드린다. 아울러 박찬호 박사와 삼일 PwC의 유창민 이사, 에코프론티어의 정정만 부사장, 환경부의 박천규 국장, 류필무 사무관, 국가온실가스 종합정보센터장인 유승직 박사님, 국토교통부의 김기대 과장, 글로벌 녹색성장연구소(GGGI)의 김진영 연구위원 등 많은 분들께서 자문과 자료협조를 해주셨다. 또한 국무조정실의 김동연 장관님과 홍윤식 차관님, 이호영 차관님의 배려와 격려가 도움이 되었다. 모든 분들게 깊은 감사를 드린다. 평생을 희생해 가며 불효자인 저자를 뒷바라지 해주셨던 어머님께 이 책을 바친다. 그리고 사랑하는 아내와, 딸 채영, 아들 성현과도 발간의 기쁨을 나누고 싶다. 졸저가 배출권거래제의 국제적 연계를 활성화하는데 작은 밑거름이 되었으면 하는 바램이고, 앞으로 강호제현의 빛나는 후속 연구를 기대한다.

2013년 8월 1일

이 창 수

요 약

이 연구의 목적은 포스트 교토체제하에서 각국 배출권거래제의 국제적 연계를 촉진하기 위해 요구되는 설계기준과 연계요건들을 도출한 뒤, 배출권거래제의 연계를 저해하는 요인들에 대한 법제도적 개선방안을 제시하기 위한 것이다. 글로벌 탄소거래의 경제적 효과는 2020년까지 전 지구적 온실가스 감축비용을 최대 70%까지 줄일 수 있는 것으로 추정되는데, 배출권거래제의 연계는 글로벌 탄소시장 출범을 위한 지렛대로서의 역할을 할 수 있다. 또한 연계는 각국 거래제간의 시장메카니즘의 연결을 통해 국제적 협력을 증진시킴으로써, 현재 교착상태에 있는 포스트 교토체제에 새로운 전환점으로 작용할 가능성도 있다.

배출권거래제의 효율적인 연계를 위해서는 거래비용발생의 필요를 줄이고 시장메카니즘에 직접 개입하는 것은 최소화하는 방향으로 배출권거래제의 주요 법제도를 조화시키고 일치시킴으로써 후생손실이 발생하지 않도록 해야 한다. 포스트 교토체제하의 연계를 위한 새로운 설계기준은 환경법의 기본원리에서 도출되는 환경적 통합성과 자원배분의 효율성, 자원배분의 형평성 외에, 연계라는 측면을 고려한 제도적 유사성이라는 4가지 기본이념 하에서, 이의 실행원리로서 연계를 위한 기초요건, 일반요건 및 특수요건을 갖추어야 한다.

첫째, 기초요건으로서, 국제기준에 맞는 MRV체제를 구축하는 것이 필요하다. 둘째, 일반요건으로서, EU와 미국 배출권거래제와의 연계를 위해서는 EU지침이나 미국 배출권거래제 관련법안에서 요구하고 있는 필수요건을 갖추는 것이 중요하다. 총량배출권거래제를 도입하고, 상대적으로 엄격한 절대적 목표를 채택하며, 상쇄허용범위와 허용한도를 조화시키고, 제재수준을 엄격하게 하는 것이 필요하다. 중국·일본의 경우 총량배출권거래제로의 조속한 전환이 요구되고, 뉴질랜드의 경우에는 명시적인 총량제한(cap)이 없는 데 국제적 연계를 위해 제도보완이 필요할 것으로 보인다. 그리고 앞으로 중국·일본이 뉴질랜드처럼 절대적 목표와 함께 집약도 목표를 병행 채택하는 경우, EU-ETS 및 미국 등과의 연계에 있어 장애가 될 수 있다. 아울러 EU-ETS와 연계를 하려는 국가는 정량적 감축목표치를 상대적으로 엄격하게 설정하는 것이 요구된다. 상쇄의 경우 EU는 산림분야의 상쇄를 허용하지 않는 데 반해, 호주·뉴질랜드·미국·한국은 이를 허용하고 있어 조화가 필요하다. 상쇄한도도 조화가 필요하며, 국제기준에 맞는 상쇄의 질 관리 등의 조화도 이뤄져야 한다. 그리고 위반 시 제재의 경우 미국·호주·뉴질랜드의 경우 EU수준으로 제재를 강화할 필요가 있고, 한국의 경우 과징금 수준을 보다 상향조정하고 감축목표 미달분에 대한 추가 보충의무 부여, 위반자에 대한 명단공표 등을 보완할 필요가 있다고 본다.

셋째, 필수요건은 아니지만 연계되는 시장의 안정적 운영과 배출권 가격의 불안정을 완화하기 위한 중요요건으로서, 비용완화수단·계획기간·사후조정을 들 수 있다. 각국의 비용완화수단을 검토해 보면, 이월·차입 등의 경우에는 각국 제도가 유사하여 문제가 없을 것으로 보인다. 그러나 미국·호주 등에서 제시된 가격 상·하한제는 시장 메카니즘에 직접 개입하는 것이라 연계에 장애가 될 것 같다. 한국의 경우 시장안정화를 위해 거래량 제한, 가격 상·하한제, 차입·상쇄한도의 축소 등 사용가능한 거의 모든 수단들을 제도화시키고 있는 데, 가격 메카니즘에 지나치게 개입하는 것은 연계에 장애가 될 수 있으므로 초기단계에 한해 일몰제로 운영할 필요가 있다. 그리고 포스트 교토체제의 이행기간에 맞춰 각국 거래제의 계획기간을 가급적 일치시키고, 사후조정장치는 거래제 적용대상 기업이 예측할 수 없었고 수인한도를 넘는 극히 예외적인 경우에 한해 허용해야 한다. 그런데 한국의 경우 사후조정을 지나치게 광범위하게 허용함으로써, 사실상 집약도 목표를 채택하는 것과 유사한 결과를 초래하므로 개선이 필요하다.

넷째, 배출권거래제의 연계에 있어 반드시 일치를 요하는 것은 아니나, 할당방법, 부문별 적용대상, 신규진입 및 시설폐쇄, 레지스트리 등의 비일치 요건도 가급적 조화시키는 것이 바람직하다.

다섯째, 배출권거래제의 도입자체를 저해하거나 연계를 방해하는 특수요건에 대한 법제도적 보완방안을 강구하는 것이 필요하다. 에너지 다소비, 무역집약도가 높은 산업의 탄소누출문제를 완화하기 위해 연계와 경쟁력을 조화시키는 법제도적 보완장치를 강구할 필요가 있다. 다만, 국제기준에 부합하지 않는 지나친 보호장치는 연계의 장애물이 될 수 있다. 그리고 호주·뉴질랜드와 같이 배출권거래제와 탄소세의 연계를 통한 정책조합(policy-mix)으로 시너지를 높이고, 연계당사국간의 분배문제를 고려하며, 충분한 사전준비를 통해 시행착오를 최소화할 수 있도록 연계를 단계적으로 추진하는 것이 바람직하다. 아울러 국제적인 법제도 통일 및 조화를 촉진하기 위해 선진국·개도국 등 유형별로 배출권거래법제도의 표준모형을 개발 보급하고, UNFCCC 산하에 국제 배출권거래 사무국을 설치·운영하는 등 국제적인 지원 메카니즘을 구축할 필요가 있다

결론적으로, 각국은 배출권거래법제도의 도입 초기단계에서 부터 국제적 연계를 고려하여, 기본적으로 국제기준에 부합하도록 핵심적인 법제도를 조화시키거나 일치시키되, 에너지 집약산업의 배출권거래제 도입에 대한 반발과 탄소누출에 대한 우려 등을 고려해 연계와 경쟁력을 조화시키는 방향으로 법제도를 설계하는 것이 바람직하다.

차 례

- 발간사
- 서문
- 요약
- 약어목록

■ 표

■ 그 림

약어 목록

AAU	Assigned Allowance Unit
AEP	American Electric Power Co. v. Connecticuts
CAA	Clean Air Act
CAFE	Corporate Average Fuel Economy
CCER	China Certified Emissions Reduction
CCS	Carbon Capture Storage
CEB 2011	Clean Energy Bill 2011
CFI	Carbon Farming Initiative
CPRA	Carbon Pollution Reduction Act
CPRS	Carbon Pollution Reduction Scheme
EPA	Environmental Protection Agency
ERU	Emission Reduction Unit
ETR	Emissions Trading Registry
EUA	European Union Allowance
GCF	Green Climate Fund
GEDO	Greenhouse and Energy Data Officer
ICAP	International Carbon Action Partnership
IETA	International Emissions Trading Association
ITL	International Transaction Log
JVETS	Japanese Voluntary Emissions Trading Scheme
MGGRA	Midwestern Greenhouse Gas Reduction Accord
MiFID	The Markets in Financial Instruments Directive
MRG	Guidelines for the Monitoring and Reporting of Greenhouse Gas Emissions
MRR	Mandatory Reporting of Greenhouse Rule
MRV	Measurement, Reporting and Verification
NAMAs	Nationally Appropriate Mitigation Actions
NGER	National Greenhouse and Energy Reporting
NR	National Registry
RGGI	Reginal Greenhouse Gas Initiative
RMU	A Removal Unit
UNFCCC	United Nations Framework Convention on Climate Change
VER	Verified Emission Reduction
WCI	Western Climate Initiative
W-M법안	Waxman-Markey Bill

제1장
서 론

제1절 연구배경 및 목적

　세계 각국과 UN 등 국제기구는 범세계적 현안인 기후변화와 에너지 위기 문제에 대응하면서 지속가능한 발전을 추구하기 위해 1997년 교토의정서(Kyoto Protocol)를 채택하였고, 시장기능을 활용해 온실가스를 비용효과적으로 감축하기 위한 신축성 장치로서 배출권거래제를 도입하여 2005년부터 시행중에 있다. 이후 국제 배출권거래시장의 규모는 지속적으로 증가하였으나, EU-ETS(European Emissions Trading Scheme)에 지나치게 편중되고, 배출권의 가격이 급등락하며, 미국·중국·일본 등 주요 온실가스 배출국에서 배출권거래시장을 개설하지 않아 국제적 연계가 이루어지지 않은 채 분할체제로 운영되는 등의 문제점이 있었다. 이런 한계와 함께 교토체제는 2012년 말까지만 그 효력을 가지게 되어 있어 포스트(post) 2012부터는 새로운 국제 기후변화체제가 요구되었다. 이에 따라 세계 각국은 UN을 중심으로 2007년 발리행동계획을 시작으로, 2011년 더반 플랫폼 및 2012년 도하 합의문 채택 등을 통해 선진국과 개도국이 공히 참여하고 "법적으로 구속력이 있는(legally binding)" 포스트 교토체제를 출범시키기 위해 일련의 노력을 기울이고 있으나 많은 어려움을 겪고 있다.

　OECD(2012)는 기후변화에 대응하기 위한 가장 저렴한 정책은 국제 탄소가격(global carbon price)을 정하는 것이고, 이를 위해서는 여러 국가 및 지역으로부터 출현하고 있는 여러 배출권거래제를 연계하는 것이 요구된다고 제안하였다.[1] 특히, 글로벌 거래는 OECD국가들이 기여하고하는 지구적 노

---

1) OECD, *OECD Environmental Outlook to 2005* (Nov. 2011), at 63.

력의 22%를 더 감소시켜 준다고 한다.[2] 2005년부터 배출권거래제를 운영 중인 EU는 국제탄소시장이 반드시 EU-ETS에 상응하는 강제적인(mandatory) 배출권거래제와의 연계를 통해 형성되어야 한다는 입장인데,[3] 2015년까지는 OECD국가를 대상으로, 2020년에는 보다 폭넓은 글로벌 탄소시장의 구축을 목표로 하고 있다.[4] 2012년 8월 EU와 호주는 처음으로 대륙 간 배출권거래제의 연계에 합의하였는데, 늦어도 2018년 7월 1일 이전에 완전한 형태의 쌍방연계를 실시키로 하였다.[5]

배출권거래제의 연계는 시스템간의 전염효과 때문에 전체적인 배출량을 증가시킬 수 있고, 배출권이 고비용인 국가로부터 저비용국가로 재원이 이전되어 분배적 문제를 일으키며, 자국의 거래제도 설계 및 영향력에 대한 통제력을 약화시키는 등의 단점이 있기는 하나,[6] 범지구적으로 온실가스 감축을 시장기능을 활용해 보다 비용효과적으로 추진할 수 있게 하는데,[7] Lazarowics(2009)는 글로벌 탄소시장이 구축될 경우, 온실가스 감축비용이 최대 70%까지 절감될 수 있을 것이라고 한다.[8] 그리고 연계는 시장의 유동

---

2) *Id.* at 64.

3) Directive 2009/29/EC §27,1b.

4) European Commission, *Communication From the Commission to the European Parliament, International Climate Policy Post-Copenhagen: Acting Now to Reinvigorate Global Action on Climate Change*, COM(2010)86 final (2010.3.9), at 11-12.; European Commission, *Toward a Comprehensive Climate Change Agreement in Copenhagen*, COM(2009) 39 Final (28 Jan. 2009), at 11.

5) Australian Government, Department of Climate Change and Energy Efficiency, *Australia and European Commission agree on pathway towards fully linking emissions trading systems* (28 Aug. 2012), <http://www.climatechange.gov.au/media/whats-new/linking-ets.aspx> (2012.10.16.방문).

6) Michael Mehling, Andreas Tuerk, Wolfgang Sterk, *Prospects for a Transatlantic Carbon Market*, Climate Strategies (April 2011), at 16.

7) *Id.* at 7.

8) Mark Lazarowicz, *Global Carbon Trading: A Framework for Reducing Emissions* (London: DECC/OCC, 2009), at 6.

성을 증대시켜 가격변동성을 줄이고 시장지배력을 감소시키며,[9] 경쟁의 왜곡을 방지하고,[10] 국제정치적인 측면에서 긴밀한 국제협력에 대한 의지와 공약에 대한 신호(signal)를 제시하는[11] 등의 장점이 있는 바, 이러한 연계를 촉진하기 위해서는 각국의 배출권거래제의 핵심적인 법제도를 조화시키거나 통일시키는 노력이 긴요하다. 즉, 각국의 "배출권거래제 법제도 통일 → 국제적 연계촉진 → 범지구적 온실가스 감축 촉진"이라는 선순환구조를 도모할 수 있는 것이다.

따라서 배출권거래제의 초기 도입단계에서 부터 각국 시스템과의 국제적 연계를 고려하여 국제기준에 부합하도록 법제도를 설계하는 것이 대단히 중요하다. 포스트 교토체제하에서는 각국의 배출권거래제가 국제적으로 연계될 가능성이 크고, 더 나아가 중장기적으로는 글로벌 배출권 거래시스템이 탄생할 가능성이 있으므로, 각국은 제도도입 초기단계에서부터 이런 점을 염두에 두고 배출권거래제의 구도를 정립하고 법제도를 설계하는 것이 긴요하다. 그리고 배출권거래제의 연계를 저해하는 장애요인을 극복하는 것이 필요하다. 배출권거래제를 도입하거나 연계함에 있어서 에너지 집약도, 무역집약도가 높은 산업의 강한 반발과 저항이 제기되고 있는 바, 이들 산업에 대한 국제경제력 제고방안 및 기후변화관련 소송에 대한 우려 등을 고려하지 않을 수 없는 것이 또한 현실이다. 왜냐하면 배출권거래제의 국제적 연계가 중요하기는 하나, 배출권거래제의 도입·실시 및 연계로 인해 직·간접적으로 피해가 있을 것으로 예상되는 산업부문에 대한 고려가 없이 법제

---

9) Judson Jaffe, Matthew Ranson & Robert N Stavin, *Linking Tradeable Permit Systems: A Key Element of Emerging International Climate Policy Architecture*, 36 Ecology Law Quarterly, 789, 800 (2009).

10) Dr. Ottmar Edenhofer, Christian Flachsland, Robert Marschinski, *Towards a global CO_2 market*, Potsdam Institute for Climate Impact Research (May 2007), at 7.

11) Deloitte, *Design implications of linking emission trading schemes and the impact on business* (2009), at 12, <http://www.deloitte.com/assets/Dcom-Global/Local%20Assets/Documents/CCS/business_implications.pdf> (2012.10.16.방문).

도를 설계할 경우, 자칫 배출권거래제의 도입자체가 좌초되거나 국제적 연계마저 성사되지 않으며, 설사 국제적 연계가 이뤄진다 해도 연계에 따른 장점보다는 부정적 영향이 국내·외 시장으로 까지 파급·증폭되는 등 단점이 훨씬 더 클 경우에는 경제·산업 부문에 커다란 피해를 야기할 수도 있기 때문이다.

이 연구의 목적은 포스트 교토체제하에서 각국 배출권거래제의 국제적 연계를 촉진하기 위해 요구되는 설계기준과 연계요건들을 도출하여 바람직한 설계방향을 제시하고, 배출권거래제의 도입 및 연계를 저해하는 요인들에 대한 법제도적 개선방안을 제시하기 위한 것이다. 즉, 포스트 교토체제하에서 각국이 시행중이거나 도입 중인 배출권거래제를 효율적·체계적으로 연계시키기 위해 필요한 설계기준과 연계요건을 도출하여, 어떤 법적 설계요소들을 어떻게 조화시켜야 할지를 분석하는 한편, 배출권거래제의 도입 및 효율적 연계를 저해하는 요인인 에너지집약도, 무역집약도가 높은 산업의 국제경제력 저하, 소송에 대한 우려문제 등을 어떻게 보완하면서 법제도를 구축할 것인가를 살펴보기 위한 것이다.

포스트 교토체제하에서 UN중심의 기후변화협상에 의한 온실가스 의무감축이 어려움이 겪고 있는 가운데, 시장메카니즘을 활용해 비용효과적으로 온실가스를 감축하는 배출권거래제의 도입·연계추진은 그 필요성이 점점 더 높아지고 있다. 비록 각 국가별로 처한 여건에 따라 배출권거래제의 도입이 좌절되거나 지연되기는 하나, EU·호주 등의 연계사례에서 보듯이 국제적 연계를 위한 움직임이 가속화되고 있고, 한국의 경우에도 2012년 10월 배출권거래제 도입을 위한 법령 제정을 완료하고, 2015년 부터는 본격적인 시행을 앞두고 있어, 조만간 배출권거래제의 국제적 연계가 당면과제로 떠오를 수밖에 없는 점 등을 고려할 때, 이 연구는 배출권거래제도의 연계를 위한 새로운 설계기준을 제시한다는 의미뿐만 아니라, 향후 배출권거래 법제도 개선을 위한 시사점을 제시해 준다는 측면에서 연구의 가치가 있다고 본다.

제2절 연구범위·내용 및 방법

 기존의 배출권거래제에 관한 국내·외 선행연구를 살펴보면, 배출권거래제를 시행하거나 도입을 검토 중인 국가의 일반적인 제도를 소개하거나 비교하는 것이 대부분이었다. 배출권거래제의 연계에 관한 연구는 2005년 EU-ETS가 출범한 이후 EU를 중심으로 논의가 진행되었으나, 배출권거래제 자체가 EU를 제외하고는 미국·중국·일본 등 대부분의 국가에서 도입논의만 되었지 시행이 되지 않고 있다 보니, EU-ETS의 범위를 어떻게 확장할 것인지, 또 강제시장인 EU-ETS를 각국의 자발적 시장과 어떻게 연계시킬 것인 지가 주로 연구되었다. 2009년 오바마 행정부가 출범한 뒤 거래가능한 배출허용량을 할당하여 피규제 배출원의 배출총량을 제한하는 총량배출권거래제[1]를 내용으로 하는 기후변화법안이 미 연방의회에 제출되고 난 뒤에야, EU 및 OECD의 몇몇 전문가들에 의해 EU와 미국의 배출권거래제를 효율적으로 연계하는데 필요한 요인과 장해요인들을 검토하면서 EU-ETS 지침과 미국 연방 배출권거래제관련법안의 개괄적인 비교연구가 일부 이루어졌으나,[2] 2010년 말 미 중간선거 이후 민주당의 패배로 미 상원에서 더 이

---

1) Judson Jaffe, Matthew Ranson & Robert N Stavin, *Linking Tradeable Permit Systems: A Key Element of Emerging International Climate Policy Architecture*, 36 Ecology Law Quarterly, 789, 791 (2009).

2) Wolfgang Sterk, Michael Mehling, Andeas Tuek, *Prospects of linking EU and US Emission Trading Scheme: Comparing the Western Climate Initiative, the Waxman-Markey and the Lieberman-Warner Proposal,* Climate Strategies (April 2009). [hereinafter Sterk et al., *Prospects of linking EU and US Emission Trading Scheme*].; James Chapman,

상 기후변화법안에 대한 논의가 진척되지 못하고 있는 상황에서, 2012년 유로존 위기 등으로 세계 배출권거래시장이 극도로 침체되자 추가 연구결과의 도출은 미진한 상황이다.

한국의 경우 배출권거래제에 관한 연구는 주로 경제학적·환경적 관점에서 논의되었다. 법학적 관점에서는 배출권거래 법제도 전반에 관한 포괄적 연구나 설계요인(design elements)에 관한 연구가 있었으나, 아직까지 배출권거래제의 연계를 위한 법제도적 연구는 이루어지지 않았는데, 배출권거래제 자체가 도입이 되지 않은 상태에서 배출권거래제법제을 마련하는 과정에서는 제도의 큰 골격을 만드는데 연구와 노력을 집중하였기 때문으로 여겨진다.

배출권거래제 도입 초기에 법제도를 설계함에 있어 국제기준에의 부합이라는 기준과 국제경쟁력 등의 기준을 의당 고려할 것이나, 나중에 법제도가 마련된 뒤 평가를 해보면 과연 이런 기준들이 균형있게 충족되었는지 의문이 가는 적이 적지 아니하고, 설령 동 기준들이 충족되었다고 할 지 라도, 중장기적인 관점에서 보아 국제 탄소시장과의 연계라는 프리즘을 통해 배출권거래제의 개별 설계요소들을 투영하며 평가한 뒤, 법제도적 개선방안을 도출해 보는 것은 적지 않은 의미가 있을 것으로 여겨진다.

이러한 연구취지와 연구목적을 달성하기 위해 주요 연구내용을 다음과 같이 3가지로 나눠, 1) 포스트 교토체제하 배출권거래제의 효율적·성공적 연계를 위해 요구되는 설계기준과 연계요건은 무엇인가 2) 포스트 교토체제하 배출권거래제의 연계를 위한 국제기준에 부합하는 법제도 설계방안은 무엇인가 3) 국제기준에 부합하게 배출권거래제 법제도를 설계하다 보면 야기될 수 있는 에너지 집약도, 무역노출도가 높은 산업의 국제경쟁력 저하 및 반발을 보완할 수 있는 법적 장치는 무엇인가에 대해 검토하려고 한다.

Linking a United States Greenhouse gas Cap-and-Trade System and The European Union's Emissions Trading Scheme, 11 Vt. J. Envtl. L. 45(2009) 등을 들 수 있다.

연구범위는 첫째, 자발적 거래제나, 기준인정방식(baseline credit)이 아닌 총량배출권거래제(cap & trade)간의 양방향 또는 다자간 연계를 대상으로 하였다. 왜냐하면, 자발적인 거래제는 교토의정서에 의거해 형성된 한 국가나 지역차원의 배출권거래 법제도가 없더라도 시장기능에 따라 이뤄질 수 있는 것이며, 자발적인 거래제의 경우 간접연계나 일방적 연계가 나름대로 의미가 있으나, 총량배출권 거래제를 대상으로 중장기적으로 완전한 연계(full linkage)를 지향하면서 법제도적 분석을 하는 본 연구의 경우에는 이를 연구범위로 하기가 적절치 않고, 또한 교토의정서 제12조에 의거해 선진국이 개도국에 투자하여 감축한 온실가스의 일정량을 자국의 감축실적으로 인정하는 청정개발체제(Clean Development Mechanism, CDM) 등을 통한 일방향 연계는 교토체제하에서 상당히 연구가 진행되어 연구성과가 축적되어 왔고, 포스트 교토체제하에서는 일방적 연계보다는 양방향 또는 다자간의 연계가 보다 활성화 될 것으로 예상되기 때문이다. 아울러, 이산화탄소의 배출량에 대하여 일정한 기준을 제시하고 그러한 기준 이하로 배출을 감축하는 경우 이를 공식적으로 인증받아 당해 인증받은 감축분을 다른 사업자에게 판매할 수 있도록 하는 기준인정방식(baseline credit)[3]은 총량배출권거래제와 비교해 볼 때, 온실가스 감축목표를 달성하는데 일정한 한계가 있고, 이를 채택 중이거나 도입을 추진 중인 국가가 거의 없으므로 연구범위에서 제외하였다. 둘째, 거래방식, 거래절차 등과 같은 실제 배출권거래시장의 운영은 제외하고, 각국 배출권거래제도의 현황을 단순하게 소개하거나 거래제의 도입차원에서 개별 설계요인들을 세부적으로 검토하는 것은 지양하였다. 왜냐하면, 배출권거래제의 거래방식과 거래절차는 일반적으로 배출권거래제의 운영과정과 관련하여 주로 경제학적·경영학적 연구와 관련되는 것으로서, 거래제의 연계와 관련하여 제도설계 차원의 법제도적 개선방안을 모색하는

---

3) 한상운·박시원, "외국의 배출권거래제 시행에 따른 법적 쟁점분석", 환경정책평가연구원 정책보고서 (2010-2), 16면.

본 연구와는 관련성이 다소 떨어지고, 또한, 기존 배출권거래제의 단순한 현황소개나 도입차원에서의 개별 설계요인은 그간의 선행연구들에 의해 많이 검토된 바 있으므로, 본 연구에서는 연계와 직접적으로 관련한 제도 개선방안을 집중적으로 모색하기 위해서 이다.

셋째, 실체법적 분석에 초점을 두어 절차법적 연계방안은 분석에서 제외하였다. 왜냐하면, 각국 또는 각 지역 간의 배출권거래제의 국제적인 연계를 위해서는 국제법적으로는 조약 또는 협약의 체결, 국내법적으로는 의회의 동의 등의 문제가 제기되는데, 이는 주로 법적인 차원의 장애요인이기 보다는 정치적 의지와 협상결과에 의해 많이 좌우되기 때문에 본 연구대상에서는 제외하였다.

연구방법으로서는 기후변화, 에너지위기로 인한 국제사회의 대응, 온실가스의 규제, 배출권거래제의 실시 및 국제적 연계를 둘러싼 국제협약, 각국의 입법례와 판례동향을 살펴보기 위해, 국내·외의 관련 문헌을 수집하여 문헌조사방법(library-based method)을 사용하였다. 그리고 법정책학적 관점에서의 시사점 도출을 위해, 온실가스의 측정·기록·검증(Measurable, Reportable and Verifiable, MRV) 법제도 구축 시 쟁점이 되었던 사례, 배출권거래제의 도입에 따른 자국산업 보호 및 국제경쟁력과 관련된 사례분석을 하였다. 또한 배출권거래제의 연계를 위한 설계기준을 EU와 오세아니아(호주·뉴질랜드), 북미 대륙의 미국, 아시아권의 중국·일본·한국 등의 배출권거래 법제도에 적용해, 효율적 연계를 위한 시사점을 도출코자 비교법적 분석을 실시하였다. 환경법의 기본이념 하에서 배출권거래제 설계기준과 연계기준을 도출하고, 이러한 기준에 기초해서 포스트 교토체제하에서의 배출권거래제의 연계를 위한 새로운 법제도를 설계해 본 뒤, 비교법적 연구를 통해 실제로 배출권거래제를 도입하거나 운영 중인 국가들과 비교·검증해 보는 것은 나름대로의 의미가 있기 때문이다. 중요한 비교연구대상 국가는 현재 세계적으로 가장 큰 배출권거래시장을 형성하고 있는 EU의 배출권거래지침과 관련

법제도, 아직 연방차원에서 배출권거래제를 도입·실시하지는 않고 있으나, 세계2위의 온실가스 배출국이자 앞으로 상당한 규모의 배출권거래시장을 형성할 가능성이 있는 미국의 관련 법제도, 최근 유의미한 법제도 설계와 국제연계의 추진으로 주목을 받고 있는 호주와 뉴질랜드의 관련 법제도, 2015년경 전국적인 배출권거래제를 실시하기 위해 우선 지방단위의 배출권거래제 시범사업을 실시 중인 중국의 법제도, 그리고 지금까지는 자발적 배출권거래제를 실시하고 있으나, 2014년경 총량배출권거래제의 도입을 목표로 법적 설계방안을 심도있게 논의 중인 일본의 법제도를 주된 분석 대상으로 하였다.

이를 위해, 제1장에서는 연구목적과 연구범위·내용 및 방법을 개략적으로 설명하고, 제2장에서는 교토체제하에서의 배출권거래제의 등장배경 및 도입 필요성, 탄소시장의 구조와 동향에 대해 살펴보며, 제3장에서는 포스트 교토체제의 의의 및 협상동향, 배출권거래제의 연계필요성에 대한 이론적 근거, 포스트 교토체제하에서 연계가 가지는 중요성 및 의미에 대해 고찰한 뒤, 포스트 교토체제하 배출권거래제의 효율적·체계적 연계를 위한 새로운 설계기준을 도출하였다.

제4장에서는 현존하거나 도입을 추진 중인 EU·미국·호주·뉴질랜드·중국·일본 등 주요국의 배출권거래제의 현황 및 연계동향을 살펴보았다. 제5장에서는 포스트 교토체제하 배출권거래제의 효율적 연계를 위한 법제도 구축방안을 검토하기 위해, 첫째, 연계를 위한 기초요건으로서, 온실가스의 측정·보고·검증 법제도를 살펴보고, 둘째, 연계를 위한 일반요건으로서, 효율적인 연계를 위해 배출권거래제를 국제기준에 부합하도록 설계한다는 관점에서 각국 배출권거래제도간 조화가 엄격히 요구되는 제도와, 조화가 필요하고 바람직하기는 하나 엄격히 조화가 요구되지는 않는 제도로 구분해 바람직한 법제도 설계방안을 고찰하며, 셋째, 연계를 위한 특수요건으로서, 배출권거래제의 도입과 연계에 따라 등장하는 에너지집약도, 무역집약도가

높은 산업의 국제경쟁력 저하, 기후변화관련 소송에 대한 우려 등 연계를 저해하는 장애요인의 극복방안을 검토한 뒤 법제도적 시사점을 도출하고자 한다.

제2장

교토 메카니즘과 배출권거래제

제1절 교토의정서와 교토 메카니즘

1992년 6월 브라질 리우 환경개발회의에서 기후변화 대응에 대한 범지구적인 공동노력의 필요성을 절감하여 194 개국의 참여 하에 국제환경조약인 유엔 기후변화협약(UN Framework Convention on Climate Change, UNFCCC)이 채택되어 1994년 3월 21일 발효되었다.[1] UNFCCC의 목적은 인류의 활동에 의해 발생되는 인위적인 영향이 기후에 미치지 않도록 대기 중의 온실가스 농도를 안정화시키는 것인데,[2] "공통의 그러나 차별적 책임과 각자의 능력(common but differentiated responsibilities and respective capabilities)"에 의거하여야 한다.[3] 이 협약에서는 차별화된 공동부담 원칙에 따라 가입 당사국을 부속서 I(Annex I)국가와 비부속서 I(Non-Annex I)국가로 구분하여 각기 다른 감축의무를 부담하기로 결정하였다.[4]

기후변화협약의 목표가 소극적인 자발성을 전제로 한다는 점에서 협약이행의 불확실성 등 한계가 있다고 보고, 보다 적극적으로 온실가스 감축을 위한 국제법적 의무를 부과하고자, 1997년 제3차 당사국 총회에서 온실가스 저감목표에 따른 교토의정서(Kyoto Protocol to the United Nations Frame-

---

1) Wikipedia, *United Nations Framework Convention on Climate Change*, <http://en.wikipedia. org/wiki/United_Nations_Framework_Convention_on_Climate_Change> (2012.10.29. 방문).

2) UNFCCC, article 2.

3) *Id*. article 3.1.

4) UNFCCC, *List of Annex I Parties to the Convention*, <http://unfccc.int/ parties_and_ observers/parties/annex_i/items/2774.php> (2012.10.16.방문).

work Convention on Climate Change)가 채택되었다.[5] 교토의정서는 28개조와 부속서로 이루어져 있는데, 모든 협약당사국은 온실가스 감축을 위한 정책 및 조치를 시행하고 국가보고서를 제출할 의무가 있고,[6] EU를 비롯한 선진 39개국에 강제성을 지닌 감축목표를 부여하여 2008년부터 2012년까지 1차 의무감축 기간 중에 선진국 전체 온실가스 배출량을 1990년 배출량 대비 평균 5.2% 감축하는 것을 목표로 하고 있다.[7] 교토의정서의 국가별 감축목표를 달성하지 못한 국가는 초과배출량의 1.3배를 다음 약속기간의 배출허용량에서 제하게 되고, 차기 약속기간의 배출량을 엄수하기 위한 행동계획을 책정할 의무를 지게 되며, 배출권거래가 금지된다.[8]

한편, 미국은 기후변화에 대한 과학적 불확실성, 개도국의 불참 및 자국경제에 미치는 파급효과 등을 이유로 2001년 3월 교토의정서 비준을 거부하였으며 아직까지도 교토체제에 참여하지 않고 있고,[9] 중국·인도같은 온실가스 대량배출국을 포함한 저소득 국가들은 어떤 의무도 지지 않으며, 자발적인 약속 같은 것도 요구받지 않았다.[10] 한국은 2002년 11월 8일에 비준하였고, 교토의정서는 2005년 2월 16일 발효되었다. 참고로 한국은 기후변화협약 채택 시 부속서 I 국가가 아니었으므로 교토의정서상으로도 온실가스 의무감축 대상국가는 아니다.[11]

---

5) 한상운·박시원, "외국의 배출권거래제 시행에 따른 법적 쟁점분석", 환경정책평가연구원 정책보고서 (2010-2), 8면.

6) Kyoto Protocol, article 10.

7) Id. article 3.

8) Marrakesh, Morocco, Oct. 29-Nov. 10, 2001, Report of the Conference of the Parties, UN DOC FCCC/CP/2001/13.Add.3 (Jan. 21, 2001), at 76.; 기타무라 케이(北村慶), 탄소가 돈이다 (황조희 옮김, 도요새, 2009), 61면 참조.

9) 조홍식·허성욱·김태호·황형준, 온실가스 배출규제 법제에 관한 발전방안 연구 (2011.12), 18면, <http://lib.moleg.go.kr/lawData/rsc/58160> (2012.12.16.방문).

10) 바츨라프 스밀, 새로운 지구를 위한 에너지 디자인 (허은녕·김태유·이수갑 옮김, 창비, 2008.2.5), 440면.

11) 조홍식 외, 앞의 글 9, 19면.

　　교토의정서는 온실가스 의무감축국들이 자국내에서만 감축의무를 모두 이행하는 것은 한계가 있다는 점을 인정하고, 비용효과적인 목표달성을 위하여 다음 3가지의 혁신적인 시장기반의 신축성 메카니즘을 제시하였다. 첫째, 온실가스 감축의무국가가 의무 감축량을 초과하여 달성했을 경우 이 잉여분을 다른 의무국가와 거래할 수 있도록 허용하는 배출권거래제(Emission Trading, ET)로서,12) 이는 온실가스 감축량도 시장의 상품처럼 팔 수 있도록 허용한 것이라고 할 수 있다. 이러한 배출권거래제는 온실가스 감축의무 및 정량적 감축목표를 이행하기 위한 국내적 감축행동에 '보조적(supplemental)'인 수단으로 활용되어야 한다.13) 둘째, 선진국이 개도국에 투자하여 감축한 온실가스의 일정량을 자국의 감축실적으로 인정하는 청정개발체제(CDM),14) 셋째, 선진국이 다른 선진국에 투자하여 감축한 온실가스의 일정량을 자국의 감축실적으로 인정하는 공동이행제도(Joint Implementation, JI)15)와 같은 유연성있는 체제를 도입하였는데, 이를 교토 메카니즘 또는 신축성 체제라고 한다.

---

12) Kyoto Protocol, article 17.
13) *Id.*
14) *Id.* article 12.
15) *Id.* article 6.

제2절 배출권거래제의 도입

1. 배출권거래제의 도입 필요성

과거에는 환경문제가 지역적으로 산재되어 발생하였기 때문에 경제활동과 그 결과로 인한 피해사이의 인과관계를 파악하는 것이 비교적 용이하여, 명령지시(command & control) 제도중심의 직접적인 규제를 가하는 방법(direct regulatory measures)이 주된 환경규제수단으로 사용되었다.[1] 명령지시제도(command & control instruments)는 기준, 금지(bans), 허가(permit), 구역설정(zoning), 할당(quota), 사용제한(use restrictions) 등과 같은 직접적 규제방법을 사용하는 환경정책을 의미한다.[2] 즉, 작위·부작위·수인 등의 의무를 부과하는 하명처분, 이를 이행하지 않을 때에 내리는 제재적 명령, 행정형벌, 행정질서벌 등의 권력적 행정작용을 말한다.[3] 이러한 명령지시제도는

---

1) 안영일, 환경규제에 관한 연구, 대전대학교 법학박사논문 (2008.2), 3면 참조.; 박균성·함태성(2010)은 직접적 규제수단의 종류에는 신고·등록 등의 의무부과, 인·허가제, 배출규제, 행정적·형사적 제재 등이 있으며, 상대방에 대하여 명령하고 통제하는(command and control) 권력적 수단이 전형적인 것으로 설명한다. 박균성·함태성, 환경법 제4판 (박영사, 2010), 81-82면.

2) 박정훈, "경제적 유인제도 도입확대를 위한 환경법상 환경정책수단의 비교연구", 환경법연구 제25권 1호 (2003), 253면.

3) 참고로 명령지시제도는 명령통제방식{조홍식, "환경법 소묘-환경법의 원리, 실제, 방법론에 관한 실제적 고찰-", 서울대 법학 제40권 2호 (1999), 326면. [이하 조홍식, "환경법 소묘"로 인용]}, 명령적 규제{홍준형, 환경법 제2판 (박영사, 2005), 134면} 등의 용어로 사용되기도 한다.

행정당국으로서는 도입 및 실행과정이 단순하고 쉽고 정책목표를 달성하기 위해 생산과 소비행동을 빠르게 바꿀 수 있는 장점이 있다. 그러나 명령지시제도는 오염물질 감축실적의 이전 및 거래를 인정하지 않아 유연성이 떨어지고 다양한 규제대상 집단들의 상황을 반영하지 못하며, 규제당국으로서는 환경기준이 충족되었음을 확인할 수 있는 체계화된 감독시스템과 인력 및 정보가 필요하므로 비용부담이 많은 문제점을 안고 있다. 특히 환경문제가 국지적인 범위를 넘어 전 지구적 차원으로 확대되고, 문제의 원인과 대처방법이 복잡·다기하게 나타나는 경우에는 정부가 우월적 지위에서 시장에 직접적으로 개입해 규제하는데 많은 한계를 나타내게 되었다.

배출권거래제는 명령지시제도와 같은 직접적 규제와 달리 교토의정서 17조에 명시되어 있는 시장기능(market mechanism)을 활용한 간접적 규제방식의 대표적인 것이다. 시장메커니즘을 이용한 정책은 다시 온실가스나 생산물의 가격변화를 통해 배출량을 규제하는 탄소세와 같은 부과금 제도, 보조금 제도, 그리고 배출량을 수량적으로 제한하는 배출권거래제 등으로 분류된다.[4]

배출권거래제의 기본원리는 코스의 정리(Coasian Theorem)에 근간을 두고 있다.[5] 코스의 정리는 零의 거래비용(transaction costs) 하에서는 당사자들의 자발적 교환 및 거래를 통하여 외부효과는 내부화되고 항상 자원의 효율적 배분이 달성되는데, 법이 누구에게 권리를 인정하는 가에 관계없이 항상 동일하다는 것이다.[6] 이때 거래비용을 정의하는 방법은 여러 가지가 있는데,

---

4) 임재규, "배출권 거래제 도입과 대응", 기후변화 25인의 전문가가 답하다 (전의찬 편, 지오북, 2012.3.10), 222면.

5) Lynne Kiesling, Co₂ *Emission Trading, The Coase Theorem, and Creating New Markets*, Knowledge Problem (Oct. 23, 2002).

6) Ronald H. Coase, *The Problem of Social Cost*, Journal of Law and Economics, Vol. 3 (Oct. 1960), at 8.; 박세일, "코-스정리(Coase Theorem)의 법정책학적 의의" 서울대 법학 제27권 2·3호 (1986), 81면 참조.

박세일(1986)은 거래비용이란 이해당사자들이 만나서 상호이익이 되는 자발적 교섭 내지 거래를 행할 때, 그 과정에서 드는 일절의 비용, 즉 거래성립·유지비용을 의미하는 것으로 일응 간주하는데,[7] 광의로는 외부적으로는 시장내에 있거나 내부적으로는 거래비용 하에 있는 조직내부에 있는 지 여부와 관계없이 재산권·제품·서비스의 모든 이전과 관련되는 비용을 말한다.[8] 배출권거래에 있어 발생할 수 있는 거래비용은 크게 1) 탐색과 정보(search and information), 2) 협상과 의사결정(bargaining and decision), 3) 관찰과 실행(monitoring and enforcement)라는 세 가지 유형으로 나누어 볼 수 있다.[9]

배출권거래제를 도입하려는 이유는 기존에 대가를 지불하지 아니하고 이용하던 환경재에 대해서 "오염자 책임원칙(polluter pays principle)"을 관철하여 오염원에 대해 재산적 권리를 명확히 설정함으로써, 이해당사자간의 자발적인 협상을 유도하여 환경문제를 효율적으로 해결할 수 있다는 것이다. 배출권거래제는 기업들간의 한계저감비용이 모두 일치하는 수준까지 오염물질이 감축되고 이때 거래되는 배출권의 수요 및 공급에 의해 그 가격이 결정되는 것을 의미하는 정태적 효율성[10]을 달성할 수 있게 한다.

한편, 동태적 효율성은 배출권거래제가 환경세나 환경부담금 등 다른 경제적 수단에 비해 우월한 것임을 주장할 때마다 자주 등장하는 개념으로서, 기술개발에 대한 유인을 제공하여 미래세대를 포함한 사회전체의 후생을 증가시킬 수 있다는 점에서도 매우 중요하다.[11] 투자편익의 현재가치와 투자비용의 현재가치를 비교하여 동태적 최적화를 만족하는 수준에서 투자가

---

7) 박세일, 위의 글.
8) Regina Betz, *Emissions trading to combat climate change: The impact of scheme design on transaction costs*, Australia 2005 Conference 49th (February 9-11 2005), at 3.
9) Bergman & Ingelson, *Transaction Costs for Swedish Actors Participating in the European Emission Trading Scheme*, Stockholm School of Economics, Mater's Thesis (2006), at 11-12.
10) 한국자원경제학회, 온실가스 배출권거래제 도입에 따른 경제성 분석 (2011.9), 3면.
11) 위의 글.

이루어지면 배출권 시장에서 동태적 효율성이 달성된 것이라 한다.12)

시장의 유인(incentive)에 의존하는 개혁은 관련있는 모든 공적가치 측면
에서 검토해 볼 때 직접규제 방식보다 우월하다는 견해도 있으나,13) 경제적
유인제도는 시급한 환경 위험(risk)에 즉각 대처하기 어렵고 규제의 효과가
장기적·간접적으로 나타나는 경향이 있으므로, 명령지시제도와 상호 보완
적으로 사용하는 것이 적절하다.14) 또한, 배출권거래제의 경우 탄소포집저
장장치(carbon capture storage, CCS)와 같이 장기적 관점에서 필요한 특별한
신기술에 대한 혁신과 투자를 유도하는 인센티브로서의 가격기능을 항상
제공하는 것은 아니므로 이 경우에는 정부의 재정지원이 필요하고,15) 스마
트 그리드(smart grid)와 같이 저탄소 기술의 잠재력을 발휘시키는 인프라
구축에 있어서는 규제(regulation)와 같은 다른 정책수단이 거래제보다 더 효
과적이라고 한다.16)

최근 많은 국가에서 온실가스 감축수단으로 배출권거래제가 각광받고 있
지만, 연료의 탄소함량에 따라 부과되는 탄소가격부과의 한 형태로서 환경
세의 일종인 탄소세가 상대적으로 더 나은 정책이라는 주장도 많이 제기되
고 있다. 탄소세는 덴마크·핀란드·네덜란드·노르웨이·스웨덴 그리고 1990
년 초부터 이런 노력을 주도했던 영국 등 OECD 10개국에서 현재 시행되고
있다.17) 일반적으로 경제학자들은 탄소세를 선호하는데, 이는 배출량에 대
해 보다 예견가능한 장기적 가격으로 인식되어 탄소 배출자들이 그에 따라
행동하도록 장려하는 기능이 있기 때문이다.18) 탄소세는 탄소가격에 대한

---

12) 위의 글.

13) Bruce A. Ackerman and Richard B. Stewart, *Reforming Environmental Law: The Democratic Case for Market Incentives*, 13 Colum. J. Envtl. L. 171, 172 (1987-1988).

14) 같은 취지, 안영일, 앞의 글 1, 230-231면.

15) Mark Lazarowicz, *Global Carbon Trading: A Framework for Reducing Emissions* (London: DECC/OCC, 2009), at 9.

16) *Id.*

17) OECD, *OECD Environmental Outlook to 2005* (Nov. 2011), at 31.

배출저감비용을 확실하게 해주는 대신 총배출량의 불확실성이라는 한계를
가지게 되며, 배출권거래제는 총배출량을 확실하게 조정할 수 있는 대신 탄
소세보다 거래비용이 클 수 있으며, 배출권 시장의 독과점 때문에 비용대비
효과가 약화될 수 있다.[19] 탄소세와 배출권거래제를 비교해 볼 때, 어느 정
책수단이 보다 더 나은지 평가하기 어려우나,[20] 배출권거래제는 온실가스
감축목표의 보다 확실한 달성, 기술혁신의 유도 및 국제적 연계 등의 측면
에서 상대적으로 장점이 있는 것으로 평가받고 있다. 미국 환경법상 총량배
출권거래제는 청정대기법(CAA)상 아황산가스 배출권거래제도의 형태로 운
영된 바 있지만, 아직 조세수단에 의한 오염물질 통제는 이루어진 바 없어,
기후변화입법에서 총량배출권거래제가 제시된 이유는 그동안 동시스템이
어느 정도 신뢰성을 얻었다는 사실을 반증하는 것이라고 한다.[21] 그러나 배
출권거래제는 대개 발전부문과 같은 산업에 적용되나 최종 소비자에게 가
격을 전가하여 가격신호가 소비자들의 행동을 바꾸지 못하는 곳에서는 소
비자들의 행동을 바꿀 수 있는 특별한 정책이 요구되며,[22] 가정이나 상업
등과 같은 부문의 경우에는 에너지 소비절약 외에 감축수단이 제한되어 있
고 높은 거래비용을 수반하는 등의 이유로 거래제에 포함하는 것이 부적당
한 경우가 있다.[23]

---

18) Gilbert E. Metcalf, *Designing a Carbon Tax to Reduce U.S. Greenhouse Gas Emissions*, 3 Rev. Envtl. Econ & Pol'y, 63, 63 (2009).
19) 황의관, "온실가스 배출권거래제에 관한 법적 연구", 성균관대 법학대학원 박사논문 (2012.1.17), 33면.
20) 탄소세와 배출권거래제의 장단점에 대한 자세한 내용은, *Putting a price on carbon: An Emissions Cap or a Tax?*, Yale Environment 360 (2009.5.7), <http://e360.yale.edu/content/feature.msp?id=2148> (2012.10.16.방문)을 참고하라.
21) 이재협, "기후변화입법의 성공적 요소-미국의 연방법률안을 중심으로-", 기후변화와 법의 지배 (조홍식 등 편저, 2010. 9.5) 88면 참조. [이하 이재협, "기후변화입법의 성공적 요소"로 인용].
22) Lazarowicz, *supra* note 15, at 9 참조.
23) 같은 취지, *Id.*; 박호정, "배출권거래제의 경제적 효과와 대응과제", 녹색성장위원

최근 연구에서는 잠정적으로 나마 많은 경우 둘의 혼합이 최상의 결과를 가져올 것이라고 보고 있다.[24] 이 시스템은 총량제한과 가격상한, 하한을 혼합한 것인데, 이 제도는 가격기반과 총량기반 시스템의 장점을 모을 수 있는 가능성이 있지만 복잡하다는 단점이 있다.[25] 잘못 설계된 정책혼합은 바람직하지 않은 중복을 야기하거나 비용효과성을 해칠 수 있고, 어떤 경우에는 그 자체가 환경적으로 손실을 야기할 수 있다.[26] 배출권거래제와 탄소세는 각 제도를 어떻게 도입·설계·시행하느냐에 따라 그 효과가 크게 달라질 수 있고 각각의 장단점이 있는 만큼, 양자는 상호배타적인 것이 아니라 상호보완적인 제도로 이해해야 한다.

2. 배출권거래제의 유형

배출권거래제의 유형은 그 거래방식에 따라 크게 2가지 방식으로 구분된다. 첫째, 총량배출거래방식(cap and trade system)으로서, 국제 배출권거래제의 AAU(Assigned Allowance Unit), EU-ETS의 EUA(European Union Allowance) 등이 이에 속한다. AAU는 교토의정서 당사국인 선진국의 각 기업들이 국가에서 허용받은 배출할당량 중에서 할당분 보다 적게 배출하는 경우 그 차액을 배출권으로 인정받아 다른 기업과 거래하는 배출권을 말하

회·한국경제학회 주관 "새로운 경제전략 녹색성장" 심포지엄 발표자료 (2011.6), 24면 참조.

24) John Liewellyn, The Business of Climate Change (재정경제부 역, Lehman Brothers, 2007), 239면.

25) 前田 章 「排出權取引制度と市場設計」 242頁 (2008.4.1) <http://ci.nii.ac.jp/els/ 110006656300.pdf?id=ART0008673597&type=pdf&lang=en&host=cinii&order_no = &ppv_type=0&lang_sw=&no=1355107556&cp=> (2012.12.10.방문) 참조.

26) OECD, *supra* note 17, at 37.

는데, EU-ETS에서는 AAU를 EUA라 한다.

둘째, 기준인정방식(baseline and credit system)으로서, 교토의정서의 배출량 감축단위로서 선진국간 공동이행(JI) 사업을 통해 감축분을 인정하여 발생하는 배출권인 ERU(Emission Reduction Unit) 거래나, 청정개발체제(CDM)에 의한 인증배출량 감축인 CER(Certified Emission Reduction) 거래가 이러한 방식에 의한 배출권거래제도라 할 수 있다.[27]

양자를 비교해 보면, 총량배출권거래제는 연중 내내 거래가 가능하며 거래에 대한 동기도 기간 내에 항상 존재하기 때문에 시장의 효율성을 제고시킬 수 있고 규모의 확대가 가능하며, 예측가능성으로 위험회피(hedge)를 할 수 있고, 제도운영에 따른 행정비용도 상대적으로 저렴한 반면에, 최초 제도 설계 시 할당기준·경매 등 고려변수가 많아 복잡하다고 한다.[28] 그러나 기준인정방식은 진입비용이 낮은 반면, 정부와 참여부문(sector)간의 베이스 라인 설정에 대한 문제로 높은 거래비용이 발생할 수 있고,[29] 비록 규제당국과 참여자간의 합의도출은 용이하나, 기준(baseline) 설정시 도덕적 해이의 동기가 존재하고, 인증·모니터링 등의 행정비용이 과다하며, 더구나 감축실적 인정에 대한 불확실성이 클 때에 거래자체가 위축될 수 있는 문제가 있다고 한다.[30] 온실가스 감축목표의 확실한 달성측면에서 볼 때, 총량배출권거래제가 기준인정방식보다 우수하다는 것이 일반적으로 받아들여지고 있다.

---

27) 한상운·박시원, "외국의 배출권거래제 시행에 따른 법적 쟁점분석", 환경정책평가연구원 정책보고서 (2010-2), 16면 참조.
28) 조용성, 탄소배출권 거래제 도입 및 운영에 관한 연구, 국무총리실 연구용역결과보고서 (2008. 12), 95-96면 참조.
29) 윤정화, "온실가스 배출권거래제도의 공법적 고찰", 동아대학교 대학원 박사학위논문 (2009), 26면.
30) 조용성, 앞의 글 28.

제3절 탄소시장의 구조 및 동향

　탄소시장은 2005년 2월 발효되고 2008년 감축의무기간이 시작된 교토의
정서에 의해서 그 대부분이 수요와 공급이 정해지는 인공적인 시장이다.[1]
탄소시장의 구조는 크게 보아 EU-ETS와 같이 기업 또는 시설에 할당된 배
출권을 거래하는 총량배출권거래제에 의한 할당량 시장과,[2] 기업 또는 시설
이 할당에 의하지 않고 각 프로젝트별로 온실가스 저감사업을 개발하고 사
업장에서 발생하는 크레딧을 거래하는 프로젝트 기반 거래시장으로 구분된
다.[3] 다음으로 의무이행 여부에 따른 강제적 시장과 자발적 시장으로 구분
되는데, 강제적 시장은 교토의정서와 같은 국제조약이나 정부규제를 통해
배출권거래의 참여가 의무화된 시장이고, 자발적 시장은 강제적 시장과 달
리 국제조약이나 정부에 의한 규제 없이 관련주체들이 자발적으로 배출권
을 거래하는 시장이다.

　탄소배출량 거래제는 세계에서 가장 막강한 경제적인 힘, 즉 기업자본을
환경문제 해결에 몰려들도록 만들었다.[4] 세계탄소시장은 2005년 110억 달

---

1) 오인하, "배출규제가 탄소누출에 미치는 영향분석 및 전망-소비관점의 탄소회계와
　국경조치의 영향을 중심으로", 에너지경제연구원, 경제·인문사회연구회 녹색성장
　종합연구 총서 11-02-19 기본연구보고서 11-03, 18면.
2) AAU 또는 EUA를 거래하는 시장을 말한다. 문하영, 기후변화의 경제학 (매일경제
　신문사, 2007.12.17), 146면, 153면 참조.
3) CERs·ERU 등 프로젝트를 통해 발생된 배출권을 거래하는 시장이다. 위의 글,
　146-147면 참조.
4) 드레드 크럽, 미리암 혼, 지구, 그 후 (김은영 옮김, 에이지 21, 2009.2.27), 12면.

러로 출발한 이후, 2006년 317억 달러, 2007년 630억 달러, 2008년에는 1,351억 달러로 2배 이상 성장하였고, 2009년에는 1,437억 달러, 2010년에는 1,419억 달러에 달했다.[5] 2006년부터 2010년까지 거래량이 연평균 46%로 급속히 증가했으나, 2010년의 거래액은 전년대비 1.3% 감소한 1,419억 달러를 기록하였는데, 이는 2010년 들어 포스트 교토체제에 대한 명확한 국제적 합의 지연, 청정개발체제(CDM)시장의 위축, 세계경제 침체 등에 기인한 것으로 여겨진다.[6] 2011년의 탄소시장은 배출권 가격의 하락에도 불구하고 거래량이 크게 증가해 총가치가 상승하였다.[7] 시장의 총가치는 전년대비 11% 상승해 1,760억불에 달했고, 거래량은 103억 tCO_2e으로서 최고수준에 달했다.[8]

한편, 2005년 이후 배출권의 가격은 30유로를 상회하다가 2006년 4월 배출량 보고서가 발간된 이후 1기에서 배출권이 과다할당된 사실이 알려지고, 계획기간 간 이월이 금지된 것 등이 원인이 되어 10유로 아래로 폭락하였다.[9] 그 후 배출권의 가격은 2008-2009년 톤당 23.38 유로에 달했으나, 2009년 초반 글로벌 금융위기로 8유로까지 떨어졌다가 2011년 3월 후쿠시마 원전사고가 발생하고 나서는 13-14 유로대 까지 회복되었다가, EU재정위기로 2011년 1월 16일 3.28유로까지 급락하고 말았으며,[10] 2012년 들어서는 유로존 위기와 경기후퇴, 포스트 교토협상의 불투명, 무엇보다 수요를 초과하는 배출권의 과다공급으로 인해 상황이 더욱 악화되어 배출권 가격

---

5) World Bank, State and Trend of the Carbon Market 2010, at 9.
6) Id.; 임동순, "국제탄소시장의 현황과 전망", 기후변화 25인의 전문가가 답하다 (전의찬 편, 지오북, 2012.3.10), 170면 참조.
7) World Bank, State and Trends of the Carbon Market 2012 (Washington DC, May 2012), at 6.
8) Id.
9) 이상협·고석진, 배출권거래제의 사회·경제적 영향분석 연구 (환경정책평가연구원, 2012. 2), 587면 참조.
10) 신병철, "파느냐 마느냐 그것이 문제로다", 한국에너지 (2012.4.3) 참조.

이 2유로 이하로 폭락하였다.[11] 포인트 카본(Point Carbon)에 의하면, 2006년-2020년간 글로벌 CER/ERU 시장에서 약10억 톤의 초과공급이 있을 것으로 예상하고, EU-ETS의 적격(green) CER은 2013-2020년 동안에 톤당 3.3유로 또는 EUA의 평균 30%이상이 될 것이라고 예상한다.[12] 어떤 분석가들은 탄소시장이 앞으로 세계에서 가장 큰 시장이 될 것이라고 예측하고 있으며, 이에 대한 이견도 거의 없다.[13] 탄소시장이 모든 해결책은 아니지만, 앞으로 몇 년 안에 그리고 수십년 동안 세계경제변화의 중요한 특징이 될 것이다.[14]

---

11) *Complete Disaster in the Making, Carbon markets* (Sep. 15, 2012), <http://www.economist.com/node/21562961> (2012.10.16.방문).
12) *CER price forecasts to 2020: green and shades of grey*, POINT CARBON (19 Jun 2012), <http://www.pointcarbon.com/research/promo/research/1.1927685?&ref=searchlist> (2012.11.19.방문).
13) 조샤폐, 힐러리 프렌치, "떠오르는 탄소시장", 탄소경제의 혁명 (월드워치 연구소 역음, 생태사회연구소 옮김, 도요새, 2008.3.3), 141면.
14) 위의 글, 157면.

제4절 소 결

1992년 기후변화문제에 대한 범지구적인 공동노력의 필요성을 절감해 194개국이 채택하였던 유엔 기후변화협약(UNFCCC)은 소극적인 자발성을 전제로 해 한계가 있어, 보다 적극적으로 온실가스 감축을 위한 국제법적인 의무를 부과하기 위해 1997년 교토의정서가 채택되었다. 교토의정서는 EU를 비롯한 선진 39개국에게 1차 의무감축기간(2008년-2012년)중 1990년 대비 평균 5.2% 온실가스 감축을 목표로 했는데, 이들 온실가스 의무감축국들이 자국 내에서만 감축의무를 모두 이행하는 것은 한계가 있다고 보아 비용효과적인 목표달성을 위해 배출권거래제(ET), 청정개발체제(CDM), 공동이행제도(JI)라는 3가지의 교토 메카니즘이라 부르는 시장기반의 신축성 장치를 도입하였다.

배출권거래제는 원인자 책임원칙에 입각해 기업 간 한계비용이 일치하는 수준까지 비용효과적으로 온실가스를 감축해 정태적 효율성을 달성할 수 있을 뿐만 아니라, 동태적 효율성 측면에서도 기술개발에 대한 유인을 제공해 사회전체의 후생을 증가시킬 수 있는 장점이 있다. 배출권거래제는 명령지시제도(command & control)에 비해서 감축비용이 상대적으로 적은 배출기업이 온실가스를 더 많이 감축할 수 있도록 하는 보상장치가 작동하고, 거래를 허용해 비용효과적으로 감축을 추진할 수 있어 많은 지지를 받고 있다. 또한 탄소세와 달리 온실가스 감축목표의 보다 확실한 달성, 기술혁신 유도 및 국제적 연계 등의 측면에서 상대적으로 장점이 있는 것으로 평가받고 있으나, 어느 정책수단이 우위에 있는지 판단하기는 쉽지 않고 양자의

정책혼합(policy-mix)이 많이 권장되고 있다. 그리고 배출권거래제의 유형은 총량배출권거래제와 기준인정방식이 있는데 온실가스 감축목표의 확실한 달성, 기준(baseline) 설정에 있어서의 도덕적 해이방지 등의 측면에서 전자가 후자보다 우수한 것으로 받아 들여지고 있다.

탄소시장은 크게 보아 할당량 시장과 프로젝트 기반 거래시장으로 구분하거나, 강제적 시장과 자발적 시장으로 구분된다. 세계탄소시장은 2005년 110억 달러로 출발한 이후 2006년부터 2010년까지 거래량이 연평균 46%로 급속히 증가하였고, 2011년의 탄소시장은 배출권 가격의 하락에도 불구하고 시장의 총가치는 전년 대비 11% 상승하였다. 한편, 2005년 이후 배출권의 가격은 급등락을 보이고 있는데, 2012년 들어서는 유로존 위기와 경기후퇴, 포스트 교토협상의 불투명, 무엇보다 수요를 초과하는 배출권의 과다공급으로 인해 2유로 이하로 폭락하였다. 그럼에도 불구하고, 많은 전문가들은 세계 탄소시장은 꾸준히 성장하여 앞으로 세계에서 가장 큰 시장이 될 것이라고 예측하고 있다.

제3장

포스트 교토체제하 연계의
이론적 근거 및 새로운 설계기준

제1절 포스트 교토체제의 의의 및 협상동향

　　교토의정서에 의하면 제1차 공약기간(2005-2012)이 종료되기 최소 7년 전부터 후속기간에 대한 부속서 I 국가들의 공약을 검토하도록 규정하고 있어,[1] 2005년부터 post-2012 체제에 대한 검토가 진행되었다. 교토의정서는 기후변화에 대응하기 위한 구체적인 목표와 수단을 정하는 등의 성과가 있었으나, 중국·인도 등 주요 개도국에 온실가스 감축의무를 면제함으로서 의정서 성공여부에 핵심적인 역할을 하는 미국의 불참이라는 결과를 가져왔다.[2] 교토의정서는 전 세계 배출량의 61%를 차지하는 국가들이 최종 비준했는데,[3] 전 지구적인 배출량은 의정서가 처음 채택되었을 때와 비교해 볼 때 28%가 오히려 더 늘어났다.[4] 그리고 교토메카니즘에서 규정하고 있는 국제 배출권거래제가 효과적으로 실행되지 않아 지나치게 EU-ETS에 거래가 편중되고, 세계 경제침체와 배출권의 초과공급으로 배출권 가격이 급락하는 등의 문제가 있었다. 한편, Aldy와 Stavins(2008)에 의하면 "교토의정서가 좋은 첫 출발이던 나쁜 첫 출발이던지 간에, 모든 사람들은 두 번째 조치

---

1) Kyoto Protocol, article 3.7.
2) 소병천, "기후변화 대응 국제논의의 쟁점 및 국제법적 함의", 서울 국제법연구, Vol.16 No.2 (2009), 5-6면.
3) Anthony Giddens, The Politics of Climate Change (Cambridge Polity Press, 2009), at 187.
4) Bill Chameides, *Durban Climate Change Agreement; 'A Remarkable New Phase'?* (12/13 /11), <http://www.huffingtonpost.com/bill-chameides/durban-climate-change-agr_b_1146896.html> (2012.11.25.방문).

가 필요하다는데 대해 동의한다고 한다(Whether one thinks the Kyoto Protocol was a good first step or a bad first step, everyone agrees that a second step is required)".[5]

포스트 교토체제는 교토의정서의 첫 이행기간이 2012년에 만료되기 때문에, 그 이후 각국의 온실가스 감축 이행의무를 규정하여 지구온난화를 방지하기 위한 기후변화체제를 말한다.[6] 포스트 교토체제와 관련된 "기후변화 당사국 총회(COPs)"의 주요 회의결과를 살펴보면 다음과 같다. 먼저, 2007년 12월에 인도네시아 발리에서 개최된 제13차 당사국총회는 발리행동계획(Bali Action Plan)을 채택하였다. 발리행동계획은 교토체제에 참여한 선진국과 함께 모든 개발도상국이 post-2012 협상에 참여한다는데 합의하였다. 특히 발리행동계획은 선진국에 대해서는 수량화된 감축목표를 포함한 측정·보고·검증가능한 국가별로 적절한 감축의무 또는 행동(commitments or actions)과 대칭하여, 개도국에 대해서는 국가별로 적절한 감축행동(Nationally Appropriate Mitigation Actions, NAMAs)을 요구하면서, 선진국의 기술·재정·능력형성 지원을 받는 감축행동이 측정·보고·검증 가능해야 할 것을 조건으로 하기로 합의하였다.[7]

2009년 12월 코펜하겐에서 열린 제15차 기후변화협약 당사국총회에서는 선·개도국간의 대립으로 기후변화협약 차원의 구속력 있는 합의문 채택에는 실패하고, 대신에 주요 28개국의 비공식 회합을 통해 코펜하겐 합의문(Copenhagen Accords)이 도출되었다. 이러한 코펜하겐 합의문에 따라 EU·미

---

5) Joseph E. Aldy and Robert N. Stavins, *Designing the Post-Kyoto Climate Regime: Lessons from the Harvard Project on International Climate Agreements*, An Interim Progress Report for the 14th Conference of the Parties, Framework Convention on Climate Change, Poznan, Poland (December 2008), at 1.

6) Wikipedia, *Post‐Kyoto Protocol negotiations on greenhouse gas emissions*, <http://en.wikipedia.org/wiki/Post%E2%80%93Kyoto_Protocol_negotiations_on_greenhouse_gas_emissions> (2013.1.8.방문) 참조.

7) Bali Action Plan, §1.(b).

국·일본 등 14개의 선진국과 중국·브라질·한국 등 약 32개의 개도국이 동참하였는데, 한국은 2020년까지 특별한 조치를 취하지 않을 경우 배출될 것으로 예상되는 미래전망치인 BAU(Business As Usual) 대비 30%의 목표를 제출하였다. 그리고 개도국의 산림전용방지를 위해, 개도국에게 숲의 파괴로 인한 온실가스 배출을 감축시키는 것에 대한 대가를 제공하는 REDD (Reducing Emissions from Deforestation and Forest Degradation)[8] 메카니즘도 설립하기로 하였다.[9]

2010년 12월 멕시코 칸쿤에서 개최된 제16차 기후변화당사국 총회에서는 코펜하겐에서의 선·개도국의 감축목표 및 감축행동이 UN협상과정에서 처음으로 공식적으로 인정된데 의의가 있다.[10] 교토의정서에 의한 CDM 상쇄체제는 강화되고 연장되며, CCS 프로젝트가 처음으로 적격한 것이 되어 등록과정이 정비되며, 비록 교토체제에 대한 미래의 불확실성이 지속되고 있음에도 불구하고, 포스트 교토에서도 기존의 배출권거래제가 계속될 것이라고 하였다.[11]

2011년 12월의 더반에서의 제17차 기후변화 당사국 총회는 2013년 1월 1일부터 시작되는 제2기의 교토의정서와 2020년 이후부터 주요 개도국을 포함한 모든 당사국이 참여하는 "광범위한 법적 합의서(a universal legal agreement)"를 추진하는 것을 내용으로 하는 더반 플랫폼(Durban Platform)을 채택하였다.[12] 교토의정서 연장시한에 대해서는 5년 또는 8년 연장의견

---

8) REDD와 탄소흡수원에 대한 자세한 내용은 이재협, "녹색성장기본법의 친환경적 실현을 위한 법적 수단-기후변화 대응 시장적 메커니즘을 중심으로-", 환경법연구 Vol.31 No.1 (2009), 49-51면을 참조하라.

9) *Summary: Copenhagen Climate Summit*, <http://www.c2es.org/international/negotiations/cop-15/summary참조> (2012.10.29.방문).

10) James Murray, *The Cancun Accord-at a glance*, Business Green (13 Dec. 2010). <http://www.businessgreen.com/bg/news-analysis/1931920/cancun-accords-glance> (2012.10.29.방문).

11) *Id*.

이 엇갈린 끝에 2012년 제18차 카타르 당사국총회에서 결정하기로 했다.[13] 그리고 CCS가 CDM 자격을 받을 수 있게 되어 교토의정서에 의한 탄소 크 레딧으로 인정되고, REDD가 시장기반 메카니즘으로 지지되고 기금에 대해 2012년에 논의하기로 하였다.[14] 더반총회는 교토의정서가 연장됨으로써 현 기후변화체제가 당분간 유지될 수 있게 되었고, 2020년 이후 새로운 단일기 후체제를 모색할 수 있는 토대를 마련했다는 점에서 의의가 있다.

더반 플랫폼이 배출권거래시장에 미치는 영향을 살펴보면, 먼저, 선진국 과 개도국의 양분법에서 탈피해 모든 당사국들이 참여하는 단일 플랫폼을 출범하기로 했기 때문에, 선진국과 개도국간의 총량배출권거래제를 연계할 수 있게 되었다.[15] 그리고 교토의정서의 시한을 2013년 이후에도 연장하여 2013-2017년 또는 2013-2020년 까지는 제2기의 교토의정서가 시작되기 때 문에 CDM 등 여타 탄소크레딧의 계속적인 사용에 긍정적인 신호가 되었 다.[16] 교토의정서가 이를 계승하는 체계없이 첫 1기가 끝난다면 교토의정서 상의 감축목표는 시간제약에 따라 만료되더라도 교토의정서의 대부분 조항 은 계속 유효하게 된다.[17] 따라서 교토의정서상의 감축목표가 없다면 AAU

---

12) UN, *Durban conference delivers breakthrough in international community's response to climate change*, <http://www.un.org/wcm/content/site/climatechange/pages/gateway/the-negotiations/durban> (2013.1.9.방문).

13) Gebru Jember, Mahlet Eyassu, Mahlet Tadesse, Alebachew Adem, Rahel Belete, Kibrom Tadesse, *Summary of Durban Outcomes of the 17th session of the Conference of the Parties* (COP17/CMP7) (2011), at 2 참조.

14) *Global carbon agreement and Clean Energy Act proclaimed*, Freehills (12 December 2011), <http://www.herbertsmithfreehills.com/-/media/Freehills/A1212113%207%2011%2023%2024%2029.PDF> (2012.11.1.방문).

15) Matthew Ranson, Robert N. Stavins, *Post-Durban Climate Policy Architecture Based on Linkage of Cap-and-Trade Systems*, Resources From the Future (May 2012), at 13.

16) *Will the Durban Platform Influence Carbon Trading?* (Jan. 12, 2012), <http:// www.alternative-investment.co/will-the-durban-platform-influence-carbon-trading/> (2012.11.25.방문).

17) Daniel Bodansky, *W[h]ither the Kyoto Protocol? Durban and Beyond*, Policy Brief,

등 할당량과 관련된 많은 규정들이 효력이 없게 될 것이나,[18] CDM과 같은 수단은 감축목표와는 별개로 교토의정서 제3조에 의거해 선진국의 정량적 감축제한과 감축이행 준수를 지원하기 위한 목적으로 만들어졌기 때문에 설사 제1기가 만료되더라도 계속적으로 운영이 가능하다.[19] 이렇게 볼 때, 교토의정서 제2기의 상세한 내용에 대한 협상이 계속될 것이나 CDM은 어떤 경우에도 기능을 계속할 가능성이 커졌다.[20]

카타르 도하에서 열린 제18차 기후변화당사국 총회(COP 18)에서는 2020년 까지 교토의정서를 연장하기로 합의하였다. 교토의정서 2기는 2013년 1월 1일부터 시작해서 8년간 지속해 2020년 새 체제가 출범하는데 있어 간격(gap)이 없도록 하였다.[21] 그러나 2기 체제에서는 부속서 I 국가였던 일본·뉴질랜드·러시아 등이 새로운 감축목표를 설정하지 않겠다고 밝혔고, 미국·캐나다 등도 동참하지 않았다. 교토의정서 2기에 참여하는 국가는 EU를 포함해 전 세계 배출권의 단지 14%밖에 차지하지 않았다.[22] 한편, EU·호주·일본·리히텐슈타인·모나코·뉴질랜드·노르웨이·스위스 등은 교토의정서 1차 공약기간 중 발생한 AAU 잉여배출권을 구매하지 않겠다는 의사를 밝혔다.[23] 도하 총회의 대표적인 성과는 극한적 홍수와 가뭄 등 기후변화로 인한 피해를 받기 쉬운 개도국들의 적응능력을 높이기 위해 "손실과 피해(loss and damage)" 보상을 논의하는 새로운 제도를 내년까지 설립하기로 합

Havard Project on Climate Agreements, Belfer Center for Science and International Affairs, Harvard Kennedy School (Aug. 2011), at 5.

18) *Id.*

19) *Id.* at 6.

20) Ranson, Stavins, *supra* note 15, at 7.

21) *Doha Climate Conference Takes Modest Step Towards Global Climate Deal In 2015*, Albany Tribune (December 8), 2012. <http://www.albanytribune.com/08122012-doha-climate-conference-takes-modest-step-towards-global-climate-deal-in-2015> (2012.12.9.방문).

22) *Id.*

23) *Id.*

의했다는 점이다.[24] 선진국들은 기후변화에 대처하는 빈곤국을 지원하기 위해 공공부문과 민간부문으로 부터 2020년까지 1,000억불을 공여하기로 약속했으나, 미국을 제외한 단지 소수의 국가들만이 오직 수년간 적응을 위한 재정적 지원을 약속했다.[25]

---

24) UNFCCC, *Approaches to address loss and damage associated with climate change impacts in developing countries that are particularly vulnerable to the adverse effects of climate change to enhance adaptive capacity*, <http://unfccc.int/files/meetings/doha_nov_2012/decisions/application/pdf/cmp8_lossanddamage.pdf> (2013.1.9.방문).

25) Jone M. Broder, *Climate Talks Yield Commitment to Ambitious, but Unclear, Actions* (December 8, 2012), <http://www.nytimes.com/2012/12/09/science/earth/talks-on-climate-produce-promises-and-complaints.html?_r=0>(2012.12.9.방문).

제2절 연계의 의의 및 형태

연계는 어느 한 배출권거래제의 배출권 또는 다른 상쇄(offset)[1]가 의무이행(compliance)을 위해 다른 거래제내의 참여자에 의해 직접 또는 간접으로 사용될 수 있는 것을 의미한다.[2] 종전에는 배출권거래제 연계의 개념을 "어느 한 국가의 배출권이 다른 국가 거래제의 참가자에 의해 의무이행의 목적으로 직접 또는 간접으로 사용되는 것"으로 정의하였으나,[3] 거래제 연계의 범위가 당초 '국가'로 한정되던 것에서 벗어나 "국가 또는 지역"으로 확대되고 의무이행을 위해 상쇄가 일정부분 사용됨에 따라 연계의 정의도 넓어지게 되었다.

연계의 형태는 연계되는 방식에 따라 직접연계(direct link)와 간접연계(indirect link)로 나눌 수 있다. 직접연계란 지정된 배출권 단위를 거래제내

---

1) 배출권거래제 외부에서 발생되는 프로젝트 단위의 감축활동에서 발생된 크레딧을 배출권거래제내의 감축활동에 활용하는 것이다. 이상협·고석진, 배출권거래제의 사회·경제적 영향분석 연구 (환경정책평가연구원, 2012. 2), 454면.

2) Georg Grüll, Luca Taschini, *Linking Emission Trading Schemes: A Short Note* (Feb. 2010), at 2, <http://personal.lse.ac.uk/TASCHINL/Luca_Taschini_files/Taschini_Linking_ETSs.pdf> (2012.12.20.방문).; 같은 취지, M.J. Mace, Ilona Millar, Christoph Schwarte, Jason Anderson, Derik Broekhoff, Robert Bradley, Catherine Bowyer, Robert Heilmayr, *Analysis of the legal and organizational issues arizing in linking the EU Emissions Trading Scheme to other existing and emerging emission trading schemes*, FIELD·IEEP·WRI (May 2008), at 3.

3) Haites, Eric, *Harmonization between National and International Tradable Permit Schemes*, CATEP Synthesis Paper (Paris: OECD 2003), at 5.

또는 거래제간에 자유로이 거래하는 것을 허용하는 것이다.[4] 간접연계란 비록 두 시스템이 직접 연계되어 있지 않았을 지라도, 공통의 제3의 시스템(예를 들면, CDM과 같은)에 의해 별개의 일방적인 연계를 통해 연결될 때를 말한다.[5] 즉, A와 B라는 두 거래제 시스템이 서로 간에는 직접 연계되어 있지 않지만, 또 다른 C라는 시스템에는 연계되어 있는 경우를 말한다.[6] 이를 도표로 나타내면 [그림 1]와 같다.

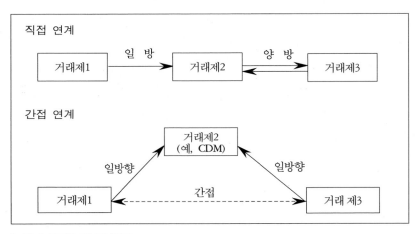

[그림 1] 직접연계와 간접연계

출처: Tuerk et al. *Linking Emissions Trading Schemes, Synthesis Report*, at 3.

그리고 직접연계는 일방향인지 아니면 더 많은 방향에서 거래가 허

---

4) Mehling et al., *Prospects for a Transatlantic Carbon Market, Climate Strategies* (April 2011), at 7.

5) Andeas Tuerk, Wolfgang Sterk, Erik Haites, Michael Mehling, Christian Flachsland, Hitomi Kimura, Regina Betz, Frank Jotzo, *Linking Emissions Trading Schemes, Synthesis Report*, Climate Strategies (May 2009), at 3.

6) Ralf Schüle, Wolfgang Sterk, *Options and Implications of Linking the EU ETS with other Emissions trading Schemes*, IP/A/CLIM/NT/2007-18, at 6.

용되는 지의 여부에 따라 다시 일방향(unilateral), 양방향(bilateral), 다방향 (multilateral) 연계로 나눌 수 있다. 일방향 연계(unilateral link)는 어느 한 시스템의 주체가 의무이행의 목적으로 다른 시스템으로부터의 거래단위를 구매하거나 사용할 수 있는데 반해, 반대방향으로는 할 수 없는 경우를 말한다.[7] 이에 반해, 양방향 연계(bilateral link)는 두 개의 시스템 사이에 배출권이 자유로이 거래되고, 어느 한 시스템으로부터 나온 배출권이 의무이행의 목적으로 다른 시스템에서도 동일하게 유효하게 거래되는 형태를 말한다.[8] 그리고 다방향 연계(multilateral link)는 두 개가 넘는 복수 시스템간에 배출권의 거래를 허용하는 것을 말한다.

연계의 방식은 한 시스템에서의 정책효과나 가격변화가 다른 시스템에 영향을 미치는 정도에 영향을 미친다. 양방향 직접연계의 경우, 한 국가에서의 정책은 바로 다른 국가의 배출권 가격에 영향을 미칠 수 있다.[9] 즉, 두 개의 총량배출권거래제 시스템간의 양방향 직접연계는 서로의 배출권을 인정해 줘서 어느 방향으로 던지 배출권이 거래되는 것을 허용한다. 이렇게 되면 시스템간의 배출권의 가격 차이는 배출권 가격이 낮은 곳으로부터 높은 곳으로의 배출권 판매를 이끌게 되어 중간수준으로 배출권가격이 수렴되게 한다.[10] 반면에, 일방향 연계는 정책효과나 가격변화의 영향 또한 일방적이다. 즉, 연계된 시스템에서는 영향을 미치지 못하며, 오로지 연계한 시스템에서만 발생한다.[11] 그리고 직접연계의 법률적 형태는 다음과 같은 3

---

7) Mehling et al., *supra* note 4, at 7.

8) *Id.*

9) 서정민·김영귀·박지현·김정곤·금혜윤, 포스트 교토체제하에서 한국의 대응전략: 탄소배출권 시장의 국제적 연계를 중심으로, 경제·인문사회연구회 녹색성장 종합연구 총서 10-02-17 연구보고서 10-03, 대외경제정책연구원, 48면. [이하 서정민 외, "포스트 교토체제하에서 한국의 대응전략"으로 인용].

10) Judson Jaffe, Matthew Ranson & Robert N Stavin, *Linking Tradeable Permit Systems: A Key Element of Emerging International Climate Policy Architecture*, 36 Ecology Law Quarterly, 789, 797 (2009).

가지가 있다. 첫째, 정부 간의 "공식적이고 구속적인 국제협약(formal and binding international treaty)"을 통한 연계로서, 예를 들어, EU 배출권거래지침의 제25.1조에서 보여지며,[12] 둘째, 정부 간에 각자의 배출권거래법을 수정하기로 "비공식 합의(informal agreement)"에 도달하는 것인데, 예를 들어 RGGI(Reginal Greenhouse Gas Initiative)시스템이 어떤 조건하에서 EU 배출권의 사용을 허용하는 것이고,[13] 셋째는 공식적인 연계가 없는 가운데, 사적인 시장참여자가 "거래시스템의 중개를 위해 민사법을 이용하는 것(private law to bridge trading schemes)"이데, 예를 들면 2002년에 영국과 덴마크 기업 간의 배출권거래 교환(swap)을 들 수 있다.[14]

---

11) *Id.*
12) Sterk et al., *Prospects of linking EU and US Emission Trading Scheme*, Climate Strategies (April 2009), at 23-24, 26 참조.
13) *Id.* at 24 참조.
14) *Id.*

제3절 연계의 이론적 배경

1. 연계의 필요성

1) 법경제학적 분석

배출권거래 법제도의 주요 설계요인이 다르면, 거래비용(transaction costs)이 증가하고 연계된 전체 거래제의 환경적 통합성을 위협할 수 있다.[1] 이러한 것을 이론적으로 살펴보기 위해, 첫째, 두 거래제가 일반적으로 연계될 경우의 경제적 효과와, 둘째, 조화되지 않은 법제도를 채택하고 있는 두 거래제가 연계될 경우의 후생손실에 대해 살펴보기로 한다.

(1) 제도적 차이가 없는 두 시스템간의 일반 연계시 경제적 효과 분석

두 시스템간 연계의 가장 큰 이익은 무엇보다도 서로 연계된 시스템 간에 배출권의 이동을 통해 비용효과적으로 감축비용을 줄이는 것이다. 이론적으로 더 많은 시스템이 연계될수록 더 큰 잠재적 효율성이 얻어질 수 있다.[2]

---

1) Ralf Schüle & Wolfgang Sterk, *Linking domestic emissions trading schemes and the evolution of the international climate regime bottom-up support of top-down processes?* Introduction to the special issue of MITI, Mitig Adapt Strateg Glob Change (2009), at 377.

2) Mehling et al., *Prospects for a Transatlantic Carbon Market*, Climate Strategies (April 2011), at 7.

만일 각 배출권 거래시스템이 연계되어 있지 않다면, 온실가스 감축의 한계
비용(한계감축비용)이 상이한 채로 독립된 시스템이 유지되므로, 한계비용
이 낮은 시스템을 활용하여 보다 낮은 감축비용으로 온실가스를 감축할 수
있는 기회를 상실하게 된다. 그 결과 전체적으로 정해진 일정 규모의 온실
가스 감축을 최저비용으로 달성하는 것을 의미하는 파레토 효율을 달성하
기 어렵다. 반대로 두 시스템간 연계를 하게 되면, 온실가스 감축의 한계비
용이 균등화되어 파레토 효율성을 달성하게 된다.

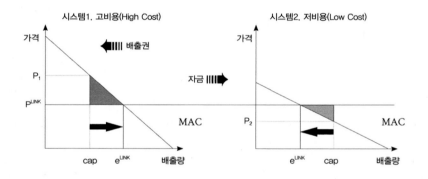

[그림 2] 상이한 배출권 가격을 가진 두 거래제간의 연계효과
출처: Lars Zetterberg. *Linking the Emissions Trading Systems in EU and California* (2012), at 6.

[그림 2]는 의욕적인 감축목표를 가진 고비용 시스템1(high cost system)과
의욕적이지 않은 감축목표를 가진 저비용 시스템2(low cost system) 사이에
연계가 이루어질 때 경제적 효과를 보여준다. 우하향 직선으로 표시된 온실
가스 감축비용이 낮은 시스템2는 온실가스 감축비용이 시장의 배출권 거래
가격보다 낮은 경우, 온실가스 배출량을 추가적으로 감축할 것이며, 초과배
출권을 새 균형가격인 p^Link에 시스템1에 팔 수 있고, 반면에 온실가스 감축
비용이 높은 시스템1은 온실가스 감축목표를 자체적으로 달성하는 대신에,
추가적으로 배출하고 초과배출에 해당하는 양을 시스템2 로부터 구입할 수

있다.3) 시스템1의 배출량은 상한(cap)으로부터 e^{Link}까지 늘어나고, 시스템2
는 상한(cap)으로부터 e^{Link}로 줄어들게 되어, 고비용 시스템1은 추가적인 배
출량을 저비용으로 구매할 수 있는데 이렇게 감축된 비용은 파란 삼각형으
로 나타낼 수 있고, 시스템2의 순이익은 판매된 배출량의 가치에서 추가 감
축비용을 공제한 것으로 노란 삼각형으로 나타낼 수 있어, 두 시스템은 연
계로 인해 총비용이 노란색과 파란색 삼각형의 합만큼 감소되었다.4)

한편, Alexeeva-Talebi 등(2007)에 의하면, 전형적인 부분시장분석(partial
market analysis)에서는 배출권거래제의 통합은 항상 효율성의 측면에서 장
점이 있는 것으로 나타나지만, 그들이 적용한 일반균형분석(general equili-
brium approach)에서는 EU-ETS시스템과 같은 다른 시스템과의 연계가 반드
시 모든 시스템의 전체 후생을 증가시키지 않을 수도 있다고 한다.5)

그리고 Lipsey와 Lancaster(1956)의 차선이론에 의하면, 만일 파레토 조건
중의 1개라도 충족시키는 것을 방해하는 어떤 저해요인이 일반적인 균형시
스템안에 도입된다면, 비록 다른 파레토 조건들이 달성가능하다고 하더라도
그것은 일반적으로 더 이상 바람직하지 않다고 한다.6) 이러한 차선이론에
의거, Babiker 등(2002)은 일반 균형효과내에 왜곡이 존재하는 경우 국제 배
출권거래(International Emissions Trading)를 통하여 기대할 수 있는 긍정적인
효과가 상당부문 감소될 수 있기 때문에,7) 가장 최선의 해법은 기 존재하는

3) Lars Zetterberg, *Linking the Emissions Trading Systems in EU and California*, Mistra
   Indigo (2012), at 5-6 참조.
4) *Id.* at 6.; 국제 배출권거래제의 일반적인 효율성과 여타 배출권거래제와의 연계에
   따른 효과의 이론적 배경에 대해서는, Alexeeva-Talebi, Victoria and Niels Anger,
   *Developing Supra-European Emissions Trading Schemes: An Efficiency and International
   Trade Analysis*, ZEW Discussion Paper No. 07-038 (2007), at 3-7을 참조하라.
5) Alexeeva-Talebi et al., *supra* note 4, non-technical summary.
6) R. G. Lipsey, Kelvin Lancaster, *The General Theory of Second Best*, The Review of
   Economic Studies, Vol. 24, No. 1 (1956-1957), at 11.
7) Mustafa Babiker, John Reilly and Laurent Viguier, *Is International Emissions Trading
   Always Beneficial?*, MIT Joint Program on the Science and Policy of Global Change,

왜곡을 없애는 것이라 한다.[8]

(2) 조화되지 않은 법제도를 채택하고 있는 두 거래제간의 연계시 경제적 효과분석

연계는 다른 거래제로부터 나온 배출권을 상호 호환, 거래될 수 있게 하여 가격수렴을 통해 단일가격이 형성되도록 한다.[9] 그러나 설계(design)와 적용범위(scope)가 다른 거래제가 단순히 연계되는 경우, 각 거래제간의 배출권 가격을 큰 차이가 나도록 변화시킬 수 있다.[10] 이 때, 가격이 수렴될 것인 지 여부 및 방법은 배출권거래제의 설계상의 특성과 연계방법에 따라 달라질 수 있다.[11]

앞에서 배출권거래제간의 제도적 차이가 없는 상황을 가정하여 두 배출권거래제간 연계에 따른 경제적인 효과를 분석하였지만, 현실적으로는 각 국가들은 서로 처한 경제적·사회적 환경에 따라 정부차원의 제도적인 시장개입을 하는 경우가 일반적이다. 배출권거래제는 탄소세에 비해 여러 가지 장점이 있으나, 미래 배출권 가격에 대한 불확실성과 시장 상황에 따른 배출권 가격의 급등락이라는 문제가 있어, 이를 해소하거나 완화하기 위해 가격상한제나 하한제를 도입할 수 있다. 이렇게 어느 한 거래제에서 배출권 가격의 안정화를 위해 비용완화수단으로서 가격상한제 또는 가격하한제를 도입했다고 가정할 때, 두 배출권거래제 간의 연계가 가져오는 경제적 효과를 분석하고 그 시사점을 도출해 보는 것은 의미가 있다.

Report No.93 (December 2002), at 22.; 참고로 Babiker 등(2002)에 의하면, EU의 에너지시장은 기 존재하는 에너지세제 때문에 이미 상당히 왜곡되었다고 한다.
8) *Id.*
9) Georg Grüll, Luca Taschini, *Linking Emission Trading Schemes: A Short Note* (Feb. 2010), at 2.
10) *Id.* at 3.
11) *Id.*

아래의 [그림 3]와 같이 배출권의 한계감축비용이 다른 고비용 시스템 1과 저비용 시스템 2를 상정한 상황에서, 고비용 시스템 1에서만 가격상한제를 도입한다고 가정해 보자. 가격상한제 도입 전의 개별 시스템의 균형가격은 시스템 1은 P1, 시스템 2는 P2, 시스템 1은 가격상한제를 채택하고 있는데 이때의 상한가격은 P1*로 나타낼 수 있다. 이때 각 가격간의 관계는 P2<P1*<P1가 된다. 왜냐하면, 시스템1의 가격상한제 채택 시 가격인 P1*는 일반적으로 균형가격인 P1보다는 낮아야 실제로 작동될 수 있고, P1*가 시스템2의 P2보다 낮을 경우에는 연계에 따른 배출권의 이전이 일어나지 않을 것이기 때문이다.

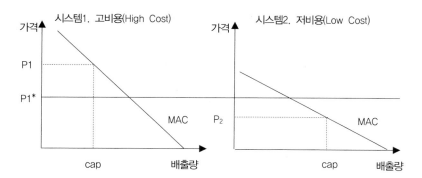

[그림 3] 배출권거래제하 가격상한제 도입

제도적 차이가 없는 두 시스템간 일반 연계 시에는 두 시스템간의 서로 다른 가격은 새로운 균형가격으로 수렴하게 된다. 그러나 시스템 1에서 가격상한제를 도입할 경우, 연계로 인해 양시스템의 배출권 가격이 시장의 균형가격이 아닌 시스템1에서만 적용되는 상한가격인 P1*에 시장 균형가격이 수렴하게 되며, 그에 따른 배출량이 각 시스템별로 결정되게 되는 구조를 가지게 된다. 이 경우 시장 균형가격과 상한가격간의 괴리가 발생하게 되고,

그에 따라 각 시스템에서는 경제적 효용의 순손실을 의미하는 후생손실 (deadweight loss)[12]이 발생하는 문제점이 생기게 된다.

각 시스템별 후생손실의 크기는 [그림 4]에서 보는 것과 같이 시스템 1 에서 가격상한제 전에는 소비자 잉여가 a+b, 생산자 잉여가 c+d+e 였으나, 가격상한제 이후에는 균형가격 보다 낮은 상한가격 설정에 따른 초과수요(excess demand) 상황에서 소비자 잉여가 a+c, 생산자 잉여가 e가 되어 하버거 삼각형(Harberger's triangle)[13]인 b+d만큼의 후생손실이 발생하게 된다. 역으로 시스템 2에서는 균형가격 보다 높은 가격설정에 따라 초과공급(excess supply) 상황의 하버거 삼각형 만큼의 후생손실이 수반되게 된다. 참고로 시스템1에서 구매자들이 실제로 지불할 의사가 있는 가격(real price, 이하 '실제가격')은 수요곡선 D와 배출량 Q1*가 만나는 점의 왼쪽 축의 가격수준인데, 구매자들은 가격상한제로 인해 현금으로 지불이 허용되는 것은 P1*인 바, 실제가격과 상한가격과의 차이를 잠재비용(hidden cost)이라 한다[14]. 이 잠재비용은 실제거래에서는 관찰되지 않고 배출권을 구매하기 위해 경쟁하며 사회에서 손실되는 비용인데, 가격상한제를 설정해 배출권 가격을 낮춰 구매자들을 도우려는 시도가 실제로는 가격을 상승시킬 수 있다.[15]

---

12) 경제학에서 후생손실(死重損失이라고도 한다)이란 상품 또는 재화의 균형점이 파레토 최적에 있지 않을 때 생기는 경제적 효율성의 손실을 말한다. Wikipedia, *deadweight loss*, <http://en.wikipedia.org/wiki/Deadweight_loss> (2012.12.20.방문).

13) 완전시장에 대한 정부의 개입(가격상하한제, 조세, 관세, 쿼터 등)에 의해 발생하는 후생손실을 나타내는 것으로, 수요곡선(D)과 공급곡선(S), 그리고 Q1*로 수직으로 내려오는 수량을 나타내는 직선에 의해 만들어지는 삼각형(b+d)을 말한다. Wikipedia, Harberger's triangle, <http://en.wikipedia.org/wiki/ Harberger%27s_triangle> (2012.12.20.방문) 참조.

14) John A, Dutton, *Introduction to Energy and the Earth Sciences Economics*, <https://www.e-education.psu.edu/ebf200up/node/161> (2013.1.3.방문) 참조.

15) *Id*.

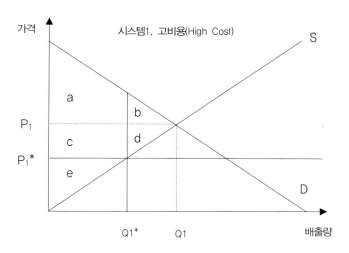

[그림 4] 가격상한제하 후생손실

출처: Thomas F. Rutherford. Lecture2: *Economic Analysis of Competitive Markets*, at 12.;
David A. Anderson. *Deadweight Loss: Sources and Solutions*을 참조하여 작성.

이러한 논리는 가격하한제에도 그대로 적용가능한데, 가격상한제와 마찬가지로 이때에도 하버그 삼각형에 해당하는 만큼의 후생손실이 발생하게 된다. 양 시스템간의 연계시 발생하는 부정적 파급효과의 강도는 각 시스템의 시장지배력에 의해 달라지게 될 것이다. 아울러, 가격상한제와 마찬가지로 가격하한제의 경우에도 가격하한과 실제가격 사이의 차이만큼의 잠재비용(hidden cost)이 발생하게 된다.

배출권 가격의 하락에 따른 불확실성을 줄이는 방법은 앞에서 살펴본 가격에 대하여 직접 통제를 하는 가격하한제 외에 배출권의 계획기간간 이월허용, 국내 배출권 거래제의 국제적 연계, 엄격한 배출권 상한 또는 온실가스 감축목표 설정, 위험을 회피하는 파생시장 운영, 정책 및 규제의 예측가능성 제고, 건전한 배출권거래제 체제구축 등과 같은 비가격적 안정화 조치가 있으므로,[16] 직접적인 가격규제 방식보다는 다른 방법을 모색하는 것이 사회적 후생을 감소시키지 않고 불확실성을 줄일 수 있다. 아울러, 만일 가격하한제를 실행하더라도 그 방법론은 1) 정부가 매입하거나(government buy-back), 2) 경매유보가격을 설정(reserve auction price)하거나, 3) 기업이 감축의무 불이행분을 제출할 때 추가비용(surrender fee)을 납부토록 하는 등 여러 가지 방법이 있는데,[17] 효율적인 연계를 위해서는 가격하한선 이하의 배출권에 대해 정부가 직접 매입하는 것보다는 가급적 시장친화적인 제도를 채택하는 것이 바람직하다.[18] 참고로 2009년 EU-ETS에 경매유보가격을 통해 가격하한제를 도입하자는 요청이 있었으나 EU집행부에 의해 거부당했는데, 가격하한제는 시장에 과도한 간섭을 할 수 있다는 이유 때문이었다.[19]

현재가격뿐만 아니라 미래가격은 가격이나 감축수단 및 비용과 관련하여 관료의 예지력을 필요로 하지 않고 시장에 의해 설정된다.[20] 어떤 정책적 개입을 하게 되면, 배출권거래제는 경제에 대한 후생손실을 나타내는 거래비용이 나타나게 된다.[21] 국제 배출권거래제에 있어서의 거래비용은 상대국을 찾고, 협상을 하며, 배출량 감축에 관한 합의를 모니터링하는 등 거래의 시작단계로부터 완성단계에 까지 나타난다.[22] 만일 배출권거래 법제도의 주

---

16) Australia Government, Department of Climate Change and Energy Efficiency, A *Carbon Price Floor for Emissions Trading Schemes*, Agenda Item4, at 1-2, <http://www.climatechange.gov.au/en/government/initiatives/mpccc/meetings/seventh-meeting/~/media/publications/mpccc/price-floor-paper.pdf> (2013.1.3.방문) 참조.

17) *Id*. at 3.

18) 같은 취지, Cameron Hepburn, Sarah Chapman, Baran Doda, Chris Duffy, Samuel Fankhauser, James Rydge, Kathryn Smith, Luca Taschini and Alessandro Vitelli, *The 'surrender charge' on international units in the Australian ETS*, Grantham Research Institute on Climate Change and the Environment (January 2012), at 4-5.

19) Peter John Wood, Frank Jotzo, *Price Floors for Emissions Trading*, Environmental Economics Research Hub, Research Reports No. 36 (Oct. 10 2009), at 5.

20) Ross Garnaut, *Garnaut Climate Change Review*, An Australian Policy Framework Chapter 13 (2008), at 311.

21) *Id*.

22) Florent PRATLONG, *The Implication of Transaction Costs on the Non-cooperative Choice*

요 설계요인이 다르면, 연계를 통해 그것이 상대방의 제도에 전염되기 때문에 거래비용이 증가하여 자원배분의 효율성과 법의 중립성을 주장하는 코스 정리는 성립하지 않게 될 것이다.

배출권거래에 있어 거래비용이 존재하는 경우 사회적 후생에 주는 영향을 [그림 5]에서 살펴보면, 거래자1(저한계감축비용)은 거래자2(고한계감축비용)에게 배출권을 P_S가격에 판매하기를 희망하지만, 고정된 한계거래비용(T)인 α때문에 거래자1의 한계비용은 T만큼 높게 변화되어 새로운 가격은 P_D에서 결정되며, 거래비용은 거래량을 감소시켜 새로운 균형은 Q^*에서 Q_T로 바뀌게 되고, 이에 따라 음영부분에 해당하는 후생손실이 발생한다.[23] 거래비용이 증가함에 따라 배출권을 판매하는 국가가 받는 가격은 줄어들고, 배출권을 사는 국가에 의해 지불되는 가격을 늘어나게 된다.[24]

of *Emission Allowances*, ERASME, Ecole Centrale Paris, CES-EUREQua and PRISM, Université Paris 1 (1st November 2006), at 13.

23) Bergman & Ingelson, *Transaction Costs for Swedish Actors Participating in the European Emission Trading Scheme*, Stockholm School of Economics, Mater's Thesis (2006), at 13 참조.

24) PRATLONG, *supra* note 22.

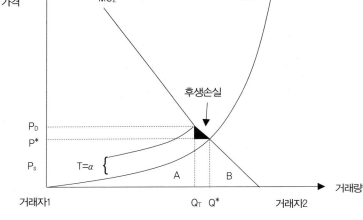

[그림 5] 고정 거래비용하의 배출권거래제
출처: Bergman & Ingelson. *Transaction Costs for Swedish Actors Participating in the European Emission Trading Scheme* (2006), at 13.

코스는 현실세계에서는 거래비용이 존재하는데, 이 경우 법적 지위와 관련된 불확실성(uncertainty)을 초래하지 않고, 거래비용이 발생되지 않는 방향으로 법정책을 활용할 것을 제안하였다.[25] 예를 들어 Bets(2006)는 배출권거래제를 구축할 때 더 비용효과적인 설계를 위해서는 반드시 거래비용을 고려해야 한다고 하면서, CDM과 같은 프로젝트 기반의 기준인정방식의 경우 순감축효과의 측정이 어렵고 소수의 감축수단이 존재하게 되어 배출권거래비용이 높으므로, 시스템간 연계 측면에서 CDM과 같은 거래비용이 높은 시스템과 연계하는 것보다는, EU-ETS와 같은 총량배출권거래제가 선호되어야 한다고 주장하였다.[26] Stavins(1995)는 배출권거래시장에 거래비용이

---

25) Ronald H. Coase, *The Problem of Social Cost*, Journal of Law and Economics, Vol. 3 (Oct. 1960), at 19.

26) Regina Betz, *Emissions trading to combat climate change: The impact of scheme design on*

존재하는 상황에서의 공공정책에 대한 시사점은 "악마는 세세한 부분에 있다(the devil is likely to be in the details)"고 하면서,[27] 정책당국자는 거래비용이 존재하는 상황에서, 정책아이디어를 과장하는 위험을 줄이고, 실행가능성이 높은 배출권거래제를 설계하기 위해 구체적인 시스템의 세세한 부분까지(the details of design of specific system) 많은 신경을 써야 한다고 강조한다.[28] 거래비용이 존재하는 현실세계에서는 어떤 법원칙을 택하는 가, 누구에게 권리를 부여할 것인가라는 법적 판단이 곧 자원배분에 직접적인 영향을 줄 수 있기 때문이다.[29] 거래비용은 비효율적인 규제체제를 가지고 있는 국가의 경우 더 높을 것이고, 이것은 다른 국가와 비교 시 시장경쟁적인 측면에서의 불이익이 발생할 수 있을 것이다.[30] 정교하게 고안된 체제는 비록 사전적인 거래비용을 높힐 수는 있으나, 사후적으로는 거래비용을 낮게 할 수 있을 것이다.[31] 투명성을 높이는 법제도는 비록 사전적인 비용이 수반됨에도 불구하고, 탐색비용(search costs)을 줄이는데 결정적인 역할을 할 수 있다.[32]

배출권거래제간의 연계를 고려할 경우, 설령 어느 한 거래제에서의 정부 주도의 가격개입이 존재하는 경우에라도 그것은 해당 국가의 거래제뿐만 아니라 연계되는 다른 국가 혹은 지역의 거래제에 대해서도 배출권 거래시장을 왜곡시켜 자원을 비효율적으로 배분하여 사회적 후생의 손실을 초래

---

transaction costs, Australia 2005 Conference 49th (February 9-11 2005), at 1, 14.

27) Robert N. Stavins, Transaction Costs and Tradeable Permits, Journal of Environmental Economics and Management 29, 133, 146 (1995).

28) Id.

29) 허성욱, 환경자원의 바람직한 배분을 위한 법경제학적 방법론의 모색-형평성을 고려한 효율적인 자원배분이론의 가능성을 중심으로-, 서울대 법학석사학위논문 (2000.10), 39면 참조.

30) Axel Michaelowa, Frank Jotzo, Impacts of transaction costs and institutional rigidities on the share of the Clean Development Mechanism, Energy Policy 33, 511, 512 (2005).

31) Id.

32) Id.

하거나 그 손실의 증폭을 발생시킬 수 있다는 점을 유의해야 한다. 배출권 거래제의 연계에 있어서 시너지를 높이기 위해서는 관련 당국은 시장에 직접 개입함으로써 정부실패를 야기할 가능성이 높은 법제도를 채택하기 보다는, 시장메카니즘을 최대한 활용하면서 시장을 활성화시키고 안정적으로 운영될 수 있도록 하는 시장조성자(market maker)로서의 역할을 수행하고, 거래비용의 발생을 최소화하는 방향으로 배출권거래제의 주요 법제도를 조화시키고 일치시키는 노력이 요구된다.

2) 비용효과 분석결과

Lazarowicz(2009)의 배출권거래제의 연계를 통해 얻게 되는 비용효과 이익에 관한 모형(GLOCAF) 분석결과를 살펴보자. 두개의 OECD 국가 또는 지역의 배출권 거래시스템을 연계하는 경우에는 온실가스 감축비용이 30-50%(그림 6와 같이) 낮아진다.[33] 반면에 모든 OECD 국가 또는 지역의 배출권 거래시스템이 연계되는 경우에는 온실가스 감축비용이 25-55% 낮아진다(그림 7과 같이).[34] [그림 8]은 모든 국가가 동일한 온실가스 감축비용 수준으로 온실가스를 감축하는 경우에는 온실가스 배출량이 감축노력이 없는 경우의 전망치(Business as usual, BAU)대비 28%를 더 감축할 수 있는 것으로 조사되었다.[35]

---

33) Mark Lazarowicz, *Global Carbon Trading: A Framework for Reducing Emissions* (London: DECC/OCC, 2009), at 42.
34) *Id.*
35) *Id.* at 43.

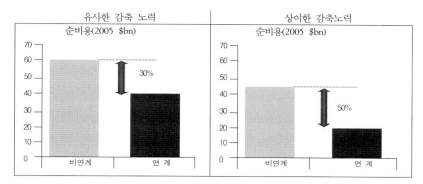

[그림 6] 두 OECD 거래제의 연계시 비용절감.
출처: Lazarowicz. *Global Carbon Trading* (2009). at 42.

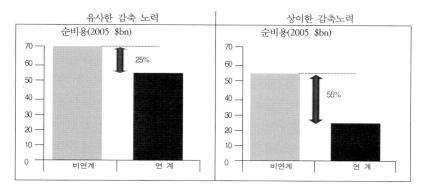

[그림 7] 모든 OECD 거래제의 연계시 비용절감.
출처: Lazarowicz. *Global Carbon Trading* (2009). at 42.

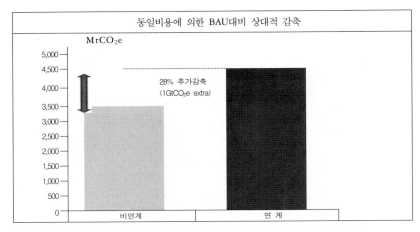

[그림 8] OECD 거래제의 연계를 통해 동일비용에 의해 이루어진 추가감축 시나리오.
출처: Lazarowicz. *Global Carbon Trading* (2009). at 43.

Lazarowicz(2009)에 의하면, 글로벌 탄소거래의 경제적 효과는 각 국가 및 배출기업들이 자국 내에서만 온실가스 감축목표를 추구할 때에 비해, 2020년 까지 전 지구적 온실가스 감축비용을 최대 70%까지 감축할 수 있게 하고, 이러한 효율성 때문에 전 지구적으로 온실가스를 40-50% 까지 추가로 감축할 수 있게 만들 수 있다고 한다.[36] 그리고 Weyant and Hill(1999)의 교토의정서에 의거한 정량적 분석결과에 의하면, 부속서 I 국가만의 거래는 50%, 글로벌 거래의 경우에는 75% 까지 비용감축 효과가 있다고 하고,[37] Russ 등(2009)에 의하면, 포스트 교토체제하에서 모든 국가와 모든 부문이 참여하는 글로벌 탄소시장을 가정한 경우에는, 이런 거래형태가 없는 것에 비해 50% 온실가스 감축비용을 낮추는 효과가 있다고 한다.[38]

---

36) *Id.* at 31.
37) Christian Flachsland, Robert Marschinski, Ottmar Edenhofer, *To link or not to link; benefits and disadvantages of linking cap-and-trade systems*, Postsdam Institute for Climate Impact Research (2009), at 3에서 재인용.

3) 연계의 여타 장점

배출권거래제의 연계는 시장의 유동성(market liquidity)을 증대시켜 전반적인 온실가스 감축비용을 낮추고, 가격변동성(price volatility)을 줄이며, 소수의 다량배출기업 또는 감축비용이 현저히 낮은 기업 등의 시장지배력을 감소시킨다.[39] 연계의 부수적인 효과는 더 큰 탄소시장을 만들어 낼 수 있는 것인데, 더 많은 거래참가자와 배출권, 그리고 더 많은 유동성은 스위스·뉴질랜드와 같은 상대적으로 작은 규모의 배출권 거래시스템에 혜택을 주고,[40] 더욱이 한 시스템에서의 가격충격은 더 크고 거대한 시장 내로 흡수되거나 완화될 수 있다.[41] 연계는 사업적인 관점에서 볼 때, 진정한 글로벌 마켓으로 향하는 일관성 있는 탄소시장으로 가는 유용한 단계적 조치이고,[42] 시장참여자들로 하여금 더 많은 거래를 통한 새로운 사업기회를 제공한다.

그리고 배출권거래제간의 연계는 경쟁의 왜곡을 방지(prevention of distortions of competitions)할 수 있다.[43] 연계는 어떤 환경 하에서 연계된 시스템 안의 탄소누출(leakage)[44]의 축소를 통해 범지구적 배출의 감소를 가져올 수 있다.[45] 제3지역에의 탄소누출 효과에 관해서는 시장연계로부터 나타나는

---

38) Id.

39) Lazarowicz, *supra* note 33, at 31 ; Judson Jaffe, Matthew Ranson & Robert N Stavin, *Linking Tradeable Permit Systems: A Key Element of Emerging International Climate Policy Architecture*, 36 Ecology Law Quarterly, 789, 800 (2009).

40) Flachsland et al., *supra* note 37, at 4, footnote 4 참조.

41) Id.

42) Deloitte, *Design implications of linking emission trading schemes and the impact on business* (2009), at 11-12.

43) Edenhofer et al., *Towards a global CO_2 market*, Potsdam Institute for Climate Impact Research (May 2007), at 7.

44) 산업부문에 대해 상응하는 탄소제약을 부과하지 않는 제3국에서 온실가스 배출량이 증가하는 것을 말한다. Directive 2009/29/EC, recitals 24.

탄소가격의 변화에 대한 각국 경제의 민감도(sensitivity)에 의존할 것이다.[46] 예를 들면, 만일 탄소누출을 더 받기 쉬운 두 시스템간의 연계가 배출권의 가격의 하락을 가져올 수 있다면 누출의 순감소를 가져올 것이지만, 반면에 탄소누출을 덜 받는 시스템 내에서는 배출권 가격의 증가를 가져올 것이다.[47] 경제모형 연구결과에 의하면, 교토의정서 하에서의 CO_2 누출비율이 8-20%로 나타났는데 반해, 각국 지역들이 배출권거래제에 더 많이 참여하면 할수록 역효과가 점점 덜해지고, 전 지구적 배출권 거래제의 경우 탄소누출효과가 반대가 될 수 있는 것으로 나타났다.[48] 배출권거래에 관한 국제적 협조는 고립된 국내 배출권거래제의 실시로 인해 경쟁력에 있어 손해를 볼 수 있는 산업체의 반대를 막을 수 있다.[49] 다시 말해 배출권거래제의 연계는 탄소누출로 인한 경쟁력 약화문제를 완화하거나 해소하는데 도움이 된다고 볼 수 있다.[50]

또한, 연계는 상호합의된 감축계획에 대한 제도적인 고착(lock-in)을 가져와 기후정책의 동태적 효율성(dynamic efficiency)을 제고할 수 있다는 장점이 있다.[51] 총량배출권거래제가 국제적으로 연계되면 독자적인 시스템으로 남아 있을 때에 비해, 연계당사자 상호간의 압력 때문에 장기 감축목표를 느슨하게 하는 정책의 자의성에 대한 유혹이 낮을 수 있게 된다.[52] 국제정치

---

45) Jaffe et al., *supra* note 39.
46) Tuerk et al., *Linking Emissions Trading Schemes, Synthesis Report*, Climate Strategies (May 2009), at 4.
47) Jaffe et al., *supra* note 39.
48) Edenhofer et al., *supra* note 43, at 8에서 재인용.
49) Gerard Wynn, *Linking to Europe's carbon market carries risks*, The Age (Sep. 6, 2012), <http://www.theage.com.au/environment/linking-to-europes-carbon-market-carries-risks-20120906-25fdz.html> (2012.10.30.방문).
50) 같은 취지, Cédric Philibert and Julia Reinaud, *Emission Trading: Taking Stock and Looking forward*, OECD, COM/ENV/EPOC/IEA/SLT(2004.3), at 30.
51) Flachsland et al., *supra* note 37, at 2.
52) *Id.* at 4.

적인 측면에서 연계는 긴밀한 국제적 협력에 대한 신호로서의 역할을 할 수 있는 것이다. 그러나 연계협상이 실패하거나 너무 오래 지연될 경우에는 오히려 UNFCCC의 정치적 독점이나 유효한 정책지원을 약화시킬 수도 있다.[53] 아울러 시장간 연계는 더 믿을 만한 가격신호를 확립시켜 동태적 효율성을 증진시킬 수 있고,[54] 전체적인 위험관리와 헤지전략을 단순화시킬 수 있다.[55]

2. 연계에 따라 나타나는 문제점

비록 연계가 여러 가지 장점이 있다고 하더라도, 어떤 환경 하에서는 바람직하지 않은 문제점도 내포하고 있다. 먼저, 연계는 전 지구적 배출량을 감소시킬 개연성이 있음에도 불구하고, 환경적 측면에서 전 지구적인 배출량을 증대시킬 가능성도 없지 아니하다. Mehling 등(2011)은 연계된 시스템 간 전염적인 설계모습(contagious design features) 때문에 전체적인 배출량이 오히려 증가할 위험이 있다고 한다.[56] 이렇게 연계로 나타나는 부정적인 왜곡효과가 비용 감축효과보다 클 경우에는 문제가 될 수 있다. 만일 절대목표를 가진 시스템이 그런 제한이 없는 시스템과 연계될 때는 전반적인 환경적 효과성을 떨어뜨릴 수 있다.[57] 이러한 상황은 주로 총량배출권거래제가 기준인정제와 연계될 때 나타날 수 있다.[58] 양방향으로 시스템이 연계된 경

---

53) *Id.* at 7.

54) *Id.* at 4.

55) Deloitte, *supra* note 42, at 12.

56) Mehling et al., *supra* note 2, at 16.

57) Jane Ellis and Dennis Tirpak, *Linking GHG Emission Trading Systems and Markets*, OECD/IEA COM/ENV/EPOC/IEA/SLT(2006)6 (Oct. 2006), at 9.

58) Jaffe et al., *supra* note 39, at 800.

우, 어떤 한 프로그램의 특수성은 연계된 다른 시스템 안으로 파급될 수 있는데, 가격상한제·비용완화장치 등과 같은 수단들은 전체적인 배출량을 증가시켜 연계된 시스템안의 참여자들에게 환경적 통합성을 저해하는 결과를 야기할 수 있다.59)

그리고 연계는 분배적 효과(distribution effects)를 일으킨다. 부분 균형적인 관점에서 볼 때, 한계 감축비용곡선이 가파른 지역은 거래를 통해 항상 전체 이익 중에서 가장 큰 이익을 향유하게 된다.60) 연계로 묶여지면 배출권 가격이 높은 지역으로부터 배출권 가격이 낮은 지역으로의 단기적인 재원의 이동이 생기게 되고, 이에 부수적으로 개별 기업들은 이익을 얻거나 아니면 이익이 악화된다.61) 또한 연계된 거래제 시스템의 개방성이 크면 클수록 시장충격에 노출될 가능성이 더 커지게 된다.62) 연계는 무임승차효과(free-rider effect)를 야기 시킬 수 있다. 각국 정부들은 추가적인 할당량을 발행하도록 하는 유혹에 굴복하기 쉬어지는 데, 이는 배출권의 수출로부터 자국이 얻을 수 있는 추가적인 수입을 더 얻으려는 목적에서 비롯되는 것이다.63) 아울러 연계는 국내 배출권거래제도의 설계와 영향력에 대한 국가적 통제력을 약화시킬 수 있다. 일단 어떤 시스템이 연계가 되면, 그 시스템의 배출권 가격과 배출에 대한 효과는 연계된 시스템을 감독하는 정부에 의해 이루어진 결정을 포함해 그 연계된 시스템의 발달에 의해 영향을 받게 된다.64) 그리고 아무런 제약이 없는 연계는 시스템 설계상의 혼합(mixing)이 초래되는데, 만일 이것이 두 시스템에 있어서의 당초의 정책 우선순위를 없애 버리는 결과를 초래한다면 규제적 관점에서 불이익이 발생할 수 있다.65)

---

59) Tuerk et al., *supra* note 46, at 5.
60) Flachsland et al., *supra* note 37, at 5.
61) Edenhofer et al., *supra* note 43, at 9.; Jaffe et al., *supra* note 39, at 800.
62) Flachsland et al., *supra* note 37, at 2.
63) Edenhofer et al., *supra* note 43, at 9.
64) Jaffe et al., *supra* note 39, at 801.
65) Flachsland et al., *supra* note 37, at 2.

위와 같이 배출권거래제의 연계는 반드시 장점만 있는 것이 아니라 단점도 있다는 점을 감안해, 연계이전 단계에서 제반 장애물을 미리 제거하고, 연계당사자들이 주요 법제도를 조화시키는 노력을 선행할 필요가 있다.

제4절 포스트 교토체제하 연계의
중요성 및 의미

배출권거래제의 연계는 현재 난관에 부딪혀 있는 포스트 교토체제 출범에 일정부분 부정적 영향을 줄 수 있고, 반대로 긍정적 영향을 줄 수 도 있다. 즉, 연계는 UNFCCC 기후변화협상에 보완재적인 역할을 하거나 대체재적인 역할을 하는 양면적 효과(ambivalent impact)를 가진다.[1] 연계는 국제협력을 촉진하고 글로벌 탄소시장을 향하는 중요한 버팀목이 될 수도 있고, 역으로 이런 상향식 방식이 기존의 하향식 국제기후변화협상의 정치적 독점을 깨뜨리고, 협상이 지나치게 오래 끌게 될 경우 중요한 대체장치(back-up option)를 제공해 걸림돌이 될 수도 있기 때문이다.[2] 또한, 연계는 각 국가들로 하여금 거래제의 설계특성을 변화시키기 어렵게 하기 때문에, 각 국가들이 미래의 기후협약을 지지하는 데 필요한 조정을 더욱 어렵게 만들 수도 있다.[3] 그러나 배출권거래제의 연계는 장기적으로 선·개도국간의 광범위한 다자간 연계로 진전됨으로써 하향식 국제기후협상의 중요한 촉

---

1) Christian Flachsland, Robert Marschinski, Ottmar Edenhofer, *To link or not to link; benefits and disadvantages of linking cap-and-trade systems*, Postsdam Institute for Climate Impact Research (2009), at 7.

2) *Id.*; Ralf Schüle & Wolfgang Sterk, *Linking domestic emissions trading schemes and the evolution of the international climate regime bottom-up support of top-down processes?* Introduction to the special issue of MITI, Mitig Adapt Strateg Glob Change (2009), at 376.

3) Matthew Ranson, Robert N. Stavins, *Post-Durban Climate Policy Architecture Based on Linkage of Cap-and-Trade Systems*, Resources From the Future (May 2012), at 17.

진제가 될 수 있다.[4] 뿐만 아니라, "자발적 약속 및 검증방식"(pledge & review)과 비중앙집중적 연계체제가 결합되어 더 광범위한 상향식 구조로 진전될 수 있으며,[5] 각국 간 시장메카니즘의 연결을 통해 경제적 유인과 가격신호로 맺어진 상향식 국제 기후변화체제를 향한 새로운 전환점(momentum)으로 작용할 가능성도 있는 것이다.

1990년 초부터 지금까지의 국제사회의 기후변화 대응방식은 IPCC(Intergovernmental Panel on Climate Change)[6]가 제안한 전 지구적 온실가스 감축목표를 확정하고, UN을 중심으로 각국 정부의 대표들이 모여 교토의정서와 기후변화 당사국 총회의 합의문이라는 틀에 합의하고 이를 계속 발전시키면서 하향식(top down) 방식으로 논의하는 과정에 있다. 그러나 2000년말 본격적인 글로벌 경기후퇴 상황 하에서 종전과 같은 화석연료 중심의 갈색성장, 정부주도의 발전전략은 상당한 한계를 드러내게 되었다. 이런 국제적인 관료주의 방식은 너무 시간이 오래 걸리고 정책신호가 약해서, 빠른 혁신과 모호하지 않으면서 광범위한 시장의 반응을 가져오는데 한계가 있어 하향식이 아닌 상향식(bottom up) 시장기반형 녹색성장 방식을 창출하는 새로운 사고가 요구된다.[7] 즉, 환경과 경제가 조화되는 새로운 발전경로와 정부와 시장이 함께 가면서, 시간이 갈수록 시장이 중심이 되는 메카니즘을 채택하는 것이 훨씬 비용효과적이면서 효율적인 발전방식으로 본격적으로 등장하게 된 것이다. 2050년 지구의 온도를 섭씨 2도 낮추는 것을 목표로,

---

4) *Id.* at 19.

5) *Id.*

6) IPCC는 1988년 유엔 산하 세계기상기구(WMO)와 유엔환경계획(UNEP)이 기후변화와 관련된 전 지구적 위험을 평가하고 국제적 대책을 마련하기 위해 UN에 의해 설립된 과학적 기구로서 정부간 기후변화협의체이다. Intergovernmental Panel on Climate Change, *Principles governing IPCC work* (2006.4.28), at 1, <http://www.ipcc.ch/pdf/ipcc-principles/ipcc- principles.pdf> (2012.10.16.검색).

7) Dominic Kailashnath Waughray, *Unleashing Green Dragons: A Bottom-up Approach*, Global Asia, Volume 4, Number 4 (Winter 2010), at 28.

글로벌 경기후퇴 없이 경제와 환경이 조화된 지속가능한 성장을 이룩하기 위해서는, 글로벌 배출권거래제 구축, 선진국·개도국·저개발국 등 각국의 사정을 감안한 동태적인 감축목표 설정, 재원과 기술프로그램의 발전 등의 측면에서 현 교토의정서에 의한 기후변화 협상체제를 보완하고, 여러 형태의 협상기제를 유기적으로 연결해 현재와 같은 파편적 기후변화체제를 통합적 지배구조로 발전시킬 필요가 있다.[8]

포스트 교토체제가 성과를 내기 위해서는 Kcohane과 Raustiala(2009)는 1) 충분하고 효과적인 참여의 확보, 2) 기후변화가 완화될 수 있고 지켜질 수 있는 의미있는 규칙에 대한 합의의 성취, 3) 규칙에 대한 제재의 확보라는 3가지 들고 있는데,[9] 2012년의 도하합의 결과를 보면, 그간의 교토체제와 마찬가지로 앞으로 출범하게 될 포스트 교토체제 또한 위의 3가지 요건들을 충족시키기가 쉽지 않을 것으로 보인다. 그동안 교토체제를 지배해 왔던 UNFCCC 중심의 하향식 국제 기후변화체제는 새로운 도전에 직면해 있다고 볼 수 있다. 따라서 앞으로의 포스트 교토체제는 기존의 하향식 합의노력과 병행하여 상향식으로의 연계움직임이 활발히 전개될 가능성이 높을 것으로 여겨지는데, 그 모습은 크게 다음과 같은 2가지 형태가 될 것으로 생각된다. 첫째, 각 국가별 온실가스 감축은 교토체제하의 '의무감축방식'이 아닌 "자발적 약속과 검증방식"이 될 가능성이 높아졌다. 자발적 약속과 검증방식은 이미 2009년 코펜하겐 합의문에서 사용된 바 있고, 미국·중국·인도 뿐만 아니라 일본·러시아·캐나다 등의 포스트 교토 불참입장, 그리고 최

---

8) Fariborz Zelli, Frank Biermann, Philipp Pattberg and Harro van Asselt, *The consequences of a fragmented climate governance architecture: a policy appraisal*, in F. Biermann, P. Pattberg and F. Zelli. eds, Global Climate Governance Beyond 2012: Architecture, Agency and Adaptation, (Cambridge University Press, 2010), at 32 참조.

9) Robert O. Kcohane, Kal Raustiala, *Toward a Post-Kyoto Climate Change Architecture*: *A Political Analysis* (2009), at 1.

근의 유로존 위기, 미국 재정위기 등을 고려할 때 의무감축방식보다 더 많
은 국제적 지지를 받을 가능성이 높아졌다. 둘째, 2005년부터 시작된 EU의
배출권거래제가 포스트 교토체제하에서도 중단되거나 폐지될 가능성은 그
리 높지 않아 보인다. 그러나 교토의정서에 의한 신축성 메카니즘은 유지될
것으로 보이나, 그 모습은 상당히 변화될 가능성이 있다. 강제시장인 총량배
출권거래제의 경우, 포스트 교토체제 출범의 불투명성 때문에 시장의 불확
실성이 높아지고, 배출권의 초과공급량을 소화하기 점점 힘들어져 가격의
하방압력이 거세져, 미국·일본·중국·인도 등에서 총량배출권거래제를 도입
할 유인이 약해지고 있다. 자발적 시장 또한 상당히 위축되고 있는데, 그 이
유는 도하 총회에서 EU·호주·일본 등이 1차 공약기간 중 발생한 핫 에어
(hot air)인 AAU 잉여배출권을 구매하지 않겠다는 의사를 밝혔고, CER의 경
우에도 UN차원에서 CDM의 '추가성(additionality)' 요건[10]이 강화되고 있으
며, EU는 2013년부터는 국제 기후변화협상에 참여하는 국가와 최빈국의
CER에 대해서만 크레딧으로 인정할 계획이기 때문이다.

포스트 교토체제는 교토의정서 2기라는 과도적 연장기제를 거쳐 사실상
2020년 이후로 출범이 늦춰진 상태인데, 2012년의 도하 합의결과를 보면,
각국의 참여도, 법적 구속력, 재원조성방안 등에 있어 오히려 2011년의 더
반 플랫폼보다도 후퇴하는 듯한 모습마저 보여주었다. 포스트 교토체제 출
범의 난항은 글로벌 탄소시장 구축전략과 관련해서 흥미로운 시사점을 던
진다. Flachsland 등(2008)은 미래의 국제 배출권거래제를 지향하는 하향식의
거대한 글로벌 시장출범은 비록 환경적 효과성은 좋긴 하나 정치적 실현가
능성이 낮고, 반대로 국가 또는 지역의 배출권거래제를 연계하는 것은 정치
적 실현가능성은 높으나 환경적 효과성 및 비용효과성이 떨어지므로 탄소
시장을 규제하는 다각적인 체제(mutilateral architectures)를 구축해야 한다

---

10) 추가성 개념은 CDM사업으로 인하여 당해 사업이 없었을 때와 비교하여 추가적인
    온실가스의 감축효과가 발생하는 것을 말한다. Marrakesh Accords, article 17 참조.

고 주장한다.[11] 반면에 국제배출권거래협회(International Emissions Trading Association, IETA)는 국제탄소시장은 하향식 구조에서 보다는 각국 또는 지역수준의 배출권거래제의 연계와 경제적 흡인력으로 나올 것이 명확하다고 보고 있는데,[12] 포스트 교토 기후변화 협상의 난항으로 앞으로 상향식 연계 방식에 보다 더 힘이 실릴 가능성이 높아졌다. 포스트 교토시대에는 공통적이지만 차별화된 책임부담 원칙이 정점에 있지만, 책임분담(burden sharing) 차원에서 오염자 부담원칙이 더 힘을 받을 것 같다.[13] 비록 세계경제 침체, 주요 배출국의 소극적 입장 등으로 볼 때, 단기간 내에 국제적인 합의에 도달하는 것은 쉽지 않아 보이지만, 포스트 교토체제는 선·개도국이 공히 참여하고 법적 구속력이 강화되는 형태로 움직여 나갈 것으로 전망되는데, 이러한 과정에 있어서 연계는 현재 교착상태에 빠져있는 포스트 교토체제의 출범에 상향식 추진방식을 강화시키는 촉매제로서, 또한 글로벌 배출권거래제의 출범을 위한 지렛대(leverage)로서의 역할을 할 것으로 여겨진다.

---

11) Christian Flachsland, Robert Marschinski, Ottmar Edenhofer, *Global Trading versus Linking: Architectures for International Emissions Trading*, Potsdam Institute for Climate Impact Research (12 September 2008), at 22-23 참조.

12) IETA, *Principles for a Post-2012 International Climate Change Agreement*, at 9, <http://www.ieta.org/index.php?option=com_content&view=article&catid=25%3Aarchived-position-papers&id=238%3Aprinciples-for-a-post-2012-international-climate-change-agreement&Itemid=107> (2012.12.20.방문).

13) Lin Feng, Jason Buhi, *The Copenhagen Accord and The Silent Incorporation of the Polluter Pays Principle in the International Climate Law:An Analysis of Sino- American Diplomacy at Copenhagen and Beyond,* 18 Buff. Envt'l. L.J. 1, 23 (2010-2011) 참조.

제5절 연계를 위한 배출권거래제 설계기준

1. 연계 설계기준 도출을 위한 기본방향

배출권거래제의 연계를 위한 설계기준을 도출하기 위해서는 먼저, 환경법의 기본이념을 고찰한 뒤, 이를 달성하기 위한 경제적 유인책인 배출권거래제의 설계기준을 살펴보고, 각 거래제간의 효율적인 연계를 위해 추가로 필요한 설계기준이 무엇인 지 도출해 내는 것이 필요하다. 환경문제의 본질은 바로 "공공자원에서 만나게 되는 인간의 이기심"으로서,[1] 개개인의 행동(사적인 순편익의 최대화)의 결과와 사회전체의 본연의 모습(사회적 순편익 최대화)이 일치하지 않는다는 데 있으므로, 그 해결책은 이 양자를 일치시키면 되는 것이다.[2] 이를 위해 규제당국은 배출량 1단위에 대해 환경세를 부가하거나(이러한 과세 사고방식은 Pigou세라고 불린다),[3] 배출량에 직접적으로 규제를 덮어씌우는 것인데, 이러한 직접규제에는 규제당국이 전지전능하지 않는 한 반드시 불비가 발생하므로 직접규제에 시장메카니즘을 조합시켜 매매가 가능토록 해야 한다는 것이다.[4]

환경법의 기본이념은 위와 같은 환경문제의 본질로부터 도출되는데, 자원배분의 효율성(환경법의 제1원리)과 자원·위험 배분의 형평성(환경법의 제2

---

1) 조홍식, "환경법 소묘", 서울대 법학 제40권 2호 (1999), 323면.
2) 前田 章 「排出權取引制度と市場設計」 3頁 (2008.4.1) 參照.
3) *Id.*
4) *Id.*

원리)을 통해,[5] 종국적으로는 환경적 통합성 및 효과성을 높이는 것이라고
할 수 있다. 앞서 살펴본 바와 같이 코스의 정리가 적용되는 것은 거래비용
(transaction costs)이 零 또는 零에 가까운 경우이지만, 대부분의 외부효과의
경우 거래비용이 현실적으로 매우 큰 것이 사실이다. 이러한 경우에는 자원
배분에 있어서의 효율성과 법의 중립성을 주장하는 코스 정리는 성립될 수
가 없다.[6] 코스의 정리는 "거래비용이 아주 커서 협상이 안될 때, 자원의 효
율적 배분은 어떻게 재산권이 배분되어야 하는 지에 좌우되고", "재산권의
배분은 합의에 의해 그런 장애물들이 제거되도록 결정되어야만 한다"는 것
으로 특징지을 수 있다(Cooter, Ulen 1997).[7] 일반적으로 협상을 저해하는
거래비용은 초기할당과 관련되는 사후적인 소득분배의 불공평과 관련된
다.[8] 사업자간의 초기배분의 불공평은 확실히 거래비용의 가장 큰 부분이지
만, 무엇보다도 큰 거래비용은 정부와 기업 간의 협상의 장애이고, 제도도입
에 관련되는 거래비용이다.[9] 따라서 배출권거래제의 도입과 연계를 위한 법
제도를 설계함에 있어서는 "거래비용발생의 필요를 줄이는 법원칙"에 따라
환경법이 지향하는 기본원리에 입각해 주요 법제도를 조화·일치시키는 것
이 요구된다. 여기서 "거래비용발생의 필요를 줄이는 법원칙"이라 함은 권
리를 양 당사자중 누구에게 부여할 것인가(혹은 역으로 누구에게 손해배상
책임을 부여할 것인가)를 결정함에 있어 零의 거래비용 하에서 누가 그 권
리를 사려고 할 것인가를 생각해 보아, 가장 높은 가격으로 이를 사려고 하

---

5) 이에 대한 자세한 내용에 대해서는, 조홍식, "환경적 소묘", 앞의 글 1, 324-333면
   을 참조하라.
6) 박세일, "코-스정리(Coase Theorem)의 법정책학적 의의" 서울대 법학 제27권 2·3호
   (1986), 84면.
7) Akio Shimada, *Designing a CO$_2$ Emission Trading Scheme from the Perspectives of Law and
   Economics-Proposal for a "Hybrid CO$_2$ Allowances Trading Scheme"*-, The Fourth annual
   conference of the Asian Law and Economics Association (2008), at 11에서 재인용.
8) *Id*.
9) *Id*.

는 당사자에게 권리를 부여하는 원칙을 의미한다.[10] 그리고 배출권거래제를 도입·실시하다 보면 나타나는 성공적 요인과 실패요인을 분석해 설계기준을 보완해야 할 필요가 있는데, 이런 점에서 2005년부터 8년간의 EU-ETS의 운영경험과 호주·일본·한국 등 각국의 거래제 도입경험으로부터 나오는 교훈은 배출권거래제의 연계를 위한 설계기준을 정립하는데 있어 많은 시사점을 제공해 줄 수 있다. 특히, 각 국가 또는 지역의 배출권거래제의 효율적인 연계를 위해서는 한편으로는 국제기준과의 부합, 즉 제도적 정합성을 추구하면서, 불확실성(uncertainty)과 정보의 비대칭성을 제거해 나가고, 다른 한편으로는 배출권거래제의 도입자체를 어렵게 만드는 산업계의 반발과 같은 소극적·국지적 요소와, 연계와 관련해 야기될 수 있는 배출권 가격의 급등락 등 시장혼란 및 분배문제 등 자원·위험배분의 형평성을 고려한 특수요건들을 신중하게 고려하여야 한다.

2. 배출권거래제의 연계를 위한 설계기준

1) 배출권거래제 설계기준

배출권거래제의 효율적인 연계를 위한 설계기준을 살펴보기 전에, 그동안 각계로부터 제시되었던 배출권거래제의 설계기준을 구체적으로 살펴보면 다음과 같다.

먼저, 호주 Garnaut 보고서(2008)에 의하면, 배출권 거래시장에 대한 대부분의 정책적 개입은 경제에 있어 후생손실(deadweight loss)로 나타나는 거래비용(transaction costs)을 수반하게 된다고 한다.[11] 따라서 잘 설계된 배출권

---

10) 박세일, 앞의 글 6, 85면.

거래시장은 1) 배출에 대한 제한, 2) 배출 허용량의 창출 및 배분(creation and issuance), 3) 시장에 필수적으로 또는 선택적으로 참여 가능한 주체, 4) 배출권의 판매자와 구매자간의 교환수단, 5) 의무면제(acquittal of obligation) 에 대한 방법과 시기, 6) 위반행위(non-compliance) 에 대한 결과, 7) 시장에 의해서 해결되지 않는 분야에 대한 처리, 8) 시장운영에 있어서 정부와 다른 주체들의 역할을 관장하는 규칙이 필요하다고 한다.12)

   Kneteman(2010)은 배출권거래제의 설계기준으로서, 엄격한 배출 총량제한(a tight emissions cap), 위반시 제재(compliance enforcement), 유연성(flexibility), 장기적 규제의 확실성(long-term regulatory certainty), 투명성(transparency), 시장유동성(market liquidity) 등을 갖춰야 한다고 한다.13)

   Zyla·Bushinsky(2008)는 배출권거래제의 범위(scope)와 규제사항을 결정하는 잠재적 설계기준으로서, 1) 감축비용 축소를 위한 폭넓은 적용범위, 2) 환경적 통합성의 보장, 3) 행정적 실현가능성을 제시하였다.14) Reinaud와 Philibert(2007)는 현존하거나 도입중인 배출권거래제로 부터 배워야 할 설계기준으로서, 1) 비용효과적인 시스템 설계를 위해 배출권거래제의 범위는 가능한 한 많은 부문과 가스를 포함하고,15) 2) 경매방식이 무상할당방식보다 더 경제적으로 효율적이며,16) 3) 적절한 수준으로 무상할당하기 위해서는 믿을 만한 과거 데이터가 필요하고,17) 4) 거래제의 통합성과 신뢰도를

---

11) Ross Garnaut, The *Garnaut Climate Change Review*, Final Report (2008), at 311.

12) *Id.*

13) Christie J. Kneteman, *Building an Effective North American Emissions Trading System: Key Considerations and Canada's Role*, 20 J. Env. L. & Prac., 127, 130 (2010).

14) Kathryn Zyla, Joshua Bushinsky, *Designing A Cap-and Trade Program for the Midwest*, World Resources Institute (March 2008), at 3-4.

15) Julia Reinaud, Cédric Philibert, *Emission Trading: Trend and Prospects*, OECD/IEA (2007.11.22), at 34.

16) *Id.*

17) *Id.*

확보하기 위해서는 MRV가 필수적이며,[18] 5) 문제가 없는 것은 아니지만, 더 포괄적인 배출권거래제 구축을 위해 국내 상쇄(domestic offsets)가 사용될 수 있도록 하고,[19] 6) 무엇보다도 중요한 것은 배출권거래제의 설계 시 현존하는 시스템으로부터의 경험을 반영해 탄력성을 갖추도록 하며,[20] 7) 거래제가 다른 정책들과 부조화되지 않고 보완성을 가지도록 하는 것 등을 제시하고 있다.[21]

일본 환경성은 배출권거래제도의 역할에 대해, 1) 총량삭감의 달성 2) 효율적인 삭감 3) 공평성의 확보 4) 투명성의 확보라는 관점에서 보아야 하고, 제도설계를 함에 있어서는, 1) 제도대상자들이 비용부담이 현저하게 커지지 않고, 2) 복잡한 절차를 필요하지 않고 알기 쉬운 제도가 되어야 한다고 제안하였다.[22] 그리고 미즈호(みずほ) 종합연구소(2008)는, 1) 제도의 수용성과 절감효과의 균형을 고려한 배출권의 할당방법의 선택, 2) 기업의 국제경쟁력에 대한 배려의 중요성, 3) 기술개발의 인센티브를 강화할 필요성, 4) 제도를 운영하면서 개선해 나가는 유연성을 제시하였다.[23]

한국의 경우 박호정(2011)은 배출권거래제의 설계에 있어서 고려되어야 할 기본원칙으로서, 1) 단순성(simplicity) 2) 투명성(transparency) 3) 호환성(fungibility) 4) 일관성(consistency)을 제시하였다.[24] 그리고 조홍식(2010)은

---

18) *Id.*

19) *Id.*

20) *Id.* at 35.

21) *Id.*

22) 이에 관한 자세한 내용은 環境省『キャップ・アンド・トレード方式による國內排出量取引制度オプションについて』4頁 (平成20年5月20日)을 參照하라.

23) みずほ總合研究所「活發化する國內排出權取引制度の導入論議」(2008.5.21), <http://www.mizuho-ri.co.jp/publication/research/pdf/report/report08-0521.pdf> (2012.12.10.방문).

24) 박호정, "온실가스 감축에 기여하는 배출권거래제 설계방향" (2011.11), 3-4면, <http://www.gihoo.or.kr/portal/07_Webzine/2011_winter/img/sub/down2.pdfURL>, (2012.12.8.방문).

배출권거래제를 설계할 때 고려해야 할 기준으로, 첫째, 제도설계를 지휘할 국제적 이념 혹은 기준인 적극적이고 보편적인 요건으로서, 1) 온실가스 목표달성을 확실히 보장하는 '실효성'과, 2) 사회 전체적으로 적은 비용으로 배출삭감목표를 달성하면서 기술개발이란 부수효과를 거둘 수 있는 '비용효과성(cost-effectiveness)'을 들고,[25] 둘째, 배출권거래제의 내용을 제약하는 소극적이고 국지적(parochial)요건으로서, 경제적 측면에서의 해당국의 탄소집약적 산업구조, 배출통계인프라의 구축정도, 사회문화적 측면에서의 소송 등 분쟁을 고려한 이해관계자들의 공정한 책임분담, 법제도적 측면에서의 직업의 자유나 재산권, 오염자부담의 원칙 등을 함께 고려해야 한다고 한다.[26]

2) 연계를 위한 설계기준

국제적 연계를 고려한 배출권거래제의 설계기준을 구체적으로 살펴보면, Mace 등(2008)은 연계시 고려해야 할 지도원칙으로서, 1) 환경적 통합성(environmental integrity) – 연계하는 배출권거래제가 각기 독립적으로 운영될 때보다 온실가스 감축이 더 적게 되어서는 안 된다.[27] 2) 제도적 유사성(institutional compatibility) – 연계된 배출권거래제의 제도적 구조, 예를 들어 할당·적용대상·레지스트리 등이 일반적으로 유사해야 한다.[28] 3) 경제적 효

---

25) 조홍식, "기후변화의 법정책-녹색성장기본법을 중심으로-", 기후변화와 법의 지배 (조홍식 외 편, 2010. 9.5), 17-18면 참조. [이하 조홍식, "기후변화의 법정책"으로 인용].

26) 위의 글, 18-20면 참조.

27) Mace et al., *Analysis of the legal and organizational issues arizing in linking the EU Emissions Trading Scheme to other existing and emerging emission trading schemes*, FIELD·IEEP·WRI (May 2008), at 51.

28) *Id.*

율성(economic efficiency) ‐ 연계하는 2개 또는 그 이상의 배출권거래제가 각
기 독립적으로 운영될 때에 비해 같거나 더 나은 비용절감을 제공해야 한
다.[29] 4) 형평성(equity) ‐ 연계하는 배출권거래제가 어느 참가자들에게 불
공평하게 불이익을 주어서는 안 된다. 4가지를 제시하고 있다.[30] Blyth와
Bosi(2004)는 연계로부터 나타나는 효과의 형태를 통해, 1) 배출권거래시장의
효율성(efficiency), 2) 경제적 효과(economic effects), 3) 환경적 성과(environ-
mental performance)라는 3가지 기준을 제시하였다.[31]

사실 배출권거래제의 일반적인 설계원칙과 국제적인 연계를 고려한 배출
권거래제의 설계원칙이 크게 다를 바는 없고, 만약 양자가 크게 다르다면
오히려 그것이 이상할 것이다. 왜냐하면 배출권거래제를 설계함에 있어서는
당연히 국제적인 기준에 부합하도록 법제도를 설계해야 하고, 다른 국가들
의 배출권거래제도와의 국제적 연계를 의당 고려해야 하기 때문이다. 다만,
국제적 연계에 보다 초점을 맞춰 배출권거래제를 설계할 경우, 자국의 에너
지집약 산업의 보호 등과 같은 소극적이고 국지적 요건 보다는 국제기준에
의 부합이라는 적극적이고 보편적인 요건이 더욱 강조되는 차이가 있을 것
이라 생각된다. 이렇게 볼 때 환경법의 기본이념인 환경적 통합성, 자원배분
의 효율성, 자원배분의 형평성이라는 3가지 기준은 배출권거래제의 설계기
준으로서 그대로 적용될 수 있다고 할 수 있다.

앞서, Mace 등(2008)이 국제적 연계를 고려한 배출권거래제 설계 시 "제
도적 유사성(institutional compatibility)"을 지도원칙중의 하나로 제시한 것은
국제적 연계를 강조할 경우 불확실성의 제거, 투명성 제고, 거래비용의 감
소, 행정부담의 경감 등을 위해 일반적인 배출권거래제 설계 시 보다 국제

---

29) *Id.*
30) *Id.*
31) Williams Blyth and Martina Bosi, *Linking Non-EU Domestic Emissions Trading Scheme
    with the EU Emissions Trading Scheme*, COM/ENV/IEA/SLT92004)6, OECD (17 June
    2004), at 9.

적 기준에의 부합여부, 제도적 조화 및 정합성이 더욱 중요시 된다는 점을
보여주는 것으로 해석된다.

배출권거래제를 설계함에 있어서는 주로 환경적 통합성과 자원배분의 효
율성이 주된 기준이 되는데, 조홍식(2010)이 제도설계를 지휘할 국제적 이
념 혹은 기준인 적극적이고 보편적인 요건으로서, '실효성'과 '비용효과성'
을 드는 것도 같은 취지로 이해된다. 그런데 Mace 등이 형평성(equity)을 연
계의 설계기준 중의 하나로 제시한 것은 연계의 상대방을 고려한 것으로 그
의미가 적지 않다고 생각된다. 일반적으로 각국은 배출권거래제를 도입함에
있어 자국의 에너지 다소비 산업의 강한 반발에 부딪치게 되어 국제 경제력
약화라는 문제점을 보완하기 위한 숙제를 안게 되는데, 이런 제약요건을 극
복하지 못할 경우, 자칫 배출권거래제의 도입 자체가 좌초되거나 상당기간
그 도입이 연기되는 사례가 발생할 수 있고, 또 설사 이를 극복하기 위하여
자국 산업보호를 위한 안전장치를 지나치게 강조하다 보면, 국제적 기준에
부합하지 않는 배출권거래제가 도입될 수 있는 곤경(dilemma)에 빠질 수 있
다. 자국산업 보호장치는 한편으로는 배출권거래제의 연계를 고려한 최소한
의 불이익 방지장치로 작용할 수 있는 반면, 다른 한편으로는 연계되는 다
른 국가에 비해 불공평하게 혜택을 받는 이익보장 장치로도 작용할 수 있기
때문이다. 따라서 연계되는 배출권거래제 상호간에 어느 일방의 참여국가가
불공평하게 이익을 얻거나 불이익을 받지 않도록 연계와 경쟁력이 조화되
도록 법제도를 설계하고 조정하는 일은 매우 중요한 과제이며, 이를 위해서
는 국제기준에 맞게 배출권거래제를 설계하되, 부득이 자국산업의 경쟁력
보호라는 현실적 측면을 고려함에 있어서도 그 법적 장치가 국제규범에 현
저하게 일탈하거나 연계되는 어느 일방의 배출권거래제가 부당하게 이익을
보거나 손해를 보는 것이 없이 서로 상생(win-win)할 수 있도록 법제도를 설
계하는 것이 요구된다. 다만, 여기서 간과해서는 안 되는 점은, 배출권거래
제의 국제연계에 있어 선진국과 선진국간의 연계, 선진국과 개발도상국간의

연계 등 각 국가별 연계형태 및 관련 연계당사국이 처한 사정 등을 고려해
차등을 두어야지 일률적인 원칙과 기준을 획일적으로 적용하는 것은 적절
하지 않다는 것이다. 이러한 점을 무시할 경우 자칫 "무엇을 위한 연계인
가?"라는 근본적인 문제에 봉착할 수 있고, 연계의 장점보다는 연계의 단점
이 부각되면서 연계에 따른 '형평성(equity)' 문제가 부각되어 필연적으로 정
치적 난관에 봉착하게 될 것이기 때문이다. 요약하면, 국제적 연계를 위한
배출권거래제의 설계에 있어서는, 1) 보편적인 배출권거래제 설계기준으로
서, (1) 환경적 통합성(environmental integrity)과 (2) 경제적 효율성(economic
efficiency)을 일반기준으로 두고, 2) 연계를 위한 추가적인 기준으로서, (1)
제도적 유사성(institutional compatibility)과 (2) 형평성이라는 총 4가지 기준
을 설정하는 것이 바람직하다고 여겨진다. 참고로 구체적인 정책수립과 법
제도 형성을 둘러싸고 연계를 위한 배출권거래제의 설계기준들이 상호충돌
(trade-off)하는 경우가 있을 수 있는데, 이때에는 환경적 통합성을 우선적으
로 추구하면서, 여타 기준들을 보완적으로 고려하는 것이 필요하다고 본다.
예를 들어, 탄소누출문제를 완화하기 위한 법제도적 장치는 산업정책적 자
원보다는 환경적 통합성을 달성하기 위한 것이라는 Reinaud의 지적을 유의
할 필요가 있다.32)

---

32) Julia Reinaud, *Issues Behind Competitiveness and Carbon Leakage-Focus on Heavy Industry*
   (IEA, October 2008), at 4. [hereinafter Reinaud, *Issues Behind Compe- titiveness and
   Carbon Leakage*].

3. 법정 연계요건 분석

1) EU-ETS 개정지침

2003년 EU-ETS 지침은 다른 배출권거래제와의 연계에 관한 규정을 두고 있었다. 이에 의하면, EU-ETS와 다른 배출권거래제간의 배출권의 상호인정을 위해서는 교토의정서 부속서 B에 열거된 국가 중 교토의정서를 비준한 제3국가와 협정(agreement)을 체결하여야 하고,[33] 동협정이 체결된 경우 집행위원회는 배출권의 상호인정과 관련된 필요한 규정들을 작성하도록 했다.[34] 위의 지침에 의하면, EU는 교토의정서 부속서 B에 열거된 국가 중에서 교토의정서를 비준한 국가에 한해서만 연계가 가능하므로, 교토의정서를 비준하지 않은 국가나 국가내의 지역단위 배출권거래제는 연계대상이 될 수 없었다.

2009년 EU는 배출권거래제의 국제적 연계를 보다 촉진하기 위하여, 위의 지침 25조에 2개 조항을 신설하였는데, 1) EU-ETS는 공동체에 상응하는 강제적(mandatory) 배출권거래제를 보유하고 있으며, 절대목표를 채택하고 있는 다른 국가 또는 연방하위 또는 지역단위 기구들 간에 배출권의 상호인정을 위한 협정을 체결해야 하고,[35] 2) 이들 연계대상과 행정적·기술적 협조를 제공하기 위한 비구속적 협력(non-binding arrangements)이 이뤄질 수 있다는 것을 추가하였다.[36] 2009년 개정지침에서 중요한 것은, 먼저, 연계를 위한 협정(agreement)을 위해서는 연계상대방이 1) EU-ETS에 상응하는 강제적 배출권거래제, 2) EU수준의 높은 절대목표를 가지고 있어야 하며, 3) 군

---

33) Directive 2003/87/EC, §25,1.
34) Id. §25,2.
35) Directive 2009/29//EC §27,1a.
36) Id. §27,1b.

건하면서 EU에 상응하는 MRV 시스템과, 4) EU에 상응하는 제제시스템을
갖출 것을 요구하고 있다.[37] 이에 비해 비구속적 연계 협력(arrangements)을
위해서는 연계상대방이 절대목표를 가진 강제적인 배출권거래제이이어야 한
다는 요건만 요구하지,[38] 위의 협정에서와 같은 엄격한 요건은 요구하고 있
지 않다.

2) 미국 Waxman-Markey법안

2009년 6월 미 연방 하원을 통과했으나 연방 상원을 통과하지 못한
Waxman-Markey Bill(이하, 'W-M법안')[39]에는 배출권거래제의 국제연계와
관련하여 EU-ETS 지침의 연계규정과 유사한 내용을 담고 있어 주목된다.
이를 살펴보면, 행정청은 국제기후변화 프로그램이 어느 한 국가 또는 초국
가적인 외국정부에 의해 운영되고, 하나 또는 하나 이상의 외국국가, 또는
그러한 국가의 하나 또는 그 이상의 경제부문으로 부터 부과된, 1) 강제적
절대 톤 제한을 가지고, 2) 최소한 유사한 모니터링, 3) 제재·집행, 4) 상쇄
의 질과 상쇄의 사용제한을 보장하기 위한 규정을 포함하면서 엄격한 경우
에는 국무장관의 자문을 얻어 그 프로그램을 "자격을 갖춘 프로그램
(qualifying programs)"으로 지정할 수 있다.[40] 그러나 어떤 국제 배출권이 강
제적 절대 톤 제한을 받지 않는 온실가스 감축 또는 회피, 또는 온실가스
분리에 의거해 지급된 상쇄수단 또는 배출권인 경우, 이는 사용될 수 없는
"자격없는 배출권(disqualified allowances)"에 해당한다고 규정하고 있다.[41]

---

37) *Id.* recitals (42).
38) *Id.* recitals (40)
39) H.R. 2454. American Clean Energy and Security Act of 2009.
40) *Id.* §728.
41) *Id.* §728(b).

4. 성공적 연계요건 분석

배출권거래제의 성공적인 국제적 연계를 위해서는 강한 정도의 제도적 일치 및 조화가 요구되는데, 배출권거래제의 어떤 설계요소들을 어느 정도로 일치시켜야 되는 지에 대해서는 각 전문가들마다 견해가 나뉜다. Mace 등(2008)은 크게 1) 기술적으로나 정치적 관점에서 연계를 위해 필수적으로 일치시켜야 하는 요건들과, 2) 최적의 거래제 시행과 시장의 자신감을 지원하기 위해서는 일치를 시켜야 하지만, 반드시 연계를 위해 일치가 필수적이지 않은 요건들인 두 개의 범주로 나눈 뒤,42) 이를 다시 세부범주로 구분해, 1) 필수 일치요건, 2) 정치적 합의에 도달하는데 필요한 일치요건, 3) 시스템들이 동일하게 엄격하다면 다를 수 있는 요건, 4) 기술적으로나 정치적 관점에서 일치시키는 것이 바람직하나 반드시 엄격하게 일치가 요구되지 않는 요건들인 4가지로 나눠 각 설계요소들을 분석하였는 바, 이를 정리하면 [표 1]와 같다.

---

42) Mace et al., *supra* note 27, at 51.

[표 1] 성공적 연계를 위한 요건

성공적 연계조건	설계 요소
1. 필수일치요건	1. 가격 상한(price caps) 2. 자유로운 차입(unconstrained borrowing) 3. 절대적 목표(absolute caps) 4. 배출권의 사후조정 (ex-post adjustments of allowances) 5. 거래시스템의 계속성 (continuance of trading system)
2. 필요일치요건	1. 감독기구와 강제력 (governance and enforcement) 2. 상응하는 감축목표와 엄격성 (comparable caps and stringency) 3. 이월(banking) 4. 계획기간(commitment periods) 5. 상응하는 상쇄사업 크레딧규칙 (comparable offset project crediting rules)
3. 다를 수 있는 요건	1. 제재기간 및 벌금 (compliance periods and penalties) 2. 감시 및 검증기준 (monitoring and verification standards) 3. 탄소 누출조절(carbon leakage control)
4. 일치가 바람직하나, 엄격하게 요구되지는 않는 요건	1. 할당방법(allocation methodologies) 2. 신규진입 및 시설폐쇄 (new entrants and closures) 3. 부문별 적용대상(sectoral coverage)

출처: Mace et al., *Analysis of the legal and organizational issues arizing in linking*, at 51-52를 토대로 정리.

Mehling(2009)은 배출권거래제의 성공적 연계를 위해 주요 설계요인들을, 1) 제도적 일치가 필수적인(essential) 요건, 2) 바람직한(desirable) 요건, 3) 선택적인(optional) 요건으로 [표 2]과 같이 구분하였다.[43)

---

43) Mehling, *Linking of Emissions Trading Schemes*, Legal Aspects of Carbon Trading-*Kyoto, Copenhagen, and beyond* (David Freestone, Charlotte Streck, Oxford, 2009), at 115. [hereinafter Mehling, *Linking of Emissions Trading Schemes*].

[표 2] 배출권거래제의 설계요인과 연계와의 관련성

설계요인 (Design Feature)		상호비교 (Mutual Compatibility)
범위 및 연대표	적용부문	바람직
	계획기간	바람직
	거래제의 계속성	필수적
	신규진입·시설폐쇄	선택적
	사후조정	필수적
거래단위 감축의무(cap)	거래단위의 대체성	바람직
	절대/상대	필수적
	환경적 엄격성	바람직
할당	할당방법	선택적
이월	이월가능성	바람직
비용완화	가격 상한제	필수적
	차입	필수적
	상쇄 크레디팅	바람직
경쟁 및 탄소누출 관리체제	탄소누출장치	선택적
	점검 및 검증	선택적
	제재규정	바람직
	레지스트리	선택적

출처: Mehling. *Linking of Emissions Trading Schemes*. at 115.

그 후 Mehling(2010)은 장애요인 분석을 통해 국제연계를 위한 일치요건을 제시하였는 데, 이를 정리하면 [표 3]와 같다.

[표 3] 일치요건

일치 요소	설계 요소
1. 필수일치요건	1. 가격 상한(price caps) 2. 차입(borrowing) 3. 절대/상대 목표(absolute/relative caps) 4. 사후조정(ex-psot adjustments) 5. 계속성(continuity)
2. 일치가 바람직한 요건	1. 강제력(enforcement) 2. 엄격성(stringency) 3. 이월(banking) 4. 계획기간(commitment periods) 5. 상쇄 크렛딧(offset crediting)
3. 차이가 나도 되는 요건	1. 이행강제 기간(compliance periods) 2. 감시 및 검증기준 　(monitoring and verification standards) 3. 탄소 누출조절(carbon leakage control) 4. 할당방법(allocation methods) 5. 신규진입 및 시설폐쇄(new entrants and closures) 6. 부문별 적용대상(sectoral coverage) 7. 레지스트리(registries)

출처: Mehling, *Emission Trading: European Outlook and Transatlantic Perspectives*, Ecologic Institute (2010. 7.21), at 17을 토대로 정리.

참고로 Mace 등과 Mehling의 성공적 연계를 위한 일치조건을 비교해 보면, "필수일치요건"은 서로 동일하고, Mace의 "필요일치요건"은 Mehling의 "일치가 바람직한 요건"에 해당하며, Mehling은 Mace의 "다를 수 있는 요건"과, "일치가 바람직하나 엄격하게 요구되지 않는 요건" 두 가지를 합쳐 "차이가 나도 되는 요건"으로 분류하고 있다. 이렇게 볼때 Mehling은 Mace 등의 4가지 분류를 3가지로 분류해 정리하고 있다는 것을 알 수 있다.

Tuerk 등(2009)은 연계에 장애될 것 같은 요인과, 장애가 될 것 같지만 조화되기 쉬운 요인 등 2가지로 나눠 구분하고 있는데, 이는 [표 4]과 같이 정리할 수 있다.

[표 4] 연계의 장애요인과 비장애요인

구분	설계 요소
1. 장애요건	1. 감축목표의 상대적 엄격성 (relative stringency of targets) 2. 제재의 엄격성(stringency of enforcement) 3. 상쇄 크레딧의 적격성(eligibility of offsets credits) 4. 탄소 집약도 목표(carbon intensity targets) 5. 비용완화수단(cost containment measures)
2. 비장애 요건	1. 배출권 MRV 규칙(MRV rules for allowances) 2. 이월 계획기간(banking compliance periods) 3. 이행 강제기간(compliance periods) 4. 레지스트리(registry) 5. 신규진입 및 시설폐쇄에 관한 규칙 (rules governing new entrants and closures) 6. 할당방법(allocation methods)

출처: Tuerk et al. *Linking Emissions Trading Schemes, Synthesis Report*, Climate Strategies (May 2009), at 25-26을 토대로 정리.

Edenhofer 등(2007)은 배출권거래제의 연계를 위한 선결조건으로, 1) 배출권 이전을 위한 레지스트리의 조화, 2) 조화된 벌금시스템과 통일된 가격상한제도, 3) MRV기준의 조화, 4) 조화된 상쇄허용, 수입쿼터와 프로젝트기반 상쇄의 형태, 5) 배출권의 이월, 6) 거래기간의 조화, 7) 국제청산소(an international clearinghouse)를 제시하였다.[44]

Ellis와 Tirpak(2006)는 서로 다른 배출권거래제간의 연계를 촉진시키기 위해서는, 1) 절대 또는 상대목표, 2) 가격상한, 3) 제재규정, 4) 이월·차입, 계획기간의 長短과 시작시점, 5) 상쇄의 적격성, 6) 경쟁력에 영향을 미칠 수 있는 할당방법과 같은 요건들은 상당한 정도로 조화시켜야 할 뿐만 아니라 기술적인 개선까지 요구된다고 한다.[45]

---

44) Edenhofer et al., *Towards a global CO_2 market*, Potsdam Institute for Climate Impact Research (May 2007), at 11-17.

45) Jane Ellis and Dennis Tirpak, *Linking GHG Emission Trading Systems and Markets*,

그리고 Flachsland 등(2009)은 배출권거래제는 1) 온실가스 감축, 2) 보충성(supplementarity), 3) 기술변화의 유도, 4) 비용최소화 라는 4가지 정책목표를 고려해야 하는데,[46] 각 거래제간의 연계가 원활하게 작동하기 위해서는 약간의 기본적인 설계요인들의 조화가 요구되는 바, 1) 감축목표의 엄격성, 2) 가격상한제, 3) 가격하한제, 4) 크레딧의 제한, 5) 차입의 5가지 설계요소를 적절하게 잘 설계하느냐에 따라 이러한 정책목표의 달성이 촉진될 수 있을 것이라고 한다.[47] Lazarowicz(2009)는 배출권거래제의 연계이익이 크므로 연계에 중대한 장애가 될 수 있는 거래제도의 고착(locking)을 피하기 위해, 1) MRV와 제재, 2) 국제 및 국내 크레딧 규칙, 3) 이월 및 차입규칙, 4) 가격개입이라는 4가지의 주요 설계요인들의 조화가 필요하다고 하였다.[48]

한편, EU집행부는 호주와의 쌍방향 연계를 하기 전에 검토되어야 할 정책적 문제로서, 1) MRV, 2) 각 시스템에서 받아들일 수 있는 제3자 배출권의 형태와 양, 3) 연계된 호주의 Carbon Farming Initiative(CFI)[49]로부터 나오는 토지기반의 국내상쇄의 역할, 4) EU와 호주산업, 특히 탄소누출의 위험에 노출된 부문의 경쟁력을 지원하기 위한 대책, 5) 상응하는 시장감시 장치를 들고 있다.[50]

OECD/IEA COM/ENV/EPOC/IEA/SLT(2006)6 (Oct. 2006), at 6.

46) Christian Flachsland, Robert Marschinski, Ottmar Edenhofer, *To link or not to link; benefits and disadvantages of linking cap-and-trade systems*, Postsdam Institute for Climate Impact Research (2009), at 8.

47) *Id.*

48) Mark Lazarowicz, *Global Carbon Trading: A Framework for Reducing Emissions* (London: DECC/OCC, 2009), at 46.

49) 토지에서의 탄소저장 및 농업에서의 배출감축에서 발생된 크레딧을 배출권거래제인 탄소가격제(Carbon Pricing Mechanism) 참가자에게 판매하여, 해당부문에 경제적 이익을 창출할 수 있도록 하는 탄소상쇄제도(Carbon Offset Scheme)이다.

50) European Commission, *FAQ: Linking the Australia and European Union emission trading systems* (28 Aug. 2012), at 2, <http://europa.eu/rapid/pressReleasesAction.do?reference=

5. 주요국의 배출권거래제 도입·운영으로부터 도출되는 설계기준

먼저 EU-ETS에 대한 일반적인 평가를 살펴보면, 일부 경제학자들은 EU-ETS에 대해 "현재까지 기후정책에서 가장 중요한 성과"라고 평가했다.[51] 미국과 달리 배출권거래제 경험이 거의 전무할 뿐만 아니라 다수의 주권국가간 이해관계가 첨예하게 대립할 수 있는 EU에서 이처럼 대규모의 배출권거래제 시행을 완료할 수 있었다는 점은 여러 가지 문제점에도 불구하고 기대이상의 성공이었다는 평가를 내릴 수 있다고 한다.[52] EU의 경우 배출권거래제 도입이후 산업경쟁력의 약화 없이 효과적으로 온실가스 감축에 성공한 것으로 평가되고 있는데, 1990년 이후 GDP가 40% 성장하는 동안 온실가스 배출량은 16% 감소하는 탈동조화(decoupling) 현상이 발생했다고 한다.[53] Betz(2012)에 의하면, EU-ETS의 운영에 의한 감축결과는 연구방법에 따라 서로 다른 결과가 도출되었는데, 계획기간I에서는 실질적인 감축을 이끌지는 못했고, 계획기간II에서는 주어진 이월하에서 약간의 감축이 생기게 될 것 같지만, 누적된 초과배출권으로 인해 가격이 상당히 하락할 것이라고 평가하였다.[54] EU집행위는 EU-ETS의 온실가스 감축실적 조사결과,

---

MEMO/12/631&format=HTML&aged=0&language=EN&guiLanguage=en> (2012. 11.1.방문).

51) John Liewellyn, The Business of Climate Change (재정경제부 역, Lehman Brothers, 2007), 342면.

52) "유럽탄소배출권거래제", 환경경영 (2012.6.17), <http://donidang.tistory.com/953> (2012.12.9.방문).

53) 녹색성장위원회, "온실가스 배출권거래제의 오해와 사실" (2012.2.16), <http://www.greengrowth.go.kr/?p=48659> (2012.10.15.방문) 참조.

54) Regina Betz, *Designing Emissions Trading Schemes to Combat Climate Change*: *Lessons Learnt from the European Emissions Trading Scheme(PPT)*, Helmholtz Centre for Environmental Research (26 July 2012), at 7. [hereinafter Betz, *Designing Emissions*

처음 제도가 실시된 2005년과 비교해 2010년도에 배출량 할당시설단위로
볼 때 평균 8.3% 감소시키고 있어 EU-ETS가 진정 온실가스 감축에 기여하
고 있으므로,[55] 앞으로 규제의 안정성을 충분히 높힐 필요가 있지만 EU-
ETS를 더욱 강화해야 할 근거라고 평가하였다.[56] 그리고 EU-ETS는 탄소에
가격을 부과하는 데 상당히 빠른 속도로 성공했다. 단기적으로는 설비의 보
수 개선이나 연료 전환에 의한 삭감, 장기적으로는 탄소가격이 투자행동에
반영되는 것을 들 수 있다.[57] 중요한 것은 산업계에서 직접규제나 탄소세
등 다른 시책과 비교할 때, 배출권거래제는 유연성이 있어 가장 비용대비
효과가 높은 감축방법이라고 평가하고 있다는 점이다.[58]

　Betz(2012)는 지난 7년간의 EU-ETS의 운영상황을 평가하면서, 1) 환경적
효과성 2) 효율성이라는 2가지 기준을 제시하였다.[59] Betz에 의하면, 1) 효
과적이고 효율적인 거래제를 만들기 위해서는 시간을 두고 설계를 향상시
키기 위한 탄력적인 과정이 필수적이고,[60] 2) 환경적 효과성을 달성하는 데
있어 필수적인 목표달성과 가격통제에 있어 EU집행부의 역할이 필수적이
며,[61] 3) 효율성 측면에서, 규칙이 너무 복잡하면 어떤 기업들은 참여를 하
지 않게 되며, R&D를 촉진시키기 위한 보완적 정책(탄소세)의 필요성에 대

Trading Schemes to Combat Climate Change].

55) Climate Action, *The EU ETS is delivering emission cuts* (2011.7.27), <http://ec.
europa.eu/clima/publications/docs/factsheet_ets_emissions_en.pdf> (2012.12.11.방문).

56) Climate Action, *Connie Hedegaard: The ETS is delivering real emission reductions* (2011.
7.14), <http://ec.europa.eu/commission_2010-2014/hedegaard/headlines/news/2011-07-
14_01_en.htm> (2012.12.11.방문).

57) 國內排出量取引制度の課題整理に關する檢討會 『國內排出量取引制度の課
題整理 報告書』132頁 (平成24年3月), <http://www.env.go.jp/press/file_view.php?
serial=19461&hou_id=14965> (2012.12.10.방문).

58) *Id*. at 133.

59) Betz, *supra* note 54, at 7.

60) *Id*. at 25.

61) *Id*.

해서는 판단하기는 너무 이르다고 한다.[62]

일본정부의 국내 배출권거래제도 도입을 위한 전문가 그룹(2012)은 배출권거래제 등 온실가스 감축정책수단들을 평가하는 데 있어, 1) 삭감의 확실성, 2) 삭감의 효율성, 3) 부담의 강도, 4) 부담의 공평성, 5) 제도운영의 투명성, 6) 제도운영과 관련되는 사무부담이라는 6가지 기준을 제시하였는데,[63] 1) 삭감의 확실성은 환경적 통합성을 의미하고, 2) 삭감의 효율성은 자원배분의 효율성 또는 비용효과성을 의미하며, 3) 부담의 강도와 4) 부담의 공평성은 자원배분의 형평성을 의미하는 것으로 볼 수 있다. 그리고 5) 제도운영의 투명성(MRV·정보공개)과 6) 제도운영과 관련되는 사무부담은 배출권거래제의 행정적 운영에 관한 것이라 할 수 있다. 참고로 일본의 경우, 그간 산업계의 강한 반대로 총량배출권거래제가 도입되지 않고 있는 현실을 고려해, 제도구축에 있어 초기 배출권의 할당에 대한 업종간 형평성을 유지하고 국제경쟁력에 불리하지 않도록 배려해 기업이 받아들이기 쉬운 제도설계를 하는 것이 중요하다는 의견이 강하다.[64]

한국의 경우, 현행 "온실가스 배출권의 할당 및 거래에 관한 법률"(이하, '거래제법')에 의하면, 배출권거래제를 수립하거나 시행할 때의 기본원칙으로, 1) 기후변화 국제협상을 고려할 것, 2) 국제경쟁력에 미치는 영향을 고려할 것, 3) 효과적 감축목표 달성을 위해 시장기능을 최대한 활용할 것, 4) 국제 탄소시장 연계를 고려해 국제적 기준에 적합할 것이라는 4가지 원칙을 제시하고 있다.[65] 그런데 이 4가지 원칙을 배출권거래제의 설계기준에 맞춰 분류해 보면, 1) 기후변화 국제협상은 환경적 통합성(environmental integrity)으로, 2) 국제경쟁력은 형평성(equity)으로, 3) 효과적 감축목표달성을 위한

62) *Id.*
63) 國內排出量取引制度の課題整理に關する檢討會·前揭注 (57)「課題整理 報告書」98-99頁.
64) みずほ·前揭注 (23)「活發化」要旨7,8 參照.
65) 거래제법 제3조.

시장기능 활용은 비용효과성(cost-efficiency) 으로, 4) 연계를 고려한 국제적 기준적합은 제도적 유사성(institutional comparability)에 해당하는 것으로 볼 수 있다. 한국의 배출권거래제 설계기준의 특징은 보편적 기준으로서 환경성 통합성과 비용효과성을 추구하면서, 거래제 도입단계에서 부터 국제적 연계를 고려한 국제기준과의 제도적 조화를 추구하고 있다. 다른 한편으로는 온실가스·에너지 집약도가 높은 부문의 탄소누출에 의한 국제경쟁력 저하방지를 중요한 설계기준으로 간주하고 있는 바, 이는 수출지향형의 제조업중심의 산업구조를 가진 한국의 특수성을 반영한 것이라고 할 수 있다. 한국의 환경단체에서는 배출권거래제 성공의 조건으로, 1) 과감하고 분명한 온실가스 감축목표, 2) 절대량에 의한 기간별 감축총량(cap) 제시, 3) 무분별한 국내·외 크레딧 유입제한, 4) 경매를 통한 유상할당 원칙 유지, 5) 다른 감축수단과 병행(재생가능에너지 확대, 탄소세 등 에너지 세제개혁, 전력가격 합리화 등), 6) MRV체제를 제시하였다.[66]

그리고 호주의 경우에는 배출권거래제를 도입하고 EU-ETS와 연계함에 있어서, 자국 산업계의 국제경쟁력을 고려한 점, 시장안정화를 위해 거래제와 탄소세의 하이브리드형 연계를 한 점, 사전준비와 불확실성 제거 및 분배문제 등을 고려해, 2015년에 일방적 연계를 먼저 실시한 후, 2018년부터 완전한 연계를 하는 단계적 접근을 추진한 점 등을 교훈으로 얻을 수 있다.

---

66) 안병옥, "탄소배출권거래제 주요쟁점과 성공의 조건" (2011.11.29), 32면, <http://climateaction.re.kr/index.php?document_srl=21557&mid=act01>, (2012.12.8.방문) 참조.

6. 포스트 교토체제하 연계를 위한 새로운 설계기준

 교토체제와 포스트 교토체제 하에서의 배출권거래제 연계요건의 변화추이를 살펴보면, 포스트 교토체제하에서는, 첫째, 연계대상 측면에서는 교토의정서 비준국가라는 매우 제한된 조건으로부터 교토의정서 非비준국가, 그리고 국가가 아니더라도 연방이하 주 단위 또는 여러 지역연합체 등을 연계의 당사자로 인정해 그 범위를 확대하고 있는 반면, 둘째, 연계요건으로서, 1) 우선 MRV 체제구축을 기초 인프라로서 요구하고, 2) 총량배출권거래제 형태의 강제적 거래시스템을 채택해야 하며, 3) 상대목표 또는 탄소집약도목표가 아닌 절대감축목표를 가지면서 감축목표수준이 연계당사자간에 상응하는 정도로 엄격해야 하고, 4) 상쇄의 질과 사용제한, 5) 위반 시 제재 등의 일치 또는 조화를 필수요건으로 제시하면서 연계조건을 강화하고 있다.
 대부분의 연구들에 의해 확인되었듯이, 탄소시장에 영향을 미치는 중요한 설계요인들이 다르다고 할 지 라도 연계는 가능할 수 있다.[67] 즉, 배출권거래제의 국제적 연계를 위해서는 반드시 모든 설계요인들을 조화시키도록 요구하는 것은 아니고, 어떤 설계요인들의 불일치는 연계에 지장을 주지 않을 정도로 감내할 수 있거나, 어떤 요인들은 기술적으로 사소한 변화만 요구한다는 것을 알 수 있다.[68] 따라서 포스트 교토체제 하 효율적이고 원활한 국제적 연계를 위해서는 배출권거래제의 연계기준인 1) 환경적 통합성, 2) 경제적 효율성, 3) 제도적 유사성, 4) 형평성 이라는 4가지 기준을 기본이념으로 두고, 이의 실행원리로서 핵심적인 법제도적 연계요건들을 도출해

---

67) Mehling, *Linking of Emissions Trading Schemes*, *supra* note 43, at 114.
68) Mehling et al., *Prospects for a Transatlantic Carbon Market*, Climate Strategies (April 2011), at 15.

내는 것은 의미가 있다고 할 수 있다.

　EU-ETS 지침, 미국의 기후변화법안의 필수 연계요건과 위의 전문가들의 성공적 연계요건 분석결과, EU-ETS의 운영경험과 주요국의 거래제 도입경험 등을 종합해 보면, 첫째, 연계의 기초요건으로서, MRV 체제구축을 들 수 있고, 둘째 연계의 일반요건은 크게 1) '일치요건'과, 2) 일치 또는 조화가 바람직하기는 하나 차이가 나도 되는 "비일치 요건"으로 나눌 수 있으며, 그 중 전자인 '일치요건'의 경우에는 1) EU-ETS 개정지침과 W-M법안의 연계조항에서 요구하고 있는 '필수요건'과, 2) EU-ETS 개정지침과 W-M법안에서 요구하고 있지는 않으나, 연계되는 시장의 안정적 운영과 배출권 가격의 불안정을 완화하기 위한 '중요요건'으로 나누는 것이 적절하다고 본다. Mace 등(2008)이 제시한 1) 필수 일치요건 2) 필요일치요건 3) 다를 수 있는 요건 4) 일치가 바람직하나 엄격하게 요구되지는 않는 요건 등의 4분류는 비록 전문가 의견조사를 토대로 하였다 하나, 지나치게 세분되어 자칫 어떤 설계요인을 잘못된 범주에 구분할 오류를 범할 수 있고, 동 분류에서 제시하고 있는 필수일치요건은 법정요건이 아니라는 점을 고려할 필요가 있다. 셋째, 연계를 위한 특수요건으로서, 배출권거래제가 원활하게 도입되고 연계가 효율적으로 이뤄질 수 있도록 에너지 다소비 산업체의 강한 반대 등 각국이 처한 여건을 고려해, 1) 연계와 경쟁력의 조화(탄수누출 보완대책, 소송우려 완화) 2) 거래제와 탄소세의 연계 3) 분배문제에 대한 고려 및 단계적 연계추진 4) 국제지원 메커니즘 구축 등을 고려할 필요가 있다.

　앞에서 살펴본 연계를 위한 설계기준과 연계요건들의 상관관계를 체계적으로 정리하면 [그림 9]과 같이 나타낼 수 있다.

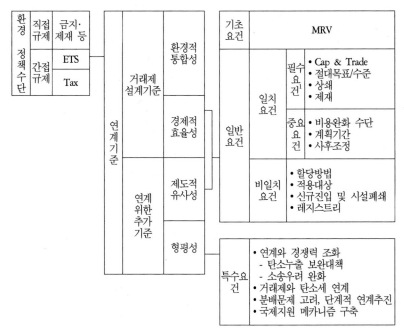

[그림 9] 포스트 교토체제하 새로운 설계기준과 연계요건

비고: [1] 필수요건은 Directive 2009/29/EC recitals 42, §27 및 H.R.2454. §728(a) (1), (2)
　　　에서 추출.

제6절 소 결

교토체제는 미국·중국·인도 등 주요배출국이 불참했고, 전 지구적인 배출량이 교토의정서가 처음 채택되었을 때와 비교해 볼 때 28%가 늘어났으며, 지나치게 EU-ETS에 거래가 편중되고, 세계 경제침체와 배출권의 초과공급으로 배출권가격이 급락하는 등의 문제가 있었다. 국제사회는 UN을 중심으로 교토의정서의 첫 이행기간이 만료되는 2012년 이후의 포스트 교토체제를 출범시키고 침체된 배출권거래시장을 활성화 하기 위해 많은 노력을 기울였으나, 2012년 도하합의 결과에서 보듯이 상당한 난항을 겪고 있는 상황이다.

연계는 어느 한 배출권거래제의 배출권 또는 다른 상쇄가 의무이행을 위해 다른 거래제내의 참여자에 의해 직접 또는 간접으로 사용될 수 있는 것을 의미하는 데, 연계방식에 따라 직접연계와 간접연계, 그리고 연계방향에 따라 일방향, 양방향, 다방향 연계로 나눌 수 있다. 연계의 이론적 근거는 경제학적으로 서로 연계된 시스템 간에 배출권의 이동을 통해 비용효과적으로 감축을 함으로써 경제적 효과를 극대화할 수 있다는 것이다. 그러나 주요 법제도적 설계요인이 조화되지 않는 배출권거래제가 연계될 경우, 예를 들어 가격상한제 또는 가격하한제를 도입하고 있는 어느 한 시스템이 이를 도입하지 않는 다른 시스템과 연계될 경우에는 거래비용이 증가하고 후생손실이 발생하는 문제점이 야기될 수 있다. Lazarowicz(2009)의 비용효과 분석결과에 의하면, 두 개의 OECD 거래제간 연계는 30-50%, 모든 OECD 국가 간의 연계는 25-55% 감축비용을 줄이고, 글로벌 탄소거래 시에는

2020년까지 전 지구적 온실가스 감축비용을 최대 70%까지 감축할 수 있다고 한다. 또한 연계는 시장의 유동성을 증대시키고, 가격변동성을 줄이며 시장지배력을 감소시킨다. 특히 연계는 탄소누출로 인한 경쟁력 약화 문제를 완화하는데 도움이 되고, 국제정치적인 면에서 긴밀한 국제협력에 대한 신호역할을 할 수 있다. 반면에, 연계에 따르는 여러 가지 문제점도 발생하는데, 연계된 시스템간의 전염효과 때문에 절대목표를 가진 시스템이 상대목표를 가진 시스템과 연계될 경우 환경적 통합성이 저해될 수 있고, 연계를 통해 승자와 패자가 생기는 분배적 효과를 일으키며, 연계로 인해 시스템의 개방성이 크면 클수록 시장충격에 노출되기 쉬워진다. 따라서 배출권거래제의 연계가 성공적으로 운영되기 위해서는, 연계의 경제적 편익과 장점을 극대화하면서 문제점은 최소화되도록, 배출권거래제도의 주요 설계요인들을 조화시켜 환경적 통합성을 높이고, 연계당사자들이 공평성의 관점에서 분배문제를 해결해 나가는 것이 중요하다.

　　포스트 교토체제하의 배출권거래제의 연계를 위한 새로운 설계기준은 환경법의 기본원리에서 도출되는 환경적 통합성과 자원배분의 효율성, 자원배분의 형평성 외에, 연계라는 측면을 고려한 제도적 유사성이라는 4가지 기준을 기본이념으로 두고, 이의 실행원리로서, 첫째 연계의 기초요건으로서 MRV 체제구축, 둘째 연계의 일반요건으로서, EU-ETS 및 향후 도입될 미국 배출권거래제와의 연계를 고려하여 '필수요건'으로서, 1) 총량배출권거래제, 2) 엄격한 수준의 절대목표, 3) 상쇄의 질과 사용제한, 4) 상응하는 제재시스템을 확고히 갖추어야 하며, 필수요건은 아니나 연계되는 시장의 안정적 운영과 배출권 가격의 불안정을 완화하기 위한 '중요요건'으로서, 1) 비용완화수단, 2) 계획기간, 3) 사후조정 장치를 일치시키거나 조화시키는 것이 필요하다. 그 외 할당방법·적용대상·신규진입 및 시설폐쇄, 레지스트리의 경우에는, 비록 일치시키지 않더라도 연계에 큰 지장을 초래하지는 않으나 가급적 조화시킬 경우 효율적 연계에 도움이 될 수 있다.

셋째, 연계의 특수조건에 대한 고려가 필요하다. 미국·일본 등에서 보듯이, 에너지 다소비업체의 강한 반대로 연계의 선행조건인 배출권거래제의 도입자체가 번번이 좌절되고 있는데, 탄소누출 및 집단소송에 대한 산업계의 우려를 완화시킬 수 있도록 연계와 경쟁력을 조화시키는 보완장치를 강구하고, 거래제와 탄소세의 연계를 통해 총량제한으로 인한 생산차질에 대한 우려를 완화하며, 국제지원 메커니즘을 구축해 포스트 교토체제하에서 배출권거래제가 원활하고 효율적으로 연계되고, 중장기적으로는 글로벌 탄소시장으로 나아갈 수 있도록 하여야 한다.

지금까지의 논의를 토대로 포스트 교토체제하 배출권거래제가 갖는 의미와 연계를 위한 설계기준 및 연계요건들을 종합하여 정리해 보면 [그림 10]과 같이 나타낼 수 있다.

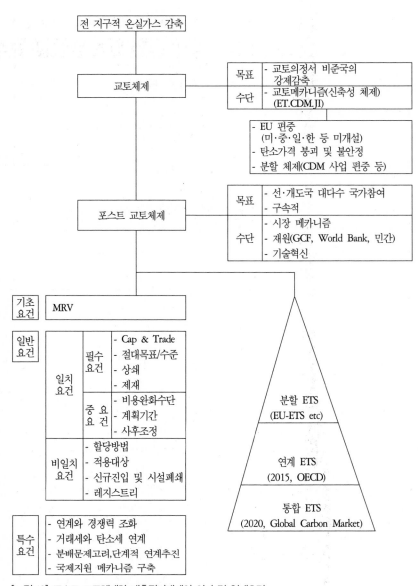

[그림 10] 포스트 교토체제하 배출권거래제의 의미 및 연계요건

제 4 장
각국의 배출권거래제 실시 및 연계동향

제1절 현존하거나 도입을 추진 중인 각국의 배출권거래제 현황

1. 개요

많은 국가들이 온실가스 감축을 위한 중요한 수단으로 시장메카니즘을 활용하는 배출권거래제를 실시 중인데, 이들 국가 대부분이 총량배출권거래제를 채택하고 있다.

먼저, EU 27개국은 총량배출권거래제인 EU-ETS를 운영 중이고, 노르웨이·아이슬란드·리히텐슈타인 3개국은 EU-ETS와 연계 중이며, 스위스는 EU-ETS와의 연계를 추진 중에 있다. 호주는 2012년 7월 1일부터 고정가격제에 의한 총량배출권거래제를 실시중이고, 뉴질랜드는 2008년 부터 상한(cap)이 없는 형태의 準총량배출권거래제를 실시하고 있다. 미국의 경우 연방 차원에서 배출권거래제를 실시하지 않고 있는 가운데, 동부의 RGGI가 2009년부터 총량배출권거래제를 실시 중이고, 서부의 WCI가 2012년부터, 캘리포니아주는 2013년부터 주 단위로는 최초로 총량배출권거래제를 실시할 예정이다. 중국은 2012년부터 북경·상하이 등 7개 대도시와 성에서 자발적 형태의 시범사업을 한 뒤, 2015년경에 전국단위의 배출권거래제를 실시할 계획이고, 일본은 오래전부터 자발적 거래제를 실시 중이고, 동경도와 사이타마현에서 지역차원의 총량배출권거래제를 실시 중에 있는데, 전국단위의 총량배출권거래제는 2014년 이후에 실시하는 방안을 검토 중에 있다. 위와 같은 국가별 배출권거래제의 현황을 정리하면 [표 5]과 같다.

[표 5] 국가별 배출권거래제 현황

국가명	거래제명	도입/운영중	형태
Austria	EU ETS	운영중	cap & trade
Belgium	EU ETS	운영중	cap & trade
Bulgaria	EU ETS	운영중	cap & trade
Cyprus	EU ETS	운영중	cap & trade
Czech Republic	EU ETS	운영중	cap & trade
Denmark	EU ETS	운영중	cap & trade
Estonia	EU ETS	운영중	cap & trade
Finland	EU ETS	운영중	cap & trade
France	EU ETS	운영중	cap & trade
Germany	EU ETS	운영중	cap & trade
Greece	EU ETS	운영중	cap & trade
Hungary	EU ETS	운영중	cap & trade
Ireland	EU ETS	운영중	cap & trade
Italy	EU ETS	운영중	cap & trade
Latvia	EU ETS	운영중	cap & trade
Lithuania	EU ETS	운영중	cap & trade
Luxembourg	EU ETS	운영중	cap & trade
Malta	EU ETS	운영중	cap & trade
Netherlands	EU ETS	운영중	cap & trade
Poland	EU ETS	운영중	cap & trade
Portugal	EU ETS	운영중	cap & trade
Romania	EU ETS	운영중	cap & trade
Slovakia	EU ETS	운영중	cap & trade
Slovenia	EU ETS	운영중	cap & trade
Spain	EU ETS	운영중	cap & trade
Sweden	EU ETS	운영중	cap & trade
United Kingdom	EU ETS	운영중	cap & trade
Norway	EU ETS 연계	운영중	cap & trade
Iceland	EU ETS 연계	운영중	cap & trade
Liechtenstein	EU ETS 연계	운영중	cap & trade
Switzerland	스위스 ETS 및 탄소세, EU ETS 연계계획	운영중	cap & trade
Australia	호주 ETS, EU·뉴 연계계획	운영중	cap & trade
New Zealand	뉴 ETS, 호주연계계획	운영중	준cap & trade
China	여러개 도시·지방 시범 ETS	도입중	자발적 거래제
Republic of Korea	국가 ETS	도입중	cap & trade

Japan	일반 ETS(도쿄·사이타마 ETS)	도입중(운영중)	cap & trade
	자발적 ETS	운영중	자발적 거래제
California	ETS	운영중	cap & trade
Connecticut, Delaware 등	RGGI	운영중	cap & trade
California British, Columbia등	WCI	도입중	cap & trade

출처: Australian Government, *Department of Climate Change and Energy Efficiency* (2012) 자료를 토대로 배출권거래제의 형태를 추가하는 등 일부 수정.

최근 10년 내에 거의 모든 부속서 I 국가는 배출권거래제를 설립했거나 강화했으며, 어떤 형태로던지 국가 또는 국제 탄소시장에 참여하고 있다.[1] 2011년 3월을 기준으로, OECD국가들 내에는-약간의 지역(sub-national) 거래제도 포함하여- 7개의 활발한 거래제가 있고, 개도국을 포함해 여러 개의 더 많은 거래제가 논의 중에 있는데, 이는 [표 6]과 같다.[2]

[표 6] 현존하거나 계획된 배출권거래제 현황

현존 거래제	계획된 거래제
뉴사우스 웨일즈 Greenhouse Abatement Scheme (2003)	WCI(미국)
EU-ETS (2005)	캘리포니아 cap-and-trade programme
뉴질랜드 ETS (2008)	호주 Clean Energy Future plan
RGGI (2009)	MGGRA(미국) 일본 National Trading System
영국 Carbon Reduction Commitment(CRC) Energy Efficiency Scheme(2010)	브라질, 캘리포니아주, 칠레, 중국, 한국, 멕시코, 터키에서 논의 중이거나 집행 중
동경도 Cap and Trade Programme	인도, 산업부문 에너지 효율 또는 "white" certificate, 거래제를 2011도입계획
알버타, 캐나다, Climate Change and Emissions Management Act(2007)[1]	

비고 : [1] 이것은 집약도 감축 프로그램이고 총량배출권거래제는 아니다.
출처 : OECD. *OECD Environmental Outlook to 2005* (Nov. 2011), at 29.

---

1) OECD, *OECD Environmental Outlook to 2005* (Nov. 2011), at 28.
2) *Id*.

2. 국가별 현황

1) EU

EU-ETS는 교토의정서에 의한 온실가스 감축 메카니즘으로서, 2003년 EU 배출권거래지침(2003/87/EC)에 의거 설립되어 2005년 1월 1일부터 총량배출권거래제로 운영되고 있다. 이 시스템은 유럽 27개국이 참여하는 세계 최대의 배출권거래제인데, 국제 배출권거래의 3/4이상을 책임지고 있다.[3] EU-ETS는 학습기간인 계획기간I(2005-2007)과, 계획기간II(2008-2012) 를 지나, 2013년 1월부터는 2020년까지를 대상으로 하는 계획기간III이 시작되었고, 계획기간IV는 2021년에서 2028년으로 예정되어 있다.[4]

그간의 EU-ETS의 문제점을 살펴보면, 계획기간I에서는 실제 배출량을 초과하는 배출권의 과다할당과 각 국가별 할당에 따른 느슨한 할당, 이로 인한 배출권 가격의 폭락으로 배출권거래제의 신뢰성과 안정성을 심각하게 위태롭게 하였고,[5] 역사적 배출량과 생산성의 증가를 고려한 배출권의 과도한 무상할당과 극히 제한된 경매(약4%), 그럼에도 불구하고 빈번히 행해진 전력가격 인상에 따라 초과이윤(windfall profit)이 발생하였는데,[6] Ellerman, Convery, de Perthuis(2010)에 의하면 탄소가격을 중간 값인 12유로로 계산하

---

3) European Commission, *The EU Emissions Trading System(EU ETS)*, at 1, <http://ec.europa.eu/clima/publications/docs/factsheet_ets_2013_en.pdf> (2013.1.7.방문) 참조.

4) *Id.* at 4.

5) Markus Wräke, Dallas Burtraw, Asa Löfgren, Lars Zetterberg, *What Have We Learnt from the European Union's Emissions Trading System?* Royal Swedish Academy of Sciences (2012), at 13-14 참조.

6) Hans Bergman, *EU-ETS*, Greenhouse Gas Emissions Trading Scheme and the Competitiveness of Industries, 한국법제연구원·주한 EU대표부·주한 영국대사관 공동주최 국제컨퍼런스 (Oct. 11, 2012), at 6-7 참조.

여도 부당이익이 190억 유로이상 될 것이라고 한다.[7] 문제는 앞으로 경매 및 벤치마크 방식에 의해 할당을 할 경우 초과이윤이 줄어들 것이나, 그럼에도 불구하고 약간의 초과이윤은 계속 발생할 것으로 예측하고 있다.[8] 그리고 계획기간Ⅰ로부터 Ⅱ로의 이월이 허용되지 않다 보니, 계획기간 말에 배출권 가격이 급락하는 등 시장의 혼란을 초래하였다.

EU-ETS는 12,000개가 넘는 시설들을 대상으로 하는데, 2012년부터는 항공부문도 새로 추가되었다.[9] 항공부문의 경우 EU가맹국 영토에 위치하는 공항으로부터 이·발착하는 전 항공편을 대상으로 하되, 공무용 비행기, 군용기, 소형기 등은 제외된다.[10] 2013년부터는 알루미늄, 기초화학물질 생산시설, $PFC \cdot N2O$와 같은 가스가 포함될 것이고,[11] 유럽 배출량의 약 45%를 커버한다.[12] 2013년부터는 투자를 위한 확실성을 증대시키기 위해 총량제한을 매년 1.74%씩 감소시키는데, 이런 선형 감소추세는 2020년 이후에도 지속되도록 하고, 2025년에 재검토할 계획이다.[13] 이것은 2020년에 가서는 이들 부문으로부터 나오는 온실가스가 2005년에 대비해 21%가 낮아질 것이라는 것을 의미한다.[14] 그동안 계획기간Ⅰ과 Ⅱ에서는 국가할당계획이

---

7) Christian Egenhofer, Monica Alessi, Anton Georgiev, Noriko Fujiwara, *The EU Emissions Trading System and Climate Policy towards 2050-Real incentives to reduce emissions and drive innovation?*-, CEPS Special Report (2011), at 15에서 재인용.

8) *Id.* Executive Summary Ⅵ.

9) Simon Ruiz, Jana Frejova, *EU ETS: Same ambitions, New Design*, at 35.; 다만, 유럽연합은 EU역외 항공의 경우 *EU-ETS*에 포함하는 것을 1년 유예하였다. <http://climate-l.iisd.org/news/ec-proposes-one-year-deferral-of-eu-ets-international-aviation-compliance/> (2013.1.18.방문).

10) 國內排出量取引制度の課題整理に關する檢討會『國內排出量取引制度の課題整理 報告書』129頁 (平成24年 3月).

11) Uwe Wissenbach, *EU Emission Trading System-Phase3*, Greenhouse Gas Emissions Trading Scheme and the Competitiveness of Industries, 한국법제연구원·주한 EU대표부·주한 영국대사관 공동주최 국제컨퍼런스 (Oct. 11, 2012), at 11.

12) European Commission, *The EU Emissions Trading System(EU ETS), supra* note 3, at 1.

13) Wissenbach, *supra* note 11, at 15.

개별 국가별로 결정되었는데, 계획기간 Ⅲ부터는 EU집행부에 의한 단일 할
당계획(single cap)에 의해 대체되고, 산업체들도 경매·할당·신규진입·상쇄
등에 있어 통일된 규칙에 따라 회원국들 간에 동등하게 대우될 것이다.[15)
EU-ETS는 계획기간Ⅰ에서는 95% 이상을, 계획기간Ⅱ에서는 90%를 무상할
당하였다.[16) 그러나 발전부문은 2013년 할당량의 70%를 무상할당하고
30%를 유상화하는 것을 시작으로, 2020년까지 전량 유상화하기로 하였
다.[17) 발전을 제외한 여타 산업부문은 2013년에는 배출권의 80%를 무상할
당하고, 2020년까지는 30%로 축소하며, 2027년에는 무상할당을 부여하지
않기로 하였다.[18) 다만, 탄소누출의 상당한 위험에 직면한 업종에 대해서는
벤치마크 방식[19)에 의해(배출량의 100%까지가 아니라), 2013년부터 2020년
까지 100% 무상할당을 하도록 하였는데, 매년 축소가 가능하다.[20) 그리고
계획기간Ⅲ에서는 EU-ETS에서의 사용이 인정되고 있는 CER/ERU에 대해서
는 계획기간Ⅱ에서 이용가능 한 상한에 이르지 않는 한 사용이 가능하고,[21)
단일 EU 레지스트리와 MRV에 관한 새 규제가 시행될 것이며,[22) 2013년

---

14) European Commission, *The EU Emissions Trading System(EU ETS)*, *supra* note 3.

15) Chrisina Hood, *Reviewing Existing and Proposed Emissiond Trading Systems*, IEA (Nov. 2010), at 21.

16) Directive 2003/87/EC §10.

17) *Id.* §10a.

18) Directive 2009/29/EC, recitals 21.; EU의 경우 에너지 산업시설이 2020년을 넘어 무상할당을 배포하는 것은 아니고, 2027년에는 모든 EU-ETS 참가자가 배출량을 경매에 의해 구입하게 될 예정이다. Digital Government, 「歐州連合域內排出量取引制度EU-ETSの 第3フェーズに向けた動向」3頁 (2012.3.22), <http://e-public. nttdata.co.jp/topics_detail2/id=620> (2012.12.11.방문).

19) 2007-2008년의 배출량 데이터를 기초로 해서, 가장 효율적인 시설 10%의 평균성 과로서 사전적인 기준이다. Directive 2009/29/EC, §10a(2).

20) *Id.* §10a(12).; Bergman, *supra* note 6, at 11.

21) 國內排出量取引制度の課題整理に關する檢討會・前揭注 (10) 『課題整理 報告書』130頁.

22) Wissenbach, *supra* note 11, at 8.

이후 초과배출과 관련되는 벌금은 CO_2톤당 100유로인데, EU역내의 소비자 물가지수에 의해 매년 연동시킨다.[23]

　2012년 들어 EU-ET는 유로존 위기와 배출권의 과다공급으로 인해 배출권 가격이 2유로 수준으로 급락하는 등 거래시장이 위기를 맞고 있다.[24] 새 조사에 의하면 2020년까지의 교토의정서 비준국들의 초과배출량은 170억톤에 이를 것으로 전망되는데, 이렇게 되면 배출권 가격은 "0"에 가깝게 될 뿐만 아니라 새로운 국제기후협상의 타결도 위태롭게 할 수 있다.[25]

　이렇게 상황이 악화되자 EU는 단기적으로는 배출권의 초과공급을 줄이기 위해 일정량(9억톤)의 배출권 경매를 연기하는 방안('back-loading')을 검토 중이며,[26] EU 집행위원회는 2013년 배출권의 초과공급이 최대 20억톤으로서 2020년전 까지 줄어들 것 같지 않다고 추정하고, 다음과 같은 여러 가지 잠재적인 대책을 제안하였다.[27] 1) EU 감축목표를 2020년에 30%로 증가하고, 2) 계획기간III내의 배출권을 영구히 취소하며, 3) 2020년을 넘어 회원국들에게 할당될 연도별 배출권 총량제한의 감축을 1.74%씩 늘려나가고, 4) ETS범위를 다른 ETS나 다른 부문으로 확대해 나가며, 5) ETS내에서 국제크레딧의 사용을 제한하고, 6) 탄소가격 하한제 또는 유보가격과 같은 적절한 가격관리 장치를 도입하는 것이다.[28] 그리고 공급초과문제를 해결하기 위한 구조적인 조치로서, 새로운 대상부문 추가, 이월제한, 상한 설정과정 재검토, 상쇄 사용제한, 초과공급에 따른 가격안정화장치 강구, 신재생에너

---

23) *Id*.; European Commission, *The EU Emissions Trading System(EU ETS)*, *supra* note 3, at 4. 참조.

24) *Complete Disaster in the Making, Carbon markets* (Sep. 15, 2012).

25) Daan Bauwens, *Carbon Trading Scheme Close to Collapse* (Sep. 14, 2012), <http://www.ipsnews.net/2012/09/carbon-trading-scheme-close-to-collapse/> (2012.10.16.방문).

26) Ruiz, Frejova, *supra* note 9, at 35.; *EU reveals carbon-market reform package*, EurActiv (14 Nov. 2012).

27) *EU reveals carbon-market reform package*, *supra* note 26.

28) *Id*.

지·에너지효율 목표의 재조정, 중앙은행의 설립 등을 포함하는 EU-ETS 지침개정이 계획기간 Ⅳ에서 추진될 것으로 보인다.[29]

2) 미국

미국은 오바마 대통령 출범 후 과거 부시정부때 와는 달리 기후변화에 적극적으로 대응하였는데, 2009년 6월 연방차원의 총량배출권거래제의 도입을 내용으로 하는 W-M법안이 연방하원을 통과하였다. 2009년 11월에는 W-M법안을 바탕으로 감축목표를 일부 완화한 Kerry-Boxer법안이 상원 환경공공사업위원회에서 통과되었다. 그런데 이들 법안이 합의를 찾지 못하자, 발전시설에 대해서만 총량배출거래제를 실시하는 Kerry-Boxer-Graham 법안이 제출되었다. 당시 공화당과 산업계는 핵발전에 대한 지불보증 확대, 연근해 석유시축 확대, EPA의 상향식 규제철회, 무상할당 등을 요구하였는데,[30] 오바마 대통령은 건강보험 법안의 우선처리, 2008년 경제위기에 따른 성장우선 여론, BP 오일유출 사건의 영향, 유상할당원칙, 2010년 11월 중간선거에서의 민주당의 패배로 상원 통과에 필요한 의석미달(60석이 필요한데 57석) 등이 복합적으로 작용하여 상원에서의 법안통과가 무산되었다.[31] 이렇게 되자, EPA가 현 청정대기법 하에서 총량배출권거래제를 실시하는 방안까지 조심스레 거론되었는데, 미 대법원의 Chevron 판결[32]에서 보듯이,

---

29) Ruiz, Frejova, *supra* note 9, at 37 참조.

30) Dustin R. Turin, *The Challenges of Climate Change Policy: Explaining the Failure of Cap and Trade in the United States with a Multiple-Streams Framework*, Student Pulse, 4(06), at 2-4, <http://www.studentpulse.com/articles/656/the-challenges-of-climate-change-policy-explaining-the-failure-of-cap-and-trade-in-the-united-states-with-a-multiple-streams-framework> (2012.10.16.방문) 참조.

31) *Id.*

32) 미 연방대법원은 행정당국에게 권한이 부여되었는지 모호한 상황에서, 그 해석이

EPA는 청정대기법상 시장기반의 조치를 강구할 충분한 권한을 가지고 있고, 아황산가스(So2)에 대해 이미 배출권거래제를 실시해 보았으므로, 청정대기법(제111조)에 의해 연방차원 또는 주차원의 의무적인 배출권거래제 실시가 가능하다는 주장도 강하게 제기되었다.[33] 그러나 EPA에는 연방 가이드라인을 만들 포괄적인 규제권한이 제한되어 있고,[34] EPA가 최소기준을 제정한다면 각 개별 주들의 정책집행이 제 각각이 될 것이며,[35] 강한 정치적인 저항과 소송에 직면할 것 등을 이유로 부정적인 견해가 많았는데, EPA의 리사 잭슨(Lisa Jackson) 청장도 청정대기법 하에서 EPA가 독자적으로 총량배출권거래제를 실시할 계획이 없다는 의사를 피력하였다.[36]

이렇게 미 연방차원에서의 배출권거래제의 도입이 사실상 좌초된 상황에서, 2011년 10월 미국의 가장 큰 주이자 세계에서 8번째의 경제규모를 가진 캘리포니아주가 총량배출권거래제법안을 최종 승인하였다.[37] 캘리포니아주의 배출권거래제법안 승인은 비록 미 상원이 총량배출권거래제를 담고 있

합리적이고 허용될 만한 것이면 사법부는 청정대기법하에서 부여된 EPA의 해석권한을 존중해야 한다고 판시하였다. Chevron U.S.A., Inc. v. Natural Resources Defense Council, Inc., 467 U.S. 837 (1984).

33) Timothy J. Mullins, M Rhead Enion, *Things Full apart : Searching for Optimal Regulatory solutions to combating Climate Change under Title I of the existing CAA if Congressional action fails*, Envtle. L. Rep. News & Analysis, 10864, 10886 (2010).; Rober B. Mckinstry Jr, *The Clean Air Act: A suitable tool for Addressing the Challenges of Climate Change*, Envtle. L. Rep. News & Analysis, 10301, 10311 (2011).

34) Mehling et al., *Prospects for a Transatlantic Carbon Market*, Climate Strategies (April 2011), at 13.

35) *Id.*

36) Simon Lomax, *EPA Studying Own Carbon-Trading System, Official Says(Update 2)*, Bloomberg (Mar. 1, 2010), <http://www.bloomberg.com/ apps/news?pid=newsarchive& sid=ammjHfzRpc9I> (2012.10.16.방문).

37) Suzanne Goldenberg, *Cap-and-trade emissions scheme expected to be approved by California* (20, October 2011), <http://www.guardian.co.uk/environment/2011/oct/20/cap-and-trade-emissions-california> (2012.10.16.방문).

는 법안의 승인을 거부하였음에도 불구하고, 동제도가 머지않아 미국내에서 대규모로 실시될 수 있다는 공감대의 증거라고 보여진다.[38] 특히, 캘리포니아주는 세계 경제의 약 13% 규모를 차지하고 있고 미국내에서 환경분야의 주도권(initiative)을 가지고 있는 주이기 때문에, 총량배출권거래제가 성공적으로 시행되면 미국 내 다른 주들도 뒤이어 동 체제를 실시할 것으로 전망된다.

또한, 미국에서는 각 개별 주들이 3개 그룹으로 지역연합을 결성해 배출권거래제를 실시중이거나 실시할 예정으로 있다. 첫째, "지역온실가스 주도체(Reginal Greenhouse Gas Initiative, RGGI)"로서, 미국 동부의 10개 주인 Connecticut, Delaware, Maine, Maryland, Massachusetts, New Hampshire, New Jersey, New York, Rode Island, Vermont는 발전부문에서 나오는 CO_2를 대상으로 2008년 9월부터 무상할당없이 경매방식에 의거해 2009년 1월 1일부터 3년간의 계획기간으로 시행에 들어갔다.[39] 둘째, "서부 기후변화 주도체(Western Climate Initiative, WCI)"로서, 11개의 미국 주와 캐나다 지방이 참여했는데, 2012년부터는 California, New Mexico, British Columbia, Ontario와 Quebeck 5개 참여자가 발전과 산업부문부터 시작한 뒤,[40] Washington, Oregon, Montana, Utah, Arizona, Manitoba는 뒤에 참여하게 되는데,[41] 2015년부터는 교통과 산업적·상업적·가정의 연료 부문도 포함될 예정이다.[42] 셋째, "중서부 온실가스 감축협정(Midwestern Greenhouse Gas Reduction Accord, MGGRA)"인데, Minnesota, Wisconsin, Illinois, Iowa, Michigan, Kansas와 캐나다 Manitoba가 2007년 11월 15일 협정을 맺고 대부분의 부문

---

38) *California approves carbon cap-and-trade*, UPI (2011.10.21), <http://www.upi.com/ Business_News/Energy-Resources/2011/10/21/California-approves-carbon-cap-and-trade/ UPI-52911319219967> (2012.10.16.방문).

39) Hood, *supra* note 15, at 24.

40) *Id*. at 25.

41) *Id*. footnote 16.

42) *Id*. at 26.

을 대상으로 하는 총량배출권거래제를 설립키로 하였다.[43] 이들 미국 온실
가스 총배출량에서 3개 지역연합체의 배출량이 차지하는 비율은 [그림 11]
과 같이 나타낼 수 있다.

Total Emissions and Percent of Total U.S. Emissions of Regional Cap-and-Trade Initiatives

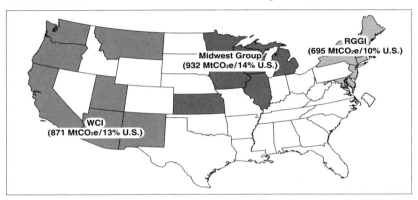

[그림 11] 미국 온실가스 총배출량에서 3개 지역연합체의 배출량이 차지하는 비율.
출처: World Resources Institute, 2007, 11.; Addendum(2011)에서 재인용.

　만일 연방 배출권거래제가 채택된다면, 이들 3개 지역연합체의 운영을 계
속 허용할 것인지 여부가 문제되는데, 지역연합체의 목표가 연방의 목표보
다 더 엄격한 지 여부에 따라 연방의 선점규정에 의해 좌우될 것으로 보인
다.[44] W-M법안 제861조는 "어떤 주나 정치적 하부조직도 2012년부터
2017년까지 어떠한 총량제한 방식을 집행하거나 제재할 수 없다"고 규정하
고 있는데,[45] 이는 최소한 연방시스템의 초기 정착 시까지는 미국 전역에
걸쳐 준수의무와 행정구조를 통일하기 위한 목적이다.[46] 유로존 위기가 지

---

43) Addendum, *Midwestern Greenhouse Gas Reduction Accord* (Feb. 3, 2011), <http://warmgloblog.
　　blogspot.kr/2011/02/midwestern-greenhouse-gas-reduction.html> (2012.10.16.방문).
44) Tuerk et al., *Linking Emissions Trading Schemes, Synthesis Report*, Climate Strategies
　　(May 2009), at 13-14.
45) *Id.* footnote 6. at 14.

속되고 있고 미국의 재정위기, 높은 실업률(9%대) 등을 감안할 때, 비록 가까운 시일 내에 미국 의회에서 배출권거래제 관련법안이 다시 검토될 가능성은 크지 않으나, 2012년 11월 오바마 대통령이 재선에 성공함으로써 재차 기후변화법안을 강하게 추진할 가능성이 여전히 남아 있다.[47]

3) 호주

호주는 2003년 뉴사우스 웨일즈 주정부가 전력생산과 소비를 줄이고자 "온실가스 감축거래제(NSW Greenhouse Gas Abatement Scheme)"를 시작하였다.[48] 2006년 8월 국가 배출권거래제 태스크 포스가 가능한 제도설계방안을 제시하고, 2007년 5월에 최종보고서를 발표하였으며, 2008년 9월 30일 호주 배출권거래제의 방향을 제시한 "가놋 보고서(Garnaut Climate Change Review)"가 발표되었다.[49] 2009년 "탄소오염 감축체제법(Carbon Pollution Reduction Scheme, CPRS)"이 의회에 제출되었으나 수차례의 시도 끝에 제정되지 못하다가, 2010년 9월 호주 총리는 초당파적으로 기후변화위원회를 구성해 탄소가격 메카니즘을 위한 광범위한 체계를 마련하였는바,[50] 2011년 11월 8일 CPRS를 바탕으로 하는 "청정에너지법(Clean Energy Act 2011, CEB)"이 의회를 통과하여 2012년 7월 1일부터 시행되고 있다.[51]

---

46) *Id.*

47) 같은 취지, 國內排出量取引制度の課題整理に關する檢討會·前揭注 (10) 『課題整理 報告書』 145頁.

48) Wikipedia, *Emissions Trading*, <http://en.wikipedia.org/wiki/Emissions_trading> (2012. 10.16.방문).; Hood, *supra* note 15, at 19.

49) *Consideration of carbon pricing issues-timeline*, <http://www. climatechange. gov.au/ government/reduce/carbon-pricing.aspx> (2012.10.16.방문).

50) *Id.*

51) Australian Government, Department of Climate Change and Energy Efficiency, *Clean*

동법에 의하면 2012년 7월 1일부터 25,000 toe를 넘는 약 300개의 다배출업체를 대상으로 고정가격제가 시행되고, 2015년 7월 1일부터는 유동가격제에 의한 경매가 실시된다.[52]

에너지 집약도, 무역노출도가 높은 산업체와 화력발전업체에는 무상할당이 이뤄지고,[53] 유동가격제 하의 첫 3년간은 배출권 가격의 급등락을 방지하기 위해 가격상한제 및 하한제를 두었다.[54] 그리고 고정가격 하에서는 국제상쇄가 허용되지 않으나, 유동가격제하에는 50%(EUAs 37.5%, CERs/ERUs 12.5%)까지 허용되는데, 대규모 수력과 산림프로젝트에 의한 상쇄는 제한된다.[55]

4) 뉴질랜드

뉴질랜드는 2008년 9월 5차 노동당 정부의 "기후변화대응 수정법(Climate Change Response Amendment Act 2008)"에 의해 총량제한 없이 대부분의 교토 배출권의 수입을 허용해 높은 수준으로 국제적으로 연계되는 배출권거래제를 시작하였다.[56] 2008년의 뉴질랜드 거래제는 2013년까지 모든 부문을 대상으로 하고 6개 온실가스를 포함하는 야심찬 계획이었는데, 초당적

energy legislation, <http://www.climatechange.gov.au/government/clean-energy-future/legislation. aspx> (2012.10.16.방문).

52) Ben Keogh, *Preparing for Carbon Trading in Australia*, Greenhouse gas Market, IETA (October 1 2012), at 18-19.

53) *Simplified outline of the Australian Clean Energy Act 2011* (6 Jan. 2012), at 2-3, <http://www.emissions-euets.com/australia-cap-and-trade> (2012.10.16.방문).

54) *Id*. at 4.; 그러나 호주는 EU-ETS와의 연계를 위해 2012년 가격하한제를 폐지하였다.

55) Keogh, *supra* note 52, at 19.

56) Wikipedia, *New Zealand Emissions Trading Scheme*, <http://en.wikipedia.org/wiki/ Emissions_trading> (2012.10.16.방문).

지지는 받지 못하다가 2009년 국민당정부가 들어서고 난 뒤 산업계·농업
부문 등의 반대로 당초 내용을 대폭 완화한 "기후변화대응(완화된 배출권
거래제) 수정법 2009[Climate Change Response (Moderate Emissions Trading)
Amendment Act of 2009]가 통과되어 시행되고 있다.[57)]

　2009년 개정법은 "모든 부문, 모든 가스"라는 야심찬 틀은 유지하지만 각
대상 부문의 편입시기를 연기하고, 2010년 7월 1일부터 2012년 12월 31일
까지는 전환기(transition periods)로서, 고정가격제를 실시하고 감축의무를
50% 감면하며 시장안정화장치로서 가격상한제를 도입하는 완화된 내용이
었다.[58)] 뉴질랜드의 배출권거래제는 2008년 1월 산림부문을 시작으로,
2010년 7월부터는 에너지·산업·교통부문이 포함되고, 2013년에는 폐기물
이, 2015년부터는 농업부문 등 가장 광범위한 부문에 적용된다.[59)] 뉴질랜드
의 경우 어떤 명시적인 상한(cap)이 없고, 국제적인 교토의정서 시장에 완전
히 의존한다.[60)] 다시 말해 뉴질랜드 기업들은 자신들이 구입하는 국제배출
권이나 산림배출권 만큼 원하는 대로 배출할 수 있는 것이다.[61)] 상류와 하
류부문의 혼합방식이고, 산림과 어업부문은 일부 무상할당 되나 고정에너지
배출원 등은 경매가 실시되며, 2009년 법개정으로 에너지 집약산업과 농업
부문은 산출량에 기초한 집약도 방식에 의거해 계속적인 무상할당이 허용
되고, 발전부문은 무상할당이 주어지지 않는다.[62)] 2010년과 2012년까지는
한 배출권당 2톤씩 NZD $24로 가격이 고정되므로, 동 전환기간 동안에는
톤당 NZD$ 12.50으로 가격상한이 정해졌다.[63)] 이러한 뉴질랜드의 거래제

---

57) David Bullock, *Emissions Trading in New Zealand: development challenges and design*,
　　Environmental Politics Vol.21, No.4 (July 2012), at 660.
58) *Id*. at 658. 662.
59) Hood, *supra* note 15, at 23.
60) Id.; Tuerk et al., *supra* note 44, at 20.
61) Hood, *supra* note 15.
62) *Id*.
63) *Id*.

는 2008년 첫 발걸음을 디딘 지 1년 만에 상당히 퇴보한 것으로서 환경적 효과성이 불투명하고 정치적 조정의 나쁜 교훈을 남겼는데,[64] 그린피스의 Simon Boxer는 뉴질랜드의 거래제를 "세계에서 가장 최악의 배출권거래제 (the worst emissions trading scheme in the world)"라고 평했다.[65]

5) 중국

중국은 2009년 12월 코펜하겐 기후변화 당사국회의를 앞두고 시장기반의 혁신적인 온실가스 감축수단을 본격적으로 모색하기 시작하였다.[66] 중국은 2011년 11월 국가발전개혁위의 "탄소배출권거래 시범사업업무에 관한 통지"를 통해 베이징시·상해시·텐진시·충칭시·광둥성·후베이성·선전시 7개 성시에서 탄소배출권 거래 시범사업을 실시할 것을 정식으로 승인함으로써, 중국에서 국가차원의 강제적인 탄소배출권거래제를 도입하기 위한 구체적인 행동을 시작하였는데,[67] 상해시는 2012년 8월16일 공식적으로 탄소거래를 착수하였다.[68] 만일 시범사업이 연기된다면, 2015년에 실시하려던 국가 배출권거래제 시범계획도 불가피하게 연기되고,[69] 2016년에 실시하려던 국가차원의 통일된 배출권거래제도 다소 차질을 빚을 것으로 보인다.[70] 각 지

---

64) Bullock, *supra* note 57, at 672-673 참조.
65) Wikipedia, *New Zealand Emissions Trading Scheme*, *supra* note 56.
66) Win Qian, *China Emissions Trading Pilots-From Principles to Pragmatic Measures*, IETA, *Greenhouse Gas Market 2012*, Commodities now (1 Oct. 2012), at 27.
67) 이기평, "중국의 탄소배출권거래제 추진현황 및 시사점", 녹색성장연구 12-23-① (한국법제연구원, 2012.6.30), 30면.
68) John Preston, *Global Green Growth Insights*, PwC (1 Oct. 2012), at 22, <http://www.pwc.com/globalgreenpolicyinsights> (2012.11.1.방문) 참조.
69) *Id.*
70) 이기평, 앞의 글 67, 114면.

역 시범사업계획의 유사점을 살펴보면, 우선 탄소집약도와 에너지 소비목표제를 채택하고, 직·간접 이산화탄소를 최근 3년 평균 10,000-20,000톤 이상 배출하는 발전·산업·교통·건물 등을 대상으로 하며, 주로 무상할당을 하되 보조적으로 일부는 경매를 고려하고, 시범사업기간 내 이월은 허용하되 차입은 불허하며, CCER(China Certified Emissions Reduction)과 같은 인증된 프로젝트 기반의 크레딧에 의한 상쇄를 허용하며, 벌칙이 없는 MRV 체제를 갖추면서 2012년 말까지 레지스트리를 구축하는 것으로 되어 있다. 참고로 베이징·상해·광둥성의 시범사업 계획을 비교해 보면 다음 [표 7]와 같다.

[표 7] 베이징·상해·광둥성의 시범사업계획 비교

구분	베이징	상해	광둥성
시행기간	• 2013-2015	• 2013-2015	• 2013-2020
감축목표	• 탄소집약도 18% • 에너지 소비상한제	• 탄소집약도 19%, • 1억톤이 넘는 시 전체 　배출량의 50%	• 탄소집약도 19% • 성 전체 에너지 소비량의 　42%
배출형태	• 직·간접 이산화탄소	• 직·간접 이산화탄소	• 직·간접 이산화탄소
대상	• 2009-2011년 평균 　10,000톤이상	• 주요부문 2010 또는 　2011년 연간 20,000톤이상	• 2011-2014년 평균 　20,000톤이상
주요부문	• 열공급, 발전, 시멘트, 　석유화학, 자동차제조, 　공공빌딩	• 철강, 석유화학, 비철금속, 　발전, 빌딩, 석유, 제지, 　고무, 화학섬유	• 발전, 시멘트, 철강, 세라믹, 　석유화학, 비철금속, 　플라스틱, 제지
기준년도	• 2009, 2010, 2011	• 2009, 2010, 2011	• 2011, 2012, 2013, 2014
할당방법	• 2013년분을 2009-2011년을 　기초로 2012.12월까지 무상할당 • 일부 유보분 경매	• 2013-2015년분을 • 경매고려	• 주로 무상할당, 　보조적으로 경매
차입 및 이월	• 차입금지, 이월 허용	• 차입금지, 이월 2009-2011 　년 기초로 무상할당 허용	• 미정
MRV	• 기업 인벤토리 구축, 　제3자 검증, 벌금 미부과	• 기업 인벤토리 구축, 　제3자 검증, 벌금 미부과	• 기업 인벤토리 구축, 　제3자 검증, 벌금 미부과
상쇄	• CCER과 같은 인증 　프로젝트 허용	• CCER과 같은 인증 　프로젝트 허용	• CCER과 같은 인증 　프로젝트 허용
레지스트리	• 2012년말까지 설립	• 2012년말까지 설립	• 미정
거래소	• 베이징 환경 거래소	• 상해 환경 에너지 거래소	• 광둥 배출권거래소

출처: Win Qian. *China Emissions Trading Pilots-From Principles to Pragmatic Measures.* Greenhouse Gas Market 2012. at 28을 일부 수정해 재구성.

6) 일본

일본은 1997년 교토의정서 체제를 출범시켰음에도 불구하고, 그간 산업계 등을 중심으로 자발적 형태의 환경자주행동 계획을 통해 온실가스 삭감 노력을 기울였고 총량배출권거래제의 도입·실시에는 반대하였다. 일본 산업계는 일본의 경우 CO_2 1톤당 비용이 0-50달러 정도이고, 삭감할 수 있는 여지가 전체의 15%정도 밖에 안 되며, 50-500달러 정도의 비용이 드는 대책이 전체의 약 85%를 차지하고 있는 것을 고려하면, 경제수단 가운데, 배출량거래제도나 고율의 환경세와 같이 탄소가격에 비용을 부과해 배출을 억제해 나가는 수법의 효과는 한정되어 있으므로,[71] 규제적·유도적 정책 수법으로 중점적으로 임해 가는 것이 유효하다는 입장이었다.[72]

2005년 4월부터 일본은 환경성 주도로 359개 기업들이 참여하는 자주참가형 국내 배출권거래제도(Japanese Voluntary Emissions Trading Scheme, JVETS)를 실시했는데, 이는 총량배출권제도와 자발적 온실가스 감축을 위한 지식과 경험을 축적하기 위한 목적이었다.[73] 2008년 1월에는 "국내 배출권거래제도 검토회"가 설립되어, 동년 5월 20일 총량배출권거래에 관한 내부 보고서인 "국내 배출량 거래제도의 바람직한 모습에 관하여-중간 정리"가 발간되었고,[74] 2008년 10월부터는 지구온난화대책 추진본부의 주관으로

71) 經濟産業省 産業構造審議會 環境部會地球環境小委員會 『政策手法ワーキンググループにおける議論の中間整理』5頁 (平成22年 9月)

72) *Id.*

73) Eisaku Toda, *Recent Development in Cap and Trade in Japan*(2011), at 2, <http://icapcarbonaction.com/phocadownload/tokyo_conf/icap_tokyo_conf_plenarytwo_toda_english.pdf> (2012.10.16.방문).

환경성의 JVETS, 경제단체연합회 자주행동계획, 경제산업성의 일본의 크레
딧 제도를 연계하는 "배출량거래 국내통합시장의 시행적 실시"가 전면 시행
되었는데. 이는 자발적인 것인 것으로 강제시스템을 도입할 의도는 아니었
다.[75] 2009년 11월 6일 일본에서는 "지구온난화 문제에 관한 각료위원회"
(부총리가 위원장)가 설치되어 공식적인 첫 회합을 가졌다.[76] 동 각료위원회
의 설치목적은 지난 2008년 이후 실시되어온 시범사업의 경험을 살려 cap-
and-trade 방식의 배출권거래제도를 본격적으로 도입하기 위한 준비를 하는
데 있었다.[77] 2010년 3월 12일 내각결정으로 지구온난화대책기본법이 발의
되어 동년 5월 18일 참의원을 통과했는데, 동법 제정 후 1년 내에 총량배출
권거래제도를 설립하기 위한 가합의문(an agreed draft)을 도출하는 것으로
규정되어 있었다(제13조)[78] 일본은 당초 2013년 4월(회계연도 시작)에 총량
배출권거래제를 실시할 계획이었는데, 산업계의 강한 반발로 인해 2014년 4
월 이후로 도입을 연기한 상태이다.[79]

위와 같이 일본은 국가적 차원의 강제적 형태의 국내 배출권거래제도는
제도설계를 검토 중인 단계인데, 현재까지 논의된 총량배출권거래제도의 주
요쟁점 및 내용을 살펴보면 다음과 같다. 대상가스는 원칙적으로 교토의정
서의 6개 가스로 하되, 모니터링의 정도나 배출량 파악의 可否, 각 가스가
배출량에서 차지하는 중요성에 근거해 대상가스와 그 배출원을 좁히는 것
이 필요하므로, 제도개시 시에는 에너지 기원 $CO_2 + \alpha$로 하는 것이 현실적

74) *Id.*
75) *Id.*; 문상덕, "일본의 온실가스 배출권거래제도의 현황과 전망", 기후변화와 법의
   지배 (조홍식 외 편, 2010. 9.5), 211면 참조.
76) 부기덕·이원희·김희락, 배출권거래와 탄소금융 (한국금융연수원, 2010.4.9), 89면.
77) 위의 글.
78) Toda, *supra* note 73, at 2.
79) Harry Tournemille, *Japan Postpones Plans for Carbon Emissions Trading*(Jan. 7, 2011),
   <http://www.energyboom.com/emerging/japan-postpones-plans-carbon-emissions-
   trading>(2012.10.16.방문).

이라고 한다.[80] 할당대상은 4가지 옵션이 검토되고 있는데, (옵션1) 화석연료의 생산·수입·판매업자에게 전액 경매하는 상류할당, (옵션2) 화석연료와 전력의 최종 소비자에 대한 하류할당으로서, 초기 무상할당 후 경매, (옵션3) 전력·산업·상업 부문의 대량 직접배출자에 대한 하류할당으로서 전력회사에 대해서는 전량경매, 대량의 에너지 사용자에 대해서는 초기 무상 후 경매전환, (옵션4) 하류할당으로서, 전력부문의 대량 직접배출자에 대한 원단위, 여타 산업과 상업부문에 대한 무상할당 방식인데, 현재 옵션4가 가장 많은 지지를 받고 있다.[81] 할당방식은 제도 발족 시에는 배출권 가격의 시세가 형성되어 있지 않고 할당대상자에 대한 부담을 고려해, 당분간 무상할당을 기본으로 하면서 가능한 부문·업종에 대한 공평성의 관점에서 유상할당의 비율을 높여가고,[82] 국제경쟁력에의 영향이나 탄소누출 위험에 대해서는 실증적인 분석을 실시해 영향이 큰 부문·업종을 특정한 다음, 무상할당을 실시하는 방안을 제시하였다.[83] 외부크레딧은 일정한 신뢰성이 확보된 것에 한해 국내에서 삭감이 진행되지 않을 우려가 있는 점을 고려해 일정한 양적 제한을 두고,[84] 미 준수시의 조치는, 과징금은 배출권의 가격과 비교해 상당히 높은 금액으로 설정하고, 차기 준수기간 이후에는 초과배출량의 벌충을 요구하는 것을 제안하였다.[85]

---

80) 環境省國內排出量取引制度檢討會 『國內排出量取引制度のあり方について 中間まとめ』43頁 (平成20年 2月20日)
81) Hitomi Kimura, Andreas Tuerk, *Emerging Japanese Emissions Trading Schemes and Prospects for linking*, Climate Strategies (Oct. 2008), at 10.
82) 環境省國內排出量取引制度檢討會·前揭注 (80) 『國內排出量取引制度』45頁
83) 上揭書.
84) 環境省 『キャップ・アンド・トレード方式による國內排出量取引制度オプションについて』7頁 (平成20年 5月20日) 參照.
85) 環境省國內排出量取引制度檢討會·前揭注 (80) 『國內排出量取引制度』43頁

제2절 주요국의 배출권거래제 연계동향

1. EU와 오세아니아의 연계

2012년 8월 28일 EU와 호주는 두 지역의 배출권거래제를 늦어도 2018년 7월 1일 이전에 완전히 쌍방향으로 연계(a full two-way link) 하기로 합의했으며, 2015년부터는 우선 호주기업들이 그들의 목표량을 충당하기 위해 EU의 탄소 배출권을 50%까지 구입할 수 있는 일방연계를 실시하기로 하였다.[1] 즉, 호주는 2012년부터 2015년까지는 국제적 연계 없이 배출권 고정가격제를 실시하고, 2015년부터 2018년까지는 자국 기업들로 하여금 EU의 배출권을 구입할 수 있도록 하는 일방연계를 실시하며, 2018년 이후부터는 EU와의 쌍방연계를 실시한다는 계획이다. 이것은 처음으로 완전한 대륙 간 배출권거래제의 연계를 위한 주요한 진전이다.[2] 한편, 호주정부는 EU와의 배출권거래제 연계를 위해 2012년 6월 25일 청정에너지법을 개정하였는데, 가격하한제를 폐지하고, 호주기업들이 감축이행에 필요한 배출권중 50%까지 국제배출권을 구매해 충당하는 것을 허용하되, 이중 교토의정서에 의한 배출권을 12.5%까지 제한하며, 최저 경매 유보가격을 폐지하고, 경매한도

---

1) Australian Government, Department of Climate Change and Energy Efficiency, *Australia and European Commission agree on pathway towards fully linking emissions trading systems* (28 Aug. 2012).

2) Climate Action, *Linking the EU ETS to other Emissions Trading Systmes and use of international credits* (28 Aug. 2012), <http://ec.europa.eu/clima/policies/ets/linking/index_en.htm> (2012.10.16.방문).

를 늘리며, 폐기되는 배출권을 공공자산 폐기구좌로 이전시키지 않고 폐기
후 신규 발행 등을 내용으로 한다.[3] 그리고 국제 레지스트리와의 연계를
위해 "호주 국립 배출권 레지스트리법(The Australian National Register of
Emissions Units Act 2011)"도 또한 개정할 예정이다.[4]

호주는 EU-ETS와의 연계에 앞서 뉴질랜드 배출권거래제와의 연계를 먼
저 추진하였다. 2011년 6월에 호주 총리인 질라드(Gillard)와 뉴질랜드 총리
인 키(key)는 양국의 거래제를 연계하기 위한 고위급의 "호·뉴 탄소가격 당
국자회의(The Australia New Zealnad Carbon Pricing Officials Group)"를 운영
하기로 합의하였고,[5] 2011년 12월 5일 양국은 호주의 유동가격에 의한 배
출권거래제가 시작되는 2015년 7월 1일부터 양국 거래제를 연계할 계획이
라고 밝혔다.[6] 호주와 뉴질랜드는 지리적으로 가깝고, 그간 다양한 경제적
연대와 정책적 연계가 있었으며, 농업과 산림을 배출권거래제로 통합하려는
의도가 있었다.[7] 뉴질랜드는 420만명 인구의 작은 나라로서 배출권거래제
와 관련해 타 국가와의 연계성을 중시한다.[8] 뉴질랜드는 상대적으로 작은

---

3) Australian Government, *Implementing links to overseas emissions trading scheme-Draft legislation* (31 Aug. 2012), at 4 참조.; Ros Donald, *Australia plans to join Europe's Carbon Trading Market : How will it work?*, Think Progress(Sep. 6, 2012), <http:// thinkprogress.org/climate/2012/09/06/802461/australia-plans-to-join-europes-carbon-trading-market-how-will-it-work/?mobile=nc>(2012.10.16.방문).

4) Brendan Bateman, Trisha Cashmere, *Carbon Price Mechcanism and EU Carbon Scheme linkage-more details revealed*, Claytonutz Insights (27 Sep. 2012), <http://www. claytonutz. com/publications/edition/27_september_2012/20120927/carbon_price_mechanism_and _eu_carbon_scheme_linkage-more_details_revealed.page> (2012.10.16.방문).

5) *NZ and Australia Agree on linking their ETS*, Scoop(5 Dec. 2011).

6) *Id.*

7) Frank Jotzo, Regina Betz, *Linking the Australian Emissions Trading Scheme*, Climate Strategies (March 2009), at 15.

8) 환경일보, Suzi Kerr, 한국법제연구원·뉴질랜드환경부 주최, 주요국 온실가스 배출권 거래제 세미나 발표내용(2012.8.24), <http://www.hkbs.co.kr/hkbs/news.php?mid= 1&r=view&uid=238263> (2012.10.16.방문).

규모의 배출권거래제가 갖는 유동성의 한계를 극복하기 위해 호주와의 연계를 강력히 희망했고,[9] 호주로서는 뉴질랜드 거래제와의 연계가 호주 배출권 가격에 별 영향을 미치지 않을 것이라는데 주목하였다.[10]

2. EU와 미국의 연계

EU는 2015년까지 범 OECD 탄소시장을 형성하고, 2020년까지는 더 많은 선발개도국까지 포함하여 글로벌 탄소시장의 구축을 추진 중이다.[11] 참고로 EU에서 추진 중인 국제 탄소시장 발전방안은 [그림 12]과 같다.

---

9) *Id.*

10) Tuerk et al., *Linking Emissions Trading Schemes, Synthesis Report*, Climate Strategies (May 2009), at 18.

11) European Commission, *Communication From the Commission to the European Parliament, International Climate Policy Post-Copenhagen: Acting Now to Reinvigorate Global Action on Climate Change*, COM(2010)86 final (2010.3.9), at 11.

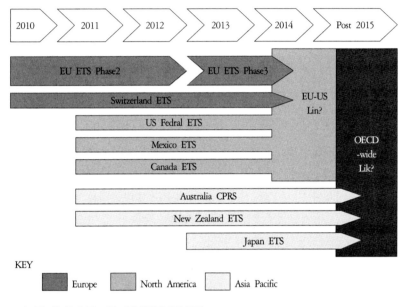

[그림 12] 국가 및 지역 배출권거래제의 발전.
출처: Lazarowicz. *Global Carbon trading*, 2009. at 41.

EU는 만일 미국과 결합된 거래제시장이 설립된다면, 글로벌 탄소시장은 대서양시장과 사실상 같은 의미가 될 것이고, 전반적인 국제 기후변화체제의 골격(backbone)이 구축될 것이라고 보고,[12] 이러한 목표를 달성하기 위해서는 총량배출권거래제에 호의적인 태도를 보이는 새로 들어선 오바마 미 행정부와 미의회 의원들에 대한 설득과 협력이 중요하다고 보았다.[13] EU는 미 연방 배출권거래제와의 연계를 우선시하는데, 그 이유는 미국의 배출량 크기에 주목하여 2015년까지 전 지구적 배출량의 13-27%가 적용 가능할 것

---

12) *Id.*

13) Mark Lazarowicz, *Global Carbon Trading: A Framework for Reducing Emissions* (London: DECC/OCC, 2009), at 44-45.

으로 보기 때문이다.[14] UNFCCC의 2009년 분석에 의하면, EU와 미국의 배출량을 합치면 전체 부속서 I 국가들의 배출량 중에서 약 60%를 차지하는데[15] 부속서 I 국가 중에서 EU를 제외하고 호주·캐나다·아일랜드·일본·뉴질랜드·노르웨이·스위스·미국 등 배출권거래제를 도입하려는 OECD국가들 중에서 EU와 미국의 배출량을 합치면 현 배출량의 거의 80%를 두 지역이 차지한다고 한다(UNFCCC 2009).[16] 한편, 2008년 포인트 카본(Point Carbon)의 조사결과에 의하면, 유럽과 북미의 국가 및 지역차원의 탄소시장을 연계할 경우, 글로벌 탄소시장이 대략 2조 유로에 달할 것으로 전망하였다.[17] 사실 EU와 미국 ETS 시장은 지구적 기후변화문제를 해결하는데 있어 필수불가결한 존재인 중국·인도 및 여타 개도국들의 참여를 위한 시범케이스(test case)로 작용할 수 있다.[18]

비록 미국이 연방차원의 총량배출권거래제를 실시하지 않고 있지만, EU는 캘리포니아주 및 3개 지역연합체의 연계를 통해 2015년을 목표로 한 대서양 배출권거래제 시스템 구축을 위해 한발 한발 다가서고 있다.주목할 만한 점은, 캘리포니아주가 총량배출권거래제법안을 최종 승인하기 6개월 전인 2011년 4월 EU집행위의 기후변화책임자인 코니 헤데가드(Connie Hedegaard)와 캘리포니아 주지사인 제리 브라운(Jerry Brown)이 EU와 캘리포니아의 배출권거래제를 연계하기로 합의한 것인데,[19] EU는 미국이 연방

---

14) *Id.*

15) Tuerk et al., *supra* note 10, at 14.

16) *Id.*

17) Point Carbon, *Carbon 2008-Post 2012 Is Now* (2008), at 17.

18) Christian Flachsland, Robert Marschinski, Ottmar Edenhofer, *To link or not to link; benefits and disadvantages of linking cap-and-trade systems*, Postsdam Institute for Climate Impact Research (2009), at 11.

19) Felicity Carus, *EU plans to link emissions trading scheme with California*, Guardian (7 April, 2011), <http://www.guardian.co.uk/environment/2011/apr/07/eu-emissions-trading-california> (2012.10.16.방문).

차원의 총량배출권거래제를 실시하기 전이라도, 세계 2위 규모의 탄소시장을 가진 캘리포니아주와 협력해 국제 배출권거래시장을 선점하겠다는 의도로 여겨진다. 캘리포니아주의 탄소시장은 유럽시장의 25%규모인데, 지난 2년간의 프랑스 시장보다 20% 크다.[20] 그리고 캘리포니아주는 캐나다의 퀘벡주와 연계해 첫 주단위 공동의 총량배출권거래시장을 개설해 합동경매를 실시키로 했고,[21] 캐나다의 다른 주와의 연계도 추진 중이다.[22] 한편, 호주는 아직은 캘리포니아주의 거래제와 직접적인 연계까지는 아니나, 우선 서로간의 경험을 공유하기 위해 포럼을 발족하는 등 긴밀히 협조하기로 했다.[23]

3. 아시아권의 연계

1) 중국의 동향

중국의 국가발전개혁위원회의 부위원장은 2020년까지 국가적 차원의 탄소시장을 서서히 발전시켜 나가서, 호주·일본·EU·미국과 하위 지방 또는 지역단위 탄소시장에 참여하는 가능성을 제시하였다.[24] 비록 국가단위 배출권거래제가 설립되기 전까지는 위와 같은 하위 지방단위에서는 다른 국가

---

20) John Melby, *Western Power Markets and California's AB 32, Greenhouse Gas Market 2012*, Commodities now (1 Oct. 2012), at 12-13.

21) Mike Anderson, Lynn Doan, *Australia in Talks with California to link Emission Programs*, Bloomberg (Oct. 2, 2012), <http://www.bloomberg.com/news/2012-10-01/australia-california-start-talks-to-link-emission-markets.html>(2012.10.16.방문).

22) Melby, *supra* note 20.

23) Anderson, Doan, *supra* note 21.

24) John Preston, *Global Green Growth Insights*, PwC (1 Oct. 2012), at 22.

의 배출권거래제와의 연계가 고려되지는 않을 것 같지만,[25] 중국이 현존하
는 국제 배출권거래제인 EU-ETS, 아태지역의 일본·호주 등과의 미래의 잠
재적인 통합을 주시하고 있다는 것에 대해 의심하는 견해는 거의 없는데,
이는 중국이 글로벌 또는 지역적 탄소거래로부터 이익을 얻을 수 있기 때문
이다.[26]

　EU는 녹색투자를 활성화하기에는 턱없이 낮은 탄소가격을 형성하고 있
는 그들의 배출권거래제를 활성화하기 위한 노력의 일환으로, 다른 배출권
거래제와의 협력관계를 구축하는데 주목해 세계 최대의 온실가스 배출국가
인 중국과 재정 협력체제를 구축하고,[27] EU와 특별기구들이 7개 시와 성의
자발적인 배출권거래제 및 전국 배출권거래제를 구축하는 데 있어 기술적
지원을 하고 있다.[28] 여기서 중요한 것은 현재 세계 최대의 배출권거래제를
실시 중인 EU가 장차 세계 최대의 시장으로 등장할 가능성이 큰 중국과의
연계를 위해 시범사업 단계에서부터 배출권거래제 시스템 전반에 관한 기
술과 노하우, 재정적 지원을 강화하고 있다는 점이며, 이미 EU-ETS와의 연
계를 선언한 호주도 거대한 중국시장과의 연계에 적극적인 관심을 가지고
협력체계 구축을 추진하고 있다는 점이다.

---

25) Win Qian, *China Emissions Trading Pilots-From Principles to Pragmatic Measures*, IETA,
　　Greenhouse Gas Market 2012, Commodities now (1 Oct. 2012), at 30.
26) Guoyi Han, Marie Olsson, Karl Hallding, David Lunsford, *China's Carbon Emission
　　Trading-An Overview of Current Development*, Fores Study (2012.1), at 52.
27) Barbara Lewis, Rex Merrifield, *EU agrees carbon deal with China, world's biggest emitter*,
　　Reuters (Sep. 20, 2012), <http://www.reuters.com/article/2012/09/20/eu-china-carbon-
　　idUSB5E8J102920120920 참조> (2012.10.16.방문).
28) *Figuers: Asia is new centre of the Universe for Carbon cuts*, RTCC (2 April 2012).
　　<http://www.rtcc.org/policy/figueres-asia-is-new-centre-of-the-universe-for-carbon-cuts/>
　　(2012.10.16.방문).

2) 일본의 동향

일본은 타국 제도와의 국제적 연계는 그 장점과 단점을 면밀히 검토하면서, 연계의 가능성을 열어두고 제도전체의 설계를 검토한다는 입장이다.[29] 즉, 국제적 연계에 대해서는 배출권 가격의 상승을 억제하는 등의 장점과 해외 배출권시장에의 자금유출 등의 단점을 토대로, 제도의 조화, MRV 수준, 배출권의 할당방법 및 수준 등에 대한 신중한 검토를 하면서 앞으로의 과제로 계속 검토해 나간다는 것이다.[30]

일본에서는 가격상승 및 가격변동성과 관련해 투기활동·머니게임에 대한 비판의 목소리가 강한데, 비정상적인 투기변화와 시장조작에 대해서는 엄격하게 대처하되, 중개업자나 대부업체도 시장에 진입할 수 있도록 개방적이고 투명한 시장형성을 해야 한다는 의견도 있다.[31]

일본의 경우 배출권거래제도는 지금까지 살펴본 바와 같이 국가차원에서는, 1) 자주참가원칙, 2) 총량방식과 원단위방식의 병행을 기본으로 실시해 왔는데,[32] 그간 산업계의 반대가 워낙 심해 수차례에 걸친 시도에도 불구하고 아직 총량배출권거래제의 도입이 이뤄지지 않았다. 그러나 2008년 이후 통합적인 형태의 시범사업을 실시하면서 법제도적 검토와 설계를 충분히 해온 만큼, 앞으로 포스트교토 협상 상황의 진전과 미국·중국 등의 배출권거래제 도입·실시 등의 환경변화에 따라 2014년 이후에는 언제든지 이를

---

29) 環境省國內排出量取引制度檢討會 『國內排出量取引制度のあり方について 中間まとめ』 454頁 (平成20年 5月20日) 參照.
30) 環境省 『キャップ·アンド·トレード方式による國內排出量取引制度オプションについて』 7頁 (平成20年 5月20日) 參照.
31) 諸富 徹 「アメリカ·歐州の最新動向を踏まえた日本における排出量取引制度設計の方向性」 <http://www.ecoplaza.gr.jp/event/eco_seminar_report/report/211201/index.html> (2012.12.10.방문).
32) 이수철, "일본의 기후변화 정책과 배출권거래제도: 특징과 시사점", 환경정책연구 (2010.11.29), 96면.

실시할 준비가 되어 있다고 할 수 있다.

제3절 소 결

현존하거나 도입을 추진 중인 각국의 배출권거래제 현황을 살펴보면, 대부분의 EU국가와 호주·뉴질랜드 등 30개국 이상에서 총량배출권거래제를 도입하였고, 미국·일본·중국·한국 등 많은 국가가 총량배출권거래제를 도입중이거나 도입을 검토하고 있다. 세계 최대의 배출권거래제인 EU-ETS의 경우 2005년부터 2012년까지의 계획기간 Ⅰ·Ⅱ를 거쳐 2013년부터는 계획기간Ⅲ이 시작되었는데, 그간 배출권의 과다할당, 가격 급등락 등의 문제점을 겪으면서 지속적으로 제도를 보완해 나가고 있다.

미국의 경우 2010년 연방 상원에서 기후변화관련 법안이 통과되지 않아 연방차원의 총량배출권거래제가 도입되지 않고 있는데, 주목할 점은 2011년 10월 캘리포니아주에서 총량배출권거래제법이 최종 승인되었고, 동부의 RGGI, 서부의 WCI, 중부의 MGGRA 와 같은 3개 지역연합체에서 총량배출권거래제를 실시중이거나 조만간 실시할 예정으로 있다. 호주는 2012년 7월 1일부터 탄소세에 가까운 고정가격제를 실시 중에 있는데, 3년 뒤인 2015년 7월 1일 부터는 유동가격제에 의한 총량배출권거래제로 전환할 예정이고, 뉴질랜드는 2008년부터 準총량배출권거래제를 실시하고 있는데, 2010년부터 3년간 고정가격제를 실시하고, "모든 부문, 모든 가스"를 대상으로 하되, 산림 및 산업여건 등을 보아가며 단계적으로 실시하는 것을 추진 중에 있다.

중국의 경우 2015년 국가차원의 통일된 배출권거래제의 실시를 목표로, 2012년부터 베이징·상해시 등 7개 성시에서 시범사업을 진행 중이고, 일본의 경우 오랫동안 자발적 형태의 자주행동계획과 시범사업을 실시해왔고, 수차례 총량배출권거래제의 도입을 추진하였으나 산업계의 강한 반발과 국제경쟁력 등을 우려해 2014년 4월 이후로 그 도입을 연기한 상태이다.

한편, 주요국의 배출권거래제 연계동향을 살펴보면, 호주와 뉴질랜드는 2015년 7월 1일부터 양국 거래제를 연계할 계획이고, EU와 호주는 2015년부터 일방연계를 실시한 뒤, 늦어도 2018년까지는 완전한 쌍방연계를 실시키로 하였다. 그리고 EU는 2020년 이후 글로벌 탄소시장 구축을 목표로, 우선 그 전단계로서 2015년경 미국 배출권거래제 시장과의 연계를 적극적으로 추진 중에 있는데, 세계에서 8번째 경제규모를 가진 캘리포니아주가 총량배출권거래제법안을 승인하자 캘리포니아주와 동부·서부·중부 3개 지역연합체와의 연계를 우선 추진 중에 있다.

아시아권의 중국의 경우 2020년까지 국가적 차원의 탄소시장을 서서히 발전시켜 가면서 각국 거래제와의 연계가능성을 모색하고 있다. 일본의 경우 현재 특별한 연계움직임은 없으나, 통합적인 시범사업을 실시하면서 총량배출권거래제 도입을 위한 제도설계를 철저히 하고 있는데, 오랫동안 준비를 해온 만큼 2014년 이후에는 언제든지 총량배출권거래제를 도입하고 국제적 연계를 추진할 준비가 되어 있다고 평가할 수 있다.

제5장

포스트 교토체제하 배출권거래제의 연계를 위한 법제도 구축방안

제1절 기본방향

배출권거래제 도입단계에서부터 연계를 염두에 두거나, 아니면 최소한 시행단계에서 하더라도 연계를 촉진할 수 있도록 각국의 배출권거래제도와 상응해 제반 법제도를 일치시키거나 조화시키는 등 국제기준에 부합하도록 법제도를 설계하는 것이 바람직하다. 그렇다고 배출권거래제도의 모든 설계요인들을 반드시 일치시켜야 하는 것은 아니고, 우선, 배출권거래제의 연계를 위한 기초요건으로서 국제기준에 맞는 MRV 체계를 구축하고, 주요 법제도를 가급적으로 일치시키며, 연계를 불가능하게 하거나 어렵게 하는 법제도적 장애물들을 제거하는 노력이 요구된다. 특히, 필수적인 연계요건인 총량배출권거래제의 실시, 엄격하고 절대적인 감축목표의 설정, 상쇄범위와 허용한도의 일치 및 제재 강화를 충족시키는 것이 요구된다.

각국 배출권거래제와의 전략적인 연계를 위해서는, 우선 세계에서 가장 규모가 큰 배출권거래제를 실시중인 EU-ETS와의 연계가 1차적으로 중요한 바, 2009년 EU-ETS 개정지침에 의하면, 연계를 위한 "협정(agreement)"과 행정적·기술적 협조를 제공하기 위한 "비구속적 협력(non-binding arrangements)"을 구분한 뒤, 전자와 달리 후자에 대해서는 연계상대방이 절대목표를 가진 강제적인 배출권거래제이어야 한다는 조건만 요구하고 있다. 즉, 비구속적 협력대상국에 대하여는 협정대상국과 달리 굳건하면서 EU에 상응하는 MRV시스템과 EU에 상응하는 제제시스템을 갖추도록 요구하고 있지 아니하다.[1] 따라서 교토협약 상 의무감축국이 아닌 국가의 경우에는 EU-ETS

---

1) Directive 2009/29//EC recitals 40, §27.

와의 연계를 위해서는 무엇보다 이 요건을 만족시키는 것이 중요하고, 가까운 장래에 세계 최대 거래시장으로 등장할 것으로 예상되는 미국의 기후변화법안의 경우에도 유사한 연계조건을 제시하고 있어 더욱 그러하다. 아울러 총량배출권거래제의 도입과 시행에 대해 강한 반대와 우려를 갖고 있는 에너지 다소비, 무역노출도가 높은 산업계에 대해서는 탄소누출과 국제경쟁력 저하문제, 기후변화관련 집단소송의 우려를 해소하거나 완화할 수 있는 방안, 배출권의 상한설정에 따른 생산차질, 연계 상대방과의 이익 분배문제 등 연계를 저해하는 각종 장애요인들을 극복할 수 있는 보완장치들을 함께 강구할 필요가 있다.

제2절 연계를 위한 기초요건 : 온실가스 측정·보고·검증 법체제 구축

1. MRV의 법적 의미 및 중요성

MRV(Measurable, Reportable and Verifiable)란 국제적 맥락에서는 어떤 국가의 행위에 대한 사실확인과 보고, 그리고 검증은 보고된 자료의 질과 신뢰성을 점검하는데 사용되는 절차 및 시스템을 말한다.[1] MRV는 배출권거래제의 효과적 이행 및 모니터링 수단으로 활용되며, 어떤 배출권거래제에 적용되는 것과 무관하게 MRV에 대한 기본개념과 요구되는 원칙 및 요건은 매우 보편화된 성격을 지닌다. 다만, MRV의 수준(Quality Level)에 차이가 있을 뿐이며, 이는 각 제도와 연관된 이해관계자의 탄소상품 또는 탄소정보에 대한 요구수준(Quality Level of Carbon Allowance/Credit)에 의해 결정된다.[2]

그동안 UNFCCC는 선진국의 온실가스 감축목표 이행과 시장기능을 활용한 교토의정서의 효율적인 작동을 위해, 국가인벤토리 구축과 교토크레딧의 품질관리(quality of control)의 수단으로서 MRV체제를 구축해 왔는데, 2007년 합의된 발리로드맵은 "측정·보고·검증가능한(measurable, reportable, and

---

1) Rosemary Rayfuse, *Monitoring, Reporting and Verification in the Post-2012* Climate Regime, 한국법제연구원 주관 "그린코리아 2010: 기후변화대응 규제체계의 국제적 연계", 국제회의 발표자료 (sep. 10, 2010), at 1.
2) 이상협·고석진, 배출권거래제의 사회·경제적 영향분석 연구 (환경정책평가연구원, 2012. 2), 676면.

verifiable)"이라는 용어를 도입해, 선진국의 감축의무나 행동, 개도국의 감축
행동, 그리고 개도국의 감축행동에 대한 지원이라는 여러 조치 및 행동들에
대한 측정·보고·검증(MRV)을 의무화 한 것이다. 2009년 코펜하겐에서 열린
제15회 기후변화당사국 총회에서는 MRV와 관련하여 개도국은 2년에 1회
인벤토리를 포함한 국가별 보고서를 제출하게 되는데, 지원을 받는 조치는
국제적인 MRV의 대상이 되고, 지원을 받지 못하는 조치는 국제 자문 및 분
석에 따라 국내적인 MRV의 대상이 된다고 하였다.[3] 만일 MRV가 느슨할
경우 환경적 통합성을 해치고 연계상대가 되는 거래제로서는 자신의 시스
템에 대한 신뢰성을 해치지 않고서는 연계를 할 수 없기 때문에 연계의 장
애물이 될 수 있으므로,[4] MRV 기준은 연계가 되기 전에 투명하게 되어야
하고 서로 조정되어야 한다.[5]

2. 주요국의 MRV 법제도

온실가스 배출의 측정·보고·검증에 관한 EU·미국 및 호주의 법제도를
살펴보기로 한다.

---

3) 손현·박찬호, "온실가스 보고·검증제도(MRV)에 관한 법제 개선방안 연구-국제
   MRV 연계방안을 중심으로-", 한국법제연구원, 녹색성장연구 10-16-10 (2010,
   12.30), 32면 참조.
4) Mark Lazarowicz, *Global Carbon Trading: A Framework for Reducing Emissions* (London:
   DECC/OCC, 2009), at 47.
5) *Id*.

1) EU의 MRG

2004년 EC는 지침 2003/87/EC의 이행을 위한 "온실가스 배출량 모니터링 및 보고 가이드라인"(Guidelines for the Monitoring and Reporting of Greenhouse Gas Emissions, MRG)을 발표하였는데,[6] EU 집행위원회는 온실가스 배출을 완전하고 일관적이며 투명하고 정확하게 보고하는 것은 동 지침 2003/87/EC에서 정하는 온실가스 배출권거래제도의 운영에 근간이 된다고 한다.[7]

2007년 MRG(2007/589/EC)의 주요내용에 대해 살펴보면, 첫째, MRG는 연간 25,000 CO_2 톤 이하의 시설을 적용대상으로 하였다.[8] 둘째, 감시방법론은 전체적인 비용효과를 증진시키면서도 보고된 배출량 데이터의 정확성과 감시시스템의 전체적 완전성을 훼손하지 않도록 하고[9] 최소 불확실성 임계치가 있는 대체(예비) 접근방식이 도입되었으며,[10] 연속 배출 측정시스템에 의한 온실가스 배출결정을 위한 구체적 기준이 추가되어 Directive 2003/87/EC 부속서 Ⅳ 제14조 및 제24조에 상응하는 측정중심의 감시접근방법을 일관적으로 사용할 수 있게 되었다.[11] 셋째, 운영자는 모든 통제활동 관련기록(장비 및 정보기술의 품질보증, 품질관리, 데이터 및 수정의 검토 및 검증 등)과 제9절(정보보존)에서 정하는 모든 정보를 10년간 보존하여야 한다.[12]

---

6) Commission Decision C(2007) 3416.
7) Directive 2007/589/EC, recitals 1.
8) *Id*. recitals 4.
9) *Id*. recitals 7.
10) *Id*. recitals 11.
11) *Id*. recitals 23.
12) *Id*. §10.3.6.

2) 미국의 MRR

2007년 12월 26일, 부시대통령은 "FY2008 Consolidated Appropriations Act(CAA)"를 승인하였는데, 여기에는 EPA를 통해 "미국경제의 모든 분야에서 적절한 임계값 이상의 온실가스 배출량 보고의무와 관련한 법안의 초안(법안제정 이후 9개월 이내)과 법안(법안 제정이후 18개월 이내)을 발간"하는데 필요한 재정지원을 승인하는 내용이 포함되어 있었다.[13] 오바마 행정부가 들어선 이후, EPA는 청정대기법상의 근거를 통해 온실가스 의무보고제에 관한 연방행정입법(Code of Federal Regulation)을 제정했다. EPA는 의견수렴과정 등을 거쳐 2009년 10월 "온실가스 의무보고제도 규정"(Mandatory Reporting of Greenhouse Rule, 40 CFR part 98, 이하 'MRR')을 제정하였으며, 그 후 수차례의 개정을 통해 2011년 3월 18일 개정본을 발표하였다.[14]

MRR의 주요내용에 대해 살펴보면, 보고대상물질은, 이산화탄소(CO_2), 메탄(CH_4), 일산화질소(N_2O), 및 기타 불소계 가스{예, 수불화에테르(HFEs)}의 연간 배출량에 대한 보고의무를 규정한다.[15]

적용대상은 배출량에 기초하여 2010년부터 사업장 단위로 25,000 metric tons 이상의 온실가스를 배출하는 사업장은 온실가스 배출량을 의무적으로 보고해야 한다.[16] 설비운영 또는 공급업체가 보고의무 대상으로 지정되면 25,000 metric tons 이하로 배출량을 감축하더라도 계속 의무보고 대상이 되나, 1) 5년 연속으로 보고된 배출량이 매년 25,000톤 이하이거나, 2) 3년 연속으로 15,000톤 이하인 경우, 3) 설비운영 또는 공급업체가 변경되어 운영

---

13) Consolidated Appropriation Act 2008, Public Law 110-161, 121 Stat. 1844, 2128 (2008).
14) 이상협·고석진, 앞의 글 2, 699면 참조.
15) MRR, §98. 3(C)(4)(5).
16) Id. §98.2.

을 중단한 경우에는 의무보고를 하지 않아도 되도록 하였다.[17] MRR은 '시설' 단위의 보고를 제안하며, 예외적으로 화석연료와 산업용 온실가스의 상위공급자 및 차량엔진 생산시설의 경우 '회사' 단위의 보고를 허용한다.[18] 보고대상 사업장은 발전, 알루미늄·암모니아·시멘트·석유제품생산, 석유정재, 합금철·유리·철강·종이생산, 석탄·석유제품 공급업체, 산업용 온실가스 공급업체, 이산화탄소 공급업체 등을 포함하나, 연구 및 개발활동은 그러하지 아니하다.[19] 온실가스 다배출업체에서 배출되는 온실가스 총량의 85%까지 감축 또는 포획처리 할 수 있는 시스템을 구축하는 것을 목적으로 하였는데, 직접배출자 뿐만 아니라 화석연료의 공급자와 산업체 가스 및 무거운 의무가 부가되는 자동차·엔진 제조업체 등을 포괄하였다.[20]

보고방법은 Part 98에 제시된 계산법을 사용하여, 모든 생산 카테고리와 모든 배출원 카테고리에 대하여 총 탄소 톤의 연간 온실가스 배출량을 보고서에 포함하여야 한다.[21] 그러나 2010년 1월 1일까지 필요한 모니터링 장비를 구매·설치 및 운영하는데 있어 충분한 타당성을 갖지 않는 매개변수에 대해서는 최상의 모니터링 기법을 사용할 수 있다.[22] MRR은 2010년 1월 1일부터 적용되고, 따라서 2010년 1월 1일부터 수집된 온실가스 배출정보를 다음 연도 3월 31일까지 EPA에 보고해야 한다.[23] 이러한 보고는 매년 전자양식을 통해 실시한다.[24] 그러나 호주시스템 하에서와 같은 기업들을 위한 레지스트리는 없다.[25]

---

17) Id. §98.2 i (1)(2)(3).
18) 삼일PwC, 배출권거래제 법·제도 해외사례분석 연구용역보고서 (2009.9), 14면.
19) MRR, §98.2.
20) Rayfuse, supra note 1, at 9.
21) MRR, §98.2.
22) Id. §98.3(d)(1).
23) Id. §98.3(b).
24) Id. §98.5.
25) Rayfuse, supra note 1, at 9.

온실가스 배출보고의 완결성과 정확성을 검증하기 위해 EPA는 신뢰할만
한 증거를 사용하여 인증서를 검토할 수 있으며, 포괄적인 온실가스 보고서
의 검토와 선별된 설비의 주기적인 감사를 병행할 수 있다.[26] 온실가스를
보고해야 하는 소유자 또는 운영자는 온실가스 배출산정을 위한 일련의 관
련기록들을 최소 3년간 전자 또는 출력물의 형태로 보존하여야 하고, EPA
의 요구가 있을 때 언제든지 제출할 수 있어야 한다.[27] 그리고 이 장의 요
건을 위반하는 것은 청정대기법[114조 (42 U.S.C. 7414)포함] 위반으로 간주
되는데, 각각의 위반일마다 별도의 위반이 성립한다.[28]

3) 호주의 NGER

호주는 본격적인 기후변화대응을 위한 기초 인프라 구축을 위해 2007년
"국가 온실가스 및 에너지 보고법(National Greenhouse and Energy Repor-
ting)"(이하, 'NGER법')을 제정하였다. 그리고 동법 시행령으로 "National
Greenhouse Gas and Energy Reporting Regulations 2008"을 제정하고, 산정지
침으로서 "National Greenhouse Gas and Energy Reporting (Measurement)
Determination 2009"를 제시하여 부문별 온실가스 산정 및 보고에 관한 틀
을 마련하였다.[29]

NGER법은 기업의 온실가스 배출, 온실가스 프로젝트, 에너지 소비 및 에
너지 생산과 관련된 정보의 보고 및 공시를 위하여 단일한 국가보고체계의
도입을 목적으로 하는데, 이를 통해 1) 향후 배출권거래제 도입의 근거를 마

---

26) MRR §98.3(f).
27) Id. §98.3(g).
28) Id. §98.8.
29) 박천규, "온실가스 감축인프라 구축방안", 기후변화와 법의 지배 (조홍식 외 편,
    2010. 9.5), 324면.

런하고, 2) 정부 정책수립 및 호주의 일반대중에 대한 정보제공, 3) 호주의
국제보고 의무이행, 4) 각주 및 연방 내 유사한 보고요건의 중복방지를 도모
하려는 것이다.[30] NGER법 제정 이전까지는 다른 방식, 다른 영역, 다양한
정의 등이 사용된 복수의 보고시스템이 사용되었는데 이를 개선하기 위한
것이었다.[31]

　　NGER법의 주요내용을 살펴보면, 보고대상물질은 이산화탄소, 메탄, 아산
화질소, 육불화황, Regulation에 의하여 특정된 종류의 수소불화탄소 및 과
불화탄소이다.[32] 호주 기후변화부의 내부조직인 "온실가스·에너지 자료관
(Greenhouse and Energy Data Officer, GEDO)"에게 이 업무를 담당하는
법적 지위를 부여하였고 일정한 규제기능을 수행하도록 하였다. 그리고
GEDO 산하에 "국가 온실가스 에너지 등록소(National Greenhouse Gas and
Energy Register)"를 설립했다.[33] 적용대상은, 기업이 2009년 6월 30일 이후
회계연도를 마감할 때까지 [표 8]에 따른 기준의 하나 또는 그 이상을 충족
하는 경우 등록신청에 관한 의무가 부여된다.[34]

[표 8] 호주 NGER Act의 적용대상 기준

구분	2009	2010	2011
단일 공장	- 온실가스 25Kt이상 또는 에너지 소비 및 생산 100TJ 이상		
회사	- 온실가스 125Kt 이상 또는 에너지 소비 및 생산 500TJ 이상	- 온실가스 87.5Kt 이상 또는 에너지 소비 및 생산 350TJ 이상	- 온실가스 50Kt 이상 또는 에너지 소비 및 생산 200TJ이상

출처: 이상협·고석진. 배출권거래제도의 사회·경제적 영향분석 연구. (환경정책평가연구
원2012.2), 704면.

---

30) NGER §3.
31) Rayfuse, *supra* note 1, at 5.
32) NGER §7.
33) Rayfuse, *supra* note 1, at 6.
34) NGER §12(1).

온실가스·에너지자료관은 사업장 배출량 보고내용이 의심스럽다고 여겨
질 때는 필요한 조사를 하거나[35] 등록기업에 대한 외부검증, 회계감사를 할
수 있다.[36] 해당기업이 이러한 보고서 자료를 제출하지 않은 경우에는 제출
마감기간의 마지막 날 이후 매 하루당 부가적인 민사벌금에 대한 책임을 질
수 있고, 형법 제137조에 따라 거짓되거나 오류가 있는 정보 또는 서류를
담당관에게 제출하는 것은 범죄에 해당할 수 있다.[37]

정보공개 및 기록보존에 대해 살펴보면, 온실가스·에너지 자료관은 국가
온실가스 및 에너지 등록부를 작성하여 보존하여야 하고, 등록부 내용의 일
부 또는 전부를 전자적인 방법 또는 이에 갈음할 수 있는 수단에 의하여 일
반대중이 이용할 수 있도록 하여야 한다.[38] 온실가스·에너지 자료관은 등록
기업이 이전 회계연도에 보고한 온실가스 배출, 에너지 소비에 관한 정보를
회계연도 2월 28일까지 웹사이트에 공시하여야 한다.[39] 등록기업 및 관련
기업은 온실가스·에너지 자료관에게 그 기업 또는 개인과 관련하여 특정사
업장, 기술 또는 기업계획에 관한 1) 기업기밀, 2) 그 밖에 정보가 공개되면
상업적 가치를 소멸 또는 경감시키거나 합리적으로 그럴 것으로 예상되는
사항에 관한 정보가 노출되거나 노출될 수 있었던 경우 정보가 공시되지 않
도록 요청할 수 있다.[40] 그러나 유의할 점은 그 신청은 반드시 1) 해당 기업
또는 개인이 특정되고, 2) 공시금지가 요청되는 정보가 특정되며, 3) 온실가
스·에너지자료관에 의하여 승인된 방법과 형식으로 제출되어야 한다.[41] 그
리고 등록된 기업은 온실가스 배출 및 에너지량과 관련된 기업그룹의 활
동, 규칙준수사항 등의 기록을 자세하게 유지하여야 하고, 등록된 기업은

---

35) *Id.* §60.
36) *Id.* Subdivision G
37) *Id.* §9.
38) *Id.* §16.
39) *Id.* §24.
40) *Id.* §25.(1).
41) *Id.* §25(2).

기록된 활동이 이루어진 보고연도가 끝나는 날부터 7년간 기록을 보존해야
한다.[42]

3. 포스트 교토체제하 연계를 위한 MRV
법체제 구축

포스트 교토체제하에 있어서 MRV 법체계 구축은 협상의 기본적 틀에 따
라 달라지게 될 것으로 예상되는데, 포스트 교토체제는 선진국뿐만 아니라
개도국도 함께 참여하고 법적 구속력 있는 국제협약을 추구하는 만큼, 유연
하면서도 신뢰성 있는 MRV법체계는 배출권거래제의 도입·시행 및 국제적
연계를 위해 반드시 사전적으로 구축해야 하는 제도적 인프라 라고 할 수
있다. 즉, 선진국과 개도국이 자국의 온실가스 감축목표를 당초 계획대로 제
대로 이행하였는지 살펴보고, 배출권거래제에 있어 배출권이나 상쇄 크레딧
이 적정한 품질로 관리되고 신뢰할 만한 것인지가 보장되어 국내·외로 자유
로이 거래되기 위해서는 국제적인 기준에 부합하도록 MRV를 구축할 필요
가 있다.

현재 EU-ETS의 MRV가 존재하고 있으며, 미국·일본 등 배출권거래제도
를 준비하는 국가에서는 우선적으로 MRV를 구축하는 것을 최우선과제로
선택하고 있는 바,[43] 각국의 배출권거래제도 역시 교토메카니즘과 같이
시장메카니즘을 활용한 환경정책이라는 점, 또한 UNFCCC에서 관장하는
CDM/JI 체제를 통해 발생되는 탄소시장과 각국의 배출권거래제도간 상호

---

42) *Id.* §22.
43) 강희찬, "효과적인 온실가스 배출량 검인증 방식(MRV)의 구축방안", 지역개발연구
제42권 제1호 (2010년 5월), 54면.

연계되어 있다는 관점에서 각국 배출권거래제에 대해서도 CDM/JI 체제에
서 구축된 MRV의 수준이 요구되고 있다.[44]

배출권거래제는 시장을 통한 규제방식으로서 MRV 시스템에 기초한 온실
가스 인벤토리의 신뢰성이 제도도입과 성공의 열쇠라 할 수 있다.[45] 신뢰할
만한 MRV의 구축은 배출권거래제도 운영의 전제조건이며, 상호신뢰 할 만
한 MRV는 연계의 필수 요건이라 할 수 있다. 하지만 안정적이고 환경순수
성을 보장할 수 있는 수준이라면 MRV의 제도적 차이가 반드시 연계의 장
애가 된다고 할 수 없다.[46] EU내에서 조차도 비록 더 나은 조정과 조화의
노력이 이뤄지고 있지만, MRV 접근이 반드시 같지 않다는 점을 주목해야
한다.[47] 이렇게 볼 때, 배출권거래제를 국제적으로 효율적으로 연계하려면
각국의 MRV체제가 완전히 동일한 수준으로 구축되는 것까지를 요구하지는
않는다 할지라도, 연계를 통해 서로의 환경적 통합성을 저해하지 않기 위해
서는 정확성·신뢰성 및 투명성 확보가 중요하므로 포스트 교토체제하 신뢰
할 수 있는 MRV 법체제 구축은 연계의 기본적인 전제로 간주될 수 있다.[48]
특히, 선진국과 개도국간의 배출권거래제의 연계에 있어서는 신뢰할 만한
MRV 체제구축은 그 무엇에 견줄 수 없을 정도로 중요할 수 있다. 중국은
1994년 이후 지역차원의 온실가스 배출 데이터베이스를 처음 공개한 이
후,[49] 배출권거래제 운영을 위한 MRV체제를 발전시키기 시작한 것은 최근

---

44) 이상협·고석진, 앞의 글 2, 677면.
45) 박찬호, "미국의 온실가스 배출량 보고의무제도에 대한 검토, 법제 (2010), 62면,
    <http://www.moleg.go.kr/knowledge/monthlyPublication;jsessionid=NOh4TavvqoSxk
    fvy1evIf5JqAW5dd5CsQRQIUojX8mMGYbWTZPKa7a2fTyufxxag?mpbLegPstSeq=1
    31783> (2012.10.16.방문).
46) 서정민 외, 포스트 교토체제하에서 한국의 대응전략, 경제·인문사회연구회 녹색성
    장 종합연구 총서 10-02-17 연구보고서 10-03, 대외경제정책연구원, 128면.
47) Mace et al., *Analysis of the legal and organizational issues arizing in linking the EU
    Emissions Trading Scheme to other existing and emerging emission trading schemes*, FIELD·
    IEEP·WRI (May 2008), at 68.
48) 같은 취지, Lazarowicz, *supra* note 4, at 47.

의 일이다.[50] 아직 중국의 MRV체제는 국제적 기준에 부합한다고 보기 어려우며, 앞으로 EU-ETS 등 타 거래제와의 연계 시 적지 않은 장애요인으로 작용할 가능성이 있다.

광범위한 post-2012 체제에 대한 협약과 MRV, 국제적 제재 및 집행력이 결합 되어져야지 만이 국제사회가 UNFCCC의 궁극적인 목표를 보다 잘 달성할 수 있게 될 것이다.[51] 국제 탄소시장에의 참여를 위해서는 검인증 결과가 국제적으로 상호 인정받을 수 있어야 하며, 이를 위해서는 검인증 기관(자)의 자격, 검인증 수행절차가 글로벌 스탠더드를 준수해야 한다.[52] 배출권거래제도를 시행하고 있거나 시행예정인 국가의 경우 배출권 인벤토리에 대한 MRV가 더욱 중요한 바, 이는 배출권 거래대상에 대한 MRV 설계방안이 배출권거래제의 신뢰성 및 연속성을 담보할 수 있기 때문이다.[53]

4. 한국에서의 쟁점 및 시사점

1) MRV 법제 도입경과 및 쟁점

한국은 2010년 4월 14일 시행된 "저탄소 녹색성장기본법"(이하 '녹색성장기본법') 및 동법시행령에 MRV를 도입하고 있는데, 이것이 한국의 온실가스 MRV법제의 시작이라 할 수 있다. 온실가스 에너지 목표관리업체 지

---

49) Guoyi Han, Marie Olsson, Karl Hallding, David Lunsford, *China's Carbon Emission Trading-An Overview of Current Development*, Fores Study (2012.1), at 43.
50) *Id*.
51) Rayfuse, *supra* note 1, at 10.
52) 이상협·고석진, 앞의 글 2, 684면.
53) 박천규, "온실가스 감축 인프라 구축방안", 앞의 글 29, 328면.

정, 목표의 설정 및 배출량 산정, 검증 등을 세부적으로 규정한 "온실가스 에너지 목표관리 운영 등에 관한 지침"을 2011년 3월 16일에 시행하였다.

　MRV 법령 제정과정에서 가장 논란이 된 쟁점은 온실가스 배출량 산정시 계산방식(calculation-based methodology) 또는 측정방식(measurement-based methodology) 중 어느 것을 채택할 것인 지였는데, IPCC 가이드라인, EU-ETS, 미국 MRR법, 미국 W-M법안, 호주 NGER 등 국제기준 및 외국 입법례의 관련규정 해석에 있어 산업계 및 환경단체, 지식경제부·환경부·통계청 간 많은 이견이 노출되었다. 지식경제부는 계산방식이 기본이고, 측정방식은 제한된 조건 하에서 보조수단으로만 허용되며, 측정방식을 일반적으로 의무화한 해외사례는 없다고 주장한 반면, 환경부는 국제적으로 정확성, 즉 측정을 강화하는 추세이므로, 미국의 MRR법과 같이 측정을 강조하면서 비용부담적인 측면을 고려해 측정과 계산방식의 병행이 필요하다고 주장하였다. 한국의 경우 에너지 관리와 온실가스 배출량 관리의 주관부처가 나뉘어져 있는데, 지식경제부는 에너지관리 차원에서 에너지 투입량과 배출계수를 활용한 계산방식(calculation)을 통해 온실가스 배출량 산정 및 관리(input 관리)를 하고 있고, 환경부는 대기오염물질 배출량의 직접측정(direct measure)을 통한 규제인프라를 구축하고 있으며 이를 통해 온실가스 관리도 가능(output 관리)하므로, 온실가스 배출량의 산정방식을 둘러싸고 지식경제부는 계산방식을, 환경부는 측정방식을 우선시하였다.

　한편, 산업계는 정확한 배출량 산정정보의 노출에 따른 온실가스 감축부담을 꺼리고, 또한 측정에 따른 추가비용 등을 우려해 계산방식을 선호하였다.

2) 법적 검토

온실가스 배출량 산정방식과 관련해 국제기준 및 외국의 입법례를 살펴보면, IPCC는 "2006년 국가 온실가스 인벤토리 안내(2006 IPCC Guideline for National GHG Inventory)"에서 국가 인벤토리와 관련, 3개의 계산 레벨(Tier)을 제시하고 정확성과 정밀도는 Tier1에서 Tier3으로 높을수록 개선됨을 명시하였다.[54] 단지 CO_2 측정만을 위한 CEMS(Continuous Emissions Monitoring System)는 높은 비용으로 인해 일반적으로 정당화되지 않으나, SO_2 또는 NOx와 같은 오염물질 측정장치가 설치되었을 경우 특별히 적용 가능하다고 하였다.[55] EU의 2007년 온실가스 배출의 감시 및 보고규정인 MRG에 따르면, 모니터링 보고원칙으로서, 1) 완전성 2) 일관성 3) 투명성 4) 진정성 5) 비용효과성 6) 충실성 7) 배출감시 및 보고수행의 개선을 제시하고 있다.[56] 여기서 주목할 만한 점은 '진정성'과 관련해서는 배출산정 및 특정이 최고수준의 정확성을 나타낼 수 있도록 실사(due diligence)를 수행해야 한다고 하고, '비용효과성'과 관련해서는 배출감시 및 보고는 기술적으로 불가능 하거나 불합리하게 높은 비용에 이르지 않는 이상 최고의 달성 가능한 정확성을 목표로 하여야 한다고 규정하고 있다.[57] 구체적으로 살펴보면, MRG는 계산중심의 방법론과 측정중심의 방법론을 이용할 수 있도록 하되, 계산중심의 방법론에 비해 불합리한 비용을 회피하면서도 시설의 연간 배출값을 더 정확하게 얻을 수 있고, 측정 및 계산중심 방법론간의 비교가 동일한 배출원 및 배출원인에 기초하는 경우 측정방식의 사용을 제안하면서, 이 경우 관할 당국의 승인을 얻도록 하였다.[58] 그리고 모니터링 방법론은

---

54) IPCC 2006 Guideline for National GHG Inventory, Overview.3
55) *Id*. Volume 2. Energy 1.3.1.1 Tiers.
56) *Id*. §3.
57) *Id*.
58) *Id*. §4.2.

기술적으로 불가능하지 않고 불합리하게 높은 비용을 초래하지 않는 이상 보고데이터의 정확성이 개선되는 경우에는 변경되어야 한다고 하고 있다.[59]

미국의 온실가스 의무보고규정인 MRR에 따르면 고정연소배출원에 대한 계산보고방식은 각 Tier에서 사용하는 내용을 다음과 같이 제시하고 있다.

- Tier 1 : 연료소비량+연료특성 고유발열량+기본 CO_2 배출계수
- Tier 2 : 연료소비량+측정된 연료특성 고위발열량+기본 CO_2 배출계수
- Tier 3 : 연료소비량+탄소함량의 주기적 측정값
- Tier 4 : CEMS(Continuous Emission Monitoring System)[60]

MRR 보고서는 측정방식(CEMS)과 계산방식에 대한 불확도를 비교분석한 결과를 제시하였는데 계산방식의 불확도를 평균 19.7%, 측정방식(CEMS)의 불확도를 모든 산업부문에 대해 7%로 평가해, 계산방식의 불확도가 측정방식을 상회하며, 혼합방식의 불확도는 9.4%로 평가해 비용효과성 차원에서 계산·측정 혼합형(hybrid)방식을 제안하였다. MRR 규제영향분석서는 1) 측정(CEMS), 2) 측정-계산 조합, 3) 계산방식에 대한 확실성 및 보고비용을 분석한 결과, 시행 첫해 조합형 보고비용은 총 115백만불로 모든 보고대상시설에 CEMS를 적용하는 비용인 1,014백만불의 약 11% 수준이고, 조합형의 평균 불확실성(9.4%)은 계산방식(19.4%) 대비 10.3%감소, 비용은 계산방식 대비 105%증가($56M→$115M)하는 것으로 분석되었고, 측정방식의 불확도는 7.0%로 나타났다.[61]

MRR은 산성비 프로그램인 ARP(Acid Rain Program),[62] 신규 고정배출원

---

59) Id. §4.3.

60) 40 CFR Part 98, Subpart C.

61) Regulatory Impact Analysis for the Mandatory Reporting of Greenhouse Gas Emissions Final Rule (2009.9), Sec 3.1.2.1, Sec 5.1.2.1, Table 5-9.

62) EPA가 청정대기법에 따라 산성비의 원인이 되는 SOx, NOx의 대기중 배출량을 줄

기준인 NSPS(New Source Performance Standards)[63] 유해 대기오염물질 배출
기준인 NESHAP(National Emission Standards for hazardous Air Pollutants)[64]
와 같이 기존제도 하에서 이미 측정이 요구되는 시설은 측정방식을 사용토
록 요구하고,[65] 고정연료연소의 경우 Tier 4 방식이 규모와 연료유형에 상
관없이 사용가능하나, 6개 요구조건에 모두 해당하거나 특정조건에 해당될
경우 측정방식을 의무적으로 사용해야 한다고 한다.[66] 즉, MRR은 배출량
산정은 연속직접측정(CEM) 및 사업장 고유방법론, Tier 2수준이상의 방법론
등 높은 수준을 요구하고 있다.[67] 2009년 W-M법안은 연료흐름 또는 배출
량의 연속 모니터링 시스템(CEMS)에 기초한 자료를 기본적으로 요구하였
다. CEMS의 대안시스템과 방법론의 경우, 연속모니터링 시스템 자료와 동
일한 수준의 정확성·신뢰성·접근성·적시성 등이 보장되는 한도에서 당국이
인정할 수 있다고 규정하였다.[68]

　　호주의 NGER법에 의한 산정방법 구분은 Method 1-4 로써 IPCC G/L의
Tier 1-3과는 다소 다르며, 측정은 Method 4에 해당되고, 배출원 활동분야별
로 Method 1-4 적용되는데,[69] 이는 [표 9]와 같다

이기 위해 도입한 시장기반 제도이다.

63) EPA가 청정대기법, 청정수질법에 따라 고정 배출원이 배출할 수 있는 오염물질의
　　수준을 규제하는 오염규제기준이다.

64) EPA가 청정대기법에 따라 대기로 배출되는 유해화학물질에 대한 오염규제기준
　　이다.

65) MRR §56280.

66) Id. §56400(4).

67) 박천규, "온실가스 감축 인프라 구축방안", 앞의 글 29, 322면.

68) H.R. 2454. §713(b)(G).

69) NGER Measurement Determination 2008, 1.4 overview-methods for measurement.

[표 9] 호주 NGER Act의 산정방법 분류

분류	설 명
Method 1	- 디폴트 방법. 국가평균 추정에 기초한 방법
Method 2	- 샘플링: 관행적 사업장 자체 측정 방법 - 분석: 호주 또는 이에 상응하는 표준 사용
Method 3	- Method 2와 동일 - 그러나 샘플링 및 분석 모두 호주 및 이에 상응하는 표준에 기초
Method 4	- 연속 또는 주기적인 배출량 모니터링을 통해 사업장의 자체 측정

출처: 이상협·고석진. 배출권거래제도의 사회·경제적 영향분석 연구. (환경정책평가연구원, 2012.2), 705면.

호주 NGER Measurement Technical Guidelines은 계산과 측정방식을 모두 허용하지만, 측정이 배출량 산정에 있어 잠재적으로 중요한 접근방법이며, 일반적이진 않으나 건강과 안전상의 이유로 석탄산업과 같은 사례에서 이미 활용되고 있다고 한다.[70] 그리고 한번 선택한 배출량 산정방법은 4년 이상 사용해야 하지만, 더 높은 수준의 산정방법으로 변경할 경우에는 상관없고, 계측기 고장 시, 최대 6개월까지 연평균 데이터값의 적용을 허용한다.[71] 참고로 호주제도의 특징은 낮은 수준의 Method 적용시 배출량 산정에서 불리하도록 규정하고 있다는 점이다. 즉, 높은 수준의 Tier 방법(연속 또는 주기적 측정방법을 규정한 Method 4)으로의 전환을 유도하고 있는 것이다.[72]

---

70) Technical Guidelines for the estimation of greenhouse Gas emissions by facilities in Australia 2009, 1.4 overview-methods for measurement.

71) *Id.*

72) 박천규, "온실가스 감축 인프라 구축방안", 앞의 글 29, 325면.

3) 시사점

온실가스 배출량의 산정방식과 주관부처를 결정함에 있어서는 배출량 산정의 정확도, 비용효과성, 해당업계 부담경감, 국제기준과 각국의 입법례 등을 종합적으로 고려해야 하는데, 현재는 과도기적으로 두 가지 방법이 모두 쓰이기는 하나, 종전의 계산방식으로부터 측정방식으로 이전되어 가고 있는 단계라는 것을 알 수 있다.

국제적으로도 온실가스 배출량을 보고할 때, "계산에 의한 방식"과 "실측에 의한 방식"이 모두 쓰이고 있으나, 정확성 측면에서 볼 때 실측에 의한 방식이 보다 바람직하다고 할 수 있다. 다만, 실측에 의한 방식은 추가적으로 비용이 소요된다는 점에서 기존 인프라가 구축되어 있는 지 여부 등을 함께 고려해야 한다.[73] 일부에서는 산정 또는 실측 방식의 선택문제는 온실가스 배출량 인벤토리 보고에 있어서 무의미한 논쟁이라고 하면서 그 이유로 IPCC, 독일 등 주요 선진국에서는 모두 두 방식을 혼용하여 사용하고 있고, 현재의 국제적 추세는 불확실성을 축소할 수 있도록 부문별(에너지, 산림, 폐기물)로 최선의 방법(good practice)을 적용하는 것을 원칙으로 하고 있기 때문이라고 하나,[74] 이는 향후의 배출량 산정방식의 추세가 현재의 혼용방식에서 실측방식으로 확고히 옮겨가고 있으니 더 이상 논란의 여지가 없다는 점을 우회적으로 표현한 것으로 이해되고, 온실가스 및 에너지 다배출업체의 이해관계, 어떤 부처가 MRV의 주관부처가 되느냐 등의 측면에서는 무의미한 논쟁이라고 할 수는 없다.

한편, 온실가스 배출량 보고제도가 최초로 도입되는 점을 감안할 때 초기에는 계산에 의한 산정방법과 측정에 의한 산정방법 중 사업장이 전략적으로 선택할 수 있도록 하는 것도 타당성이 있다는 견해[75]가 있다. 이 견해는

---

73) 위의 글, 334-335면.
74) 손현·박찬호, 앞의 글 3, 11면.

실측법은 측정기기의 고장 및 시설의 경미한 사고로 인한 오류문제에 취약하고 신규로 설치할 경우 과중한 비용 부담이 우려되므로, 온실가스 배출량 산정은 계산법과 실측법 중 기업여건에 부합하는 방법으로 자율적으로 선택할 수 있게 하는 것이 적절할 것으로 보는 것 같다. 그러나 외국의 최근 입법례의 경우 측정장치 및 기술발전 등에 따라 측정방식의 중요성을 강조하나, 다만, 비용적인 측면을 감안해 계산과 측정의 일방적인 적용보다는 양자의 적절한 혼합을 통해 불확실성을 최소화하는 방향으로 나가고 있는 점 등을 고려할 때, 사업자가 마음대로 선택할 수 있도록 하는 것은 적절하지 않다고 여겨진다. 미국 MRR법의 경우에서도 볼 수 있듯이, 측정의 정확도가 높으므로 일정요건 충족 시 측정방식의 도입을 의무화할 것을 권고하고 있지만, 비용문제로 측정방식(CEMS)의 전면도입보다는 혼합형의 채택을 권고하고 있는 점에 비추어 볼 때, 자료의 정확성과 배출원의 완결성에 기초한 인벤토리의 확보를 위해 측정방식을 지향하면서 한시적으로 계산과 측정방식을 혼용하는 것이 보다 바람직할 것으로 생각된다. 참고로 녹색성장 기본법 시행령에서는 사업장별 온실가스 배출량 및 에너지 소비량 산정방법에 있어 계산방식 및 측정방식을 포함한다고 규정하였다.[76]

배출권거래제의 국제적 연계를 위해서는 UNFCCC 가이드라인, EU의 각 계획기간별 MRG, 미국의 MRR, 호주의 NGER 등을 고려해 거래제법 및 동법시행령 제5장에 의거 국제기준에 맞는 MRV법제도를 구축하여야 한다. 2012년 환경부가 온실가스 배출량이 많은 관리대상 458개 기업 가운데 143개 기업을 뽑아 조사한 결과, 이중 42곳에서 온실가스 배출 예상목표치를 허위로 신고하고,[77] 온실가스 배출신고와 관련해 정유업체가 115만 4,000

75) 박천규, "온실가스 감축 인프라 구축방안", 앞의 글 29, 335면.

76) 녹색성장기본법 시행령 제30조 제3항 제7호.

77) 목정민, "기업들 온실가스 배출예상치 부풀려 허위신고", 경향신문 (2012.5.31),
    <http://news.khan.co.kr/kh_news/khan_art_view.html?artid=201205310300055&cod
    e=940701> (2012.10.16.방문).

CO_2톤(26.4%)를 과다 신고했고, 발전업체(25.7%). 철강업체(14.0%)가 뒤를 이었다고 한다.[78] 환경단체에서는 이에 대해 2015년 탄소배출권거래제가 시작되면 더 많은 배출 할당량을 받기 위한 편법이라고 지적하였는 바,[79] 거래제 참여대상업체가 배출량을 허위로 보고하거나 생산량 증설계획 등을 과다반영 하지 않도록 철저한 검·인증 체제를 갖추는 것이 중요하다. 특히 중소기업에게는 정확하고 투명한 MRV체제 구축을 위해 컨설팅을 제공하고 행정적·재정적 지원을 강화할 필요가 있다. 한국은 아직 신뢰성 있는 온실가스 MRV 체계의 현실적인 시행과 경험을 축적해가는 과정을 남겨 놓고 있는데, 배출권거래제법의 성공적이고 효율적인 연계를 위해서는 국제기준에 맞는 온실가스 MRV 법체계의 기반구축이 더욱 중요해 지고 있다.

5. 소결

　배출권거래제를 국제적으로 효율적으로 연계하려면 각국의 MRV체제가 완전히 동일한 수준으로 구축되는 것까지를 요구하지는 않는다 할지라도, 서로 신뢰할 수 있는 MRV 법체제 구축은 연계의 기본적인 전제로 간주될 수 있다. 즉, MRV체제는 배출권거래제의 도입·시행 및 국제적 연계를 위해 사전적으로 구축해야 하는 제도적 기초요건이라 할 수 있다. 한국의 경우 2010년 MRV 법제도 구축 시 가장 논란이 된 쟁점은 온실가스 배출량 산정 시 계산방식 또는 측정방식중 어느 것을 채택할 것인 지였는데, 자료의 정확성, 불확실성의 축소, 배출원의 완결성에 기초한 인벤토리의 확보등을 위해 측정방식을 지향하면서, 사업자들의 비용부담을 감안해 한시적으로 양자

---

78) 위의 글.
79) 김경태, "배출권거래제, 껍데기만 남았다", 환경일보 (2012.8.17), <http://www. hkbs. co.kr/hkbs/news.php?mid=1&r=view&uid=237992>(2012.10.16.방문).

를 혼용하는 것이 바람직하다.

제3절 연계를 위한 일반요건

1. 연계를 위한 일치요건의 조화

교토체제하에서는 사실상 EU-ETS 중심으로만 배출권거래제가 운영된 데 반해, 포스트 교토체제 하에서는 각국 거래제간의 연계가 본격적으로 이뤄질 것으로 예상되므로, 연계를 위한 일치요건, 특히 총량배출권거래제의 채택, 엄격한 절대적 목표의 채택, 상쇄의 허용범위와 질의 조화, 위반시 제재 등의 필수요건을 일치시키는 것이 무엇보다 중요하며, 비용완화수단, 배출권의 사후조정 장치 등 연계를 위해 반드시 일치가 요구되지는 않으나 원활한 시장기능 작동을 위해 필요한 요건들의 조화도 바람직하다 할 것이다.

1) 필수요건의 일치

(1) 총량배출권거래제의 실시

가. 필요성 및 주요국의 법제도

EU는 2009년 개정지침에서 연계를 위한 협정(agreement) 뿐만 아니라 비구속적 연계 협력(arrangements)을 위해서도 연계상대방이 절대목표를 가진 강제적인 배출권거래제이어야 한다는 요건을 요구하고 있고,[1] 미국의

---

1) Directive 2009/29/EC. §27 1a, 1b, (40), (42).

W-M법안도 배출권거래제의 국제연계와 관련하여 EU-ETS 지침의 연계규
정과 같이 강제적 절대 톤 제한을 가질 것을 법적으로 요구하고 있다.2) 여
기서 EU 지침과 미국 W-M법안에서 규정하고 있는 강제적인(mandatory) 배
출권거래제는 자발적인(voluntary) 배출권거래제에 반대되는 것이며, 총량제
한(cap)을 함께 언급하고 있어 기준인정제도가 아니라 총량배출권거래제(cap
& trade)를 의미하는 것이 분명하다. 따라서 배출권거래제를 도입함에 있어
초기단계에는 비구속적이고 자발적 거래형태로 기준인정방식을 실시하더
라도, 국가단위의 배출권거래제를 도입하는 경우에는 온실가스 감축목표의
확실한 달성 등의 장점뿐 만이 아니라, 특히 각국 거래제와의 연계를 위해
서는 기준인정방식이 아닌 총량배출권거래제를 채택하는 것이 필요하다.
총량배출권거래제는 오염물질을 상당히 빠르고 비용효과적으로 감축하는
것으로 이미 입증되었다.3) 미국 아황산가스 시장에서 1990년부터 2007년
까지 당초 계획보다 3년 빨리 43%까지 감축했고 예상비용의 1/4밖에 들지
않았다.4)

앞서 [표 5]에서도 살펴보았듯이, 총량배출권거래제는 선진 35개 이상의
국가들이 이미 실시중이거나 도입 중에 있다.5) 우선 EU는 2005년부터 총량
배출권거래제를 실시하고 있는데 2013년부터는 계획기간Ⅲ에 돌입하였다.
EU는 각 국가별로 국가할당계획(National Allocation Plans, NAPs)을 수립할
책임이 있으나, 이 과정은 매우 힘들고 다툼이 많은 과정이라 포스트 2012
에서는 NAPs 시스템은 "단일의 EU 전체상한 (one EU-wide cap)"으로 대체
된다.6)

2) H.R. 2454. §728.
3) Mark Lazarowicz, *Global Carbon Trading: A Framework for Reducing Emissions* (London: DECC/OCC, 2009), Executive Summary viii.
4) *Id.*
5) *Id.*
6) Sterk et al., *Prospects of linking EU and US Emission Trading Scheme*, Climate Strategies (April 2009), at 12.

미국의 경우 2006년과 2007년 사이에 의회에 제출된 연방법률안[7]의 경우 탄소세를 제시하고 있는 Stark법안과 Larson법안을 제외하면 모두 총량배출권거래제(cap & trade system)를 선호하고 있으며,[8] 2009년에 연방하원과 연방상원에 각각 제안된 W-M법안과 Kerry-Lieberman법안 등도 총량배출권거래제를 내용으로 담고 있다.

호주는 배출권거래제도 개시연도 이후 배출주체에게 매년 총량제한이 설정되어 점차 축소되는 구조를 가지고 있는데, 참여자들에게 확실성(certainty)을 부여하기 위해 적어도 5년분이 미리 설정되고, 이에 더해 10년분의 일정한 범위를 가진 관문(gateway)이 신호로서 공표되고 매 5년마다 갱신될 예정인데 이를 총량관문방식(cap and gateway)이라 한다.[9] 총량배출권거래제는 정부가 배출권 상한설정과 거래에 있어서 일정한 기간 동안 고정된 방식으로 운용되어 탄력적인 결정을 하기 어렵게 되는데, 이러한 설정은 국제적인 협상과 환경에 의하여 결정되기 때문에 예측이 어려워, 호주는 일정한 기간 동안 일정범위의 관문(gateway)를 설정해 이 범위 내에서 배출상한을 결정하는 방법을 도입하였는데, 기본적으로는 이 방식도 총량배출권거래제에 속한다고 볼 수 있다.

뉴질랜드 배출권거래제는 '기후변화대응법(Climate Change Response Act)' 상 어떤 명시적인 총량제한(cap)은 없고, 오히려 동 거래제는 국제적인 교토 프로토콜 시장에 충분히 연계되어 의존하고 있다. 뉴질랜드 환경부에 의하면, 교토의정서 첫 이행기간(2008-2012)시 부여받은 것보다 더 많은 배출권을 발행하지는 않을 것이기 때문에 그 상한(cap)내에서 움직인다고 한다.[10]

---

7) Bingaman-Spector, Udall-Petri, Lieberman-McCain, Kerry-Snowe, Waxman, Sanders-Boxer, Feinstein-Carper, Alexander-Lieberman, Stark, Larson 법안 등을 말한다.

8) 이재협, "기후변화입법의 성공적 요소", 기후변화와 법의 지배 (조홍식 외 편, 2010. 9.5), 73, 85, 88면 참조.

9) Chrisina Hood, *Reviewing Existing and Proposed Emissiond Trading Systems*, IEA (Nov. 2010), at 27.; CEB 2011, Sec. 16.

뉴질랜드 기업들은 국제적으로 또는 산림기업들로부터 아무런 제한 없이 배출권을 구입해 자신들의 배출량을 충당할 수 있는 한 원하는 만큼 얼마든지 배출할 수 있다.[11] 따라서 뉴질랜드 배출권거래제가 호주·EU와 연계되는 경우 상대방 거래제에 파급이 되어 연계에 지장을 초래할 수 있다.

일본의 경우 산업계의 강한 반발로 인해 총량배출권거래제를 2014년 4월 이후에 도입하는 것으로 연기하였으나,[12] 그간 수년간의 충분한 시범사업과 제도설계를 통해 제반준비는 마쳤다고 볼 수 있으며, 중국의 경우 2015년 이후 전국단위로 실시하려는 거래제의 형태가 어떤 것인 지 명확하게 나타나지 않았는데, 머지않아 총량배출권거래제를 도입할 준비를 하고 있는 것으로 여겨진다.

나. 한국에서의 쟁점 및 시사점

한국정부는 2010년 1월 13일 녹색성장기본법[13]을 제정해 배출권거래제의 도입근거를 마련한 뒤[14], 2단계로, 이에 근거해 배출권거래제에 관한 실질적인 모법인 "온실가스 배출권의 할당 및 거래에 관한 법률"(거래제법)을 2012년 5월 14일 국회에서 반대 없이 거의 만장일치(찬성 148, 기권 3)로 제정하였고,[15] 2012년 11월 15일 거래제법 제정에 따른 후속조치로 동법시행령을 제정·시행하였다. 미국·일본 등에서 총량배출권거래제의 도입이 산업계의 강한 반대에 부딪쳐 좌초되었는데 반해, 부속서Ⅰ국가가 아니고 선

---

10) Wikipedia, *New Zealand Emissions Trading Scheme*, <http://en.wikipedia.org/wiki/Emissions_trading> (2012.10.16.방문).

11) Hood, *supra* note 9, at 23.

12) "일본 배출권거래제 계획연기", 닥터카본 (2011.1.3).

13) 녹색성장기본법의 입법취지에 대해서는, 이창수, "저탄소 녹색성장 기본법의 입법취지 및 의미", 월간 법제 (2009.11), 2-6면을 참조하라.

14) 녹색성장기본법 제43조.

15) 이 법은 2012년 11월 15일부터 시행되나, 배출권거래제의 1차 계획은 2015년 1월 1일부터 시작하는 것으로 되어 있다. 거래제법 부칙 제1조, 제2조제1항 참조.

진국이 아니면서 제조업 중심의 산업구조를 가진 국가로서는 세계에서 최
초로 이를 도입했기 때문에 한국의 총량배출권거래제의 도입과정을 자세히
살펴보는 것은 의미가 있을 것으로 여겨진다. 한국의 경우에도 다른 나라에
서와 마찬가지로 총량배출권거래제 도입을 위한 입법과정에서 에너지 다소
비, 온실가스 다배출업체에 속하는 산업계는 강력한 반대운동을 전개하였는
데, 이들의 핵심요구 및 쟁점은 첫째, 총량배출권거래제를 도입하지 말 것,
둘째, 설령, 총량배출권거래제를 불가피하게 도입하더라도 그 시행시기를
최대한 연기해 달라는 것이었다.

　산업계는 Annex I 국가가 아닌 국가에서 총량배출권제도를 도입할 경우
포스트 교토 기후변화협상에서 총량제한에 의한 강제적 의무를 수용하겠다
는 신호를 국제사회에 주는 것으로 오인될 수 있다는 점을 우려하고,[16]
2011년 12월 11일 종료된 제17차 유엔 기후변화협약 당사국 총회(더반총회)
에서 러시아·일본·캐나다 등 선진국들이 2013년 이후 온실가스 감축의무를
지지 않기로 선언했다며, 우리나라만 배출권거래제를 서둘러 도입하는 것은
국제흐름에 맞지 않는다고 주장하였다.[17] 중국·인도·일본·미국 등 경쟁국
이 아직 총량배출권거래제를 실시하고 있지 않은 상황에서 우리나라만 이
제도를 실시할 경우 상대적으로 막대한 국제경쟁력의 약화를 초래할 수 있
다고 한다. 특히, 우리나라의 산업구도는 GDP 대비 제조업 비중이 27.8%로
서 영국(17.9%), 미국(15.6%), 프랑스(14.8%)보다 높으며,[18] GDP대비 무역
의존도는 2009년 현재 82.8%로서, 중국 43.3%, 일본 20.8%, 미국 18.7%보

---

16) 이종영, "총량제한 탄소배출권거래제도입을 위한 입법적 과제", 국회입법조사처 연
　구용역보고서 (2009.11.30), 92면.
17) "산업계, '배출권거래제 도입유보' 국회건의", 연합뉴스 (2011.12.27), <http://www.
　yonhapnews.co.kr/economy/2011/12/27/0302000000AKR20111227059800003.HTML>
　(2012.10.15.방문).
18) "국가별 GDP대비 제조업비중", 매일경제(2008.11.11), <http://blog.daum.net/ ferriman/
　8501778> (2012.10.15.방문) 참조.

다 높은 상황에서 총량배출권거래제를 실시하면 추가비용발생 등으로 대외
경쟁력 저하가 우려된다고 하였다.[19] 온실가스 배출총량에서 1, 2순위에 있
는 미국(21.4%), 중국(18.6%) 등 12위권에 있는 국가 중 총량제한에 의한 배
출권거래제를 도입한 국가는 유럽연합의 회원국가인 영국·독일·이탈리아
밖에 없고[20] 일본은 총량제한 배출권거래제도를 도입하는 경우에 제지·철
강·섬유·시멘트 등 주요산업의 경상이익이 25-39% 감소할 것으로 분석됨
에 따라 자국의 산업경쟁력을 보호하기 위하여 자발적 방식의 배출권거래
제를 운영하고 있으므로, 일본처럼 자발적 형태의 배출권거래제를 실시하면
서 국제협상 추이를 보며 대응하는 것이 바람직하다고 하였다.[21] 아울러 약
12,000여개의 사업장이 참여하는 EU-ETS와 달리 한국은 약 450여개의 사
업장이 대상이라서 거래시장 형성자체가 불투명해 투기세력의 개입할 여지
가 크고, 온실가스·에너지 목표관리제로도 온실가스 감축은 충분히 가능하
기 때문에 2015년까지 3년간 목표관리제를 시행해보고, 2020년 국가 감축
목표달성이 어렵다고 판단되는 경우 배출권거래제 등의 추가적인 감축정책
을 고려하는 것이 합리적이라고 주장하였다.[22]

그러나 총량배출권거래제에 찬성하는 견해는, 온실가스 배출의 제한과 이
를 위한 총량제한제도는 이제 국제적인 경향이고 앞으로 지속적으로 확장
될 수 밖에 없고,[23] 세계탄소시장은 지속적으로 성장하고 있고 총량배출권
거래제는 그 중심에 있으니 가능한 조속히 이를 도입해야 하며, 기술개발촉
진, 새로운 고용창출로 이어질 수 있도록 하는 것 또한 중요하다고 하였다.
그리고 총량제한 배출권거래제도의 도입으로 산업계에서 우려하는 경쟁력

---

19) 국회 기후변화대응·녹색성장특위, "온실가스 배출권의 할당 및 거래에 관한 법률
　　안 검토보고서" (2011.11), 12면, 각주12 참조.
20) 위의 글, 3면.
21) 위의 글.
22) "산업계, '배출권 거래제 도입유보' 국회건의", 앞의 글 17 참조.
23) 이종영, 앞의 글 16, 90면.

에 대한 배려는 배출권거래제도의 설계과정에서 고려함으로써 도입에 따른
문제점을 극복할 수 있고,[24] 특히, 배출량의 할당범위, 무상할당비율의 조정
을 통하여 주요 산업체의 경쟁력을 유지할 수 있다고 하였다.[25] 한편, 일부
시민단체들은 배출권거래제 도입을 반대했는데, 배출권거래제는 '오염자 부
담원칙'이 아닌 '오염자 수익원칙'이 적용되고, '기후정의'에도 부합하지 않
으므로, 탄소세 도입을 통해 오염자 부담원칙에 근거한 감축규제를 강화할
필요성을 역설하였다.[26]

　위와 같은 상반되는 주장에 대해, 한국정부는 다음과 같은 입장을 견지하
였다. 먼저, 국제동향상 제17차 기후변화당사국 총회에서 2012년에 만료되
는 현 교토제제를 한시적으로 연장(2017년 또는 2020년까지)하고, 2020년부
터는 중국·인도 등 모든 당사국이 참여하는 새로운 의무감축체제를 구축하
기로 합의했으므로 우리나라의 선제적 대응필요성이 증가했고,[27] 호주가
2010년 야당의 반대로 배출권거래제 도입을 연기하였으나 2011년 녹색당과
의 연정을 통해 하원(2010년 5월)과 상원 (2011년 8월)에서 관련법을 통과시
켰던 사례를 볼 때, 미국·일본 역시 정치상황이 변경되면 단기간에 전국단
위 배출권거래제 도입이 가능할 수 있다고 하였다.[28] 아울러 온실가스·에너
지 목표관리제는 목표만 있지 거래(trade) 기능이 없어 오히려 산업계에 도
움이 되지 않고, 배출권거래제가 목표관리제에서 보다 감축비용을 44%에서
68%까지 줄일 수 있어[29] 목표관리제를 배출권거래제로 조속히 전환하는

---

24) 위의 글, 91면.
25) 위의 글.
26) 박천규·정도현·김병훈·이영주·박형건, 탄소, 사고팔 준비가 되었나요? (도요새,
　　2012.11.15), 203-204면 참조.
27) 녹색성장위원회, "온실가스 배출권의 할당 및 거래에 관한 법률"관련 주요 질의·답
　　변자료 (2012.5), 3면.
28) 위의 글, 2면.
29) 국회 기후변화대응·녹색성장특위, "온실가스 배출권의 할당 및 거래에 관한 법률
　　안 검토보고서" 앞의 글 19, 11면 참조.

것이 오히려 기업들에게 도움이 된다고 하였다.

산업계는 처음에는 배출권거래제법안 부칙 제1조의 시행일을 특정시점으로 못 박지 말고, 기후변화 국제협상 및 온실가스 목표관리제 등의 시행결과를 보아가며 대통령령으로 정하자는 입장이었는데, 정부는 시행일을 막연히 대통령령에 전부 위임하는 것은 입법론적으로 부당하며 정책적으로도 바람직하지 않아 수용할 수 없다며 강경한 태도를 견지하자, 산업계는 시행일을 특정하되, 기후변화 국제협상이 타결되지 않는 등 일정한 사유가 있는 경우에는 대통령령으로 그 시행시기를 무기한 연기할 수 있는 방향으로 입장을 선회하였다. 이에 따라 2011년 11월 1일 최경환 의원외 10인이 "온실가스 감축실적 인증 및 배출권 거래에 관한 법률안"을 발의하였는데, 2015년 1월 1일부터 배출권거래제를 시행하도록 하되, 포스트 교토 기후변화 국제협상이 타결되지 않거나, 온실가스 배출량 산정·보고·검증체계가 구축되지 아니한 경우, 배출권거래제·도입에 따른 국내경제 영향분석이 시행되지 아니한 경우, 기업준비여건과 할당방식 개선 등 기업의 국제경쟁력 확보 등 경제상 문제가 있는 경우로서 대통령령으로 정하는 경우에는 시행시기를 연기할 수 있도록 하였다.[30] 그러나 동 부칙규정은 지나친 포괄적 위임입법으로 의회유보원칙 및 비례의 원칙에 위반되는 위헌의 가능성이 크다는 지적[31]에 따라 원안은 수용하지 않되, 산업계의 의견을 일정부분 수용해 당초 2013년부터 배출권거래제의 1차 계획기간을 시작하려던 계획을 바꿔 2015년으로 연기하였다. 배출권거래시장 참여자 규모가 작아 시장형성 자체가 어려울 것이라는 산업계의 지적에 대하여는, 한국정부는 단순한 시장참여자의 규모만으로 시장활성화 여부를 예단할 수 없으며, 타 지역 배출권거래제 참여규모에 비하여 작은 규모가 아니고, EU-ETS는 27개국에 적용되는 제도

---

30) "온실가스 감축실적 인증 및 배출권거래에 관한 법률안", 부칙 제1조 참조.
31) 같은 취지, 황의관, "온실가스 배출권거래제에 관한 법적 연구", 성균관대 법학대학원 박사논문 (2012.1.17), 220면.

이므로 우리나라와 직접비교는 곤란하다는 입장이었고(뉴질랜드 96개 업체, 도쿄도 1,400여개 사업장, 미국 RGGI 200여개 업체),[32) 2012년부터 2014년까지 3년 정도 목표관리제를 실시해서 충분한 준비와 경험축적을 하고 온실가스 측정·보고·검증체제를 구축하되, 2015년 시행이라는 명확한 일정을 제시해 법률에 근거한 준비와 실전형 시범사업을 할 수 있도록 하면서 경험을 축적하고, 산업계에 확실한 신호를 제공해 예측가능성을 높이면서 기술개발투자를 유도할 수 있도록 하는 것이 적절하므로, 시행시기를 더 이상은 늦출 수 없다는 입장을 견지하였고 이것이 최종법률안에 반영되었다.[33)

포스트 교토 기후변화 협상 체제출범이 불투명하고, 미국·중국·일본·인도 등의 경쟁국들이 도입을 주저하고 있는 가운데 부속서I의 의무감축국가가 아닌 한국이 2015년 1월 1일부터 총량배출권거래제를 도입·실시키로 한 데 대해, 이것이 산업부문의 국제경쟁력을 고려하지 않은 성급한 결정인지, 아니면 선진국의 기후보호무역주의에 적극 대응하고 에너지 다소비, 온실가스 다배출구조인 경제체질을 저탄소 녹색성장형으로 개선하는 한편, 포스트 교토체제하에서도 팽창하리라고 예상되는 국제 탄소시장을 선점하기 위한 선제적 대응인 지, 국제사회에서는 한국의 행보에 대해 비상한 관심을 가지고 지켜보고 있다.

각국 배출권거래제의 국제적 연계측면에서 볼 때, 강제적 배출권거래제와 자발적 거래제의 연계는 온실가스 감축목표의 상대적 엄격성에 대한 우려 때문에 필연적으로 정치적으로 실현가능성이 없다고 한다.[34) 어떠한 강제적인 제재장치를 가지고 있지 않는 회사 내부거래시스템과 같은 순수한 자발

---

32) 국회 기후변화대응·녹색성장특위, 온실가스 배출권의 할당 및 거래에 관한 법률안 검토보고서, 앞의 글 19, 14면, 각주 35.

33) 거래제법 부칙 제2조 제1항.

34) Mace et al., *Analysis of the legal and organizational issues arizing in linking the EU Emissions Trading Scheme to other existing and emerging emission trading schemes*, FIELD·IEEP·WRI (May 2008), at 60.

적 거래시스템은 강제적 시스템과의 통합성을 저해하지 않고 연계될 수 없기 때문이다.[35] 따라서 배출권거래제를 도입 안한다면 몰라도 그 도입을 전제할 경우, 배출권거래제의 도입취지와 제도의 근본목적, 특히 각국 배출권거래제와의 국제연계 등을 감안 시, 기준인정방식이나 자발적 거래방식보다는 총량배출권거래제의 도입이 필요할 것으로 여겨진다. EU는 이미 오래전인 2005년부터 총량배출권거래제를 실시하고 있고, 2015년부터는 각국 거래제와의 연계 움직임이 본격화될 것으로 예상되므로, 비록 유로존 위기, 세계경제 침체 등으로 배출권거래시장이 매우 위축되어 각국이 진출을 꺼리는 때가 오히려 선점의 기회일 수 있고, 거래제 참여주체들에게 충분한 예측가능성을 주어 새로운 법제도에 대응할 수 있도록 3년 정도의 준비기간을 주되, 총량배출권거래제를 도입하고 시행시기를 명확히 한 것은 정책적·입법론적으로 바람직하다고 여겨진다.

(2) 상대적으로 엄격한 절대적 감축목표의 설정

가. 절대적 감축목표의 설정

교토체제하의 국가들은 온실가스의 절대적 감축을 약속했으나, 교토의정서는 당해 국가가 어떤 방식으로 온실가스를 감축해야 하는 지에 대해서는 명시하지 않아서 감축목표방식에 대한 선택권이 주어졌다.[36] 온실가스 감축목표는 두 가지 형태를 생각할 수 있는데, EU-ETS와 같은 절대적 감축목표(absolute caps)는 특정기간 동안 총배출량을 제한하는 것이고,[37] 상대적 감축목표(relative targets)는 GDP, 에너지소비량 또는 투입단위량에 대비한 단

---

35) *Id.*

36) Richard Baron, Stephen Bygrave, *Towards International Emissions Trading: Design Implications for Linkages*, OECD (2002), at 24.

37) Ralf Schüle, Wolfgang Sterk, *Options and Implications of Linking the EU ETS with other Emissions trading Schemes*, IP/A/CLIM/NT/2007-18, at 12.

위 산출량으로 나타나는 배출량이다.[38] 절대적 감축목표는 감축목표량이 절대적 수치로 설정되어 목표량과 그 달성여부를 객관적이고 쉽게 판단할 수 있어 EU 등 대부분의 선진국 및 총량배출권거래제하에서 일반적으로 채택하고 있다. 반면에 상대적 감축목표는 높은 경제성장을 추구하는 중국·인도 등 개도국과 산업계에서 선호하는 방식이다. 왜냐하면 목표대비 많은 할당을 인정받을 수 있는 탄력성, 자발적 협약과 같은 현존하는 다른 정책수단들과 더 쉽게 결합될 수 있다는 점, 단위 투입량 또는 산출량과 대비해 배출량이 목표이하로 되는 한 어떤 추가비용이 들지 않으며, 비용도 상대적 감축목표 하에서 더 명확하게 통제 가능하다는 점 등의 이유 때문이다.[39] 그러나 상대적 감축목표는 온실가스 배출량을 오히려 증가시키는 유인(incentive)이 있고,[40] 배출권 총량에 불확실성이 생기므로 온실가스 감축이라는 근본목표를 달성하는데 저해요인이 될 수 있으며[41] 적절한 측정단위를 결정하고 모니터하는데 행정비용을 증가 시킬 수 있고, 감축목표 달성에 있어 불확실성을 주며, 절대적 감축목표를 부여받은 기업이나 국가에 대한 형평성 문제를 야기할 수 있다.[42] 또한 상대적 감축목표가 온실가스 감축노력을 유도하는 기능을 수행할 지라도, 실제적인 배출권거래는 반드시 절대적인 단위로 나타내어져야 하는데, 미래의 어느 시점에서의 생산량 수준에 근거하고 있는 집약도 목표는 이러한 요구를 만족시키기 어려우므로 "거래 가능한 상품(a tradable commodity)"으로 전환되어야 하기 때문이다.[43]

　비록 집약도 목표가 상한(cap)은 부과되지 않는다고 할 지 라도 절대적 목표치로의 환산, 실제 생산량 수준이 알려졌을 때의 사후조정, 양 거래간의

---

38) *Id.* 참고로 집약도 목표(intensity target)는 상대적 감축목표에 해당한다.

39) Baron, Bygrave, *supra* note 36, at 24.

40) *Id.* at 26.

41) 서정민 외, 포스트 교토체제하에서 한국의 대응전략, 경제·인문사회연구회 녹색성장 종합연구 총서 10-02-17 연구보고서 10-03, 대외경제정책연구원, 134면.

42) 위의 글.

43) Mace et al., *supra* not 34, at 56.

세금부과 등의 방식을 통해 절대적인 감축목표를 가지고 있는 배출권거래
제와의 연계는 가능하다. 그러나 이러한 방식들은 시스템을 더욱 복잡하게
만들고 거래비용을 증가시킬 수 있다.[44] 따라서 절대적 감축목표와 상대적
감축목표를 가진 배출권거래제간의 연계는 높은 불확실성과 기술적인 문제
점 등으로 인해 정치적으로 성사되기 매우 어렵다.[45] 집약도 목표를 절대목
표로 환산하는 방법, 거래의 사후검증, 파생상품계약 등을 통한 사전거래 등
은 시장유동성과 안전한 가격신호가 요구되는 배출권거래시장 기능의 발전
을 심각하게 저해할 수 있다.[46] 또한 집약도 목표는 일종의 보조금(subsidy)
으로 간주되어 경쟁력 우려문제를 야기하게 된다. 만약 집약도 기반시스템
이 절대적 목표 하에서 운영되는 배출권의 순매입자(net buyer)가 된다면
추가 증산을 통해 환경적 효과성을 저해할 수 있다.[47] 참고로 2005년 영국
의 경우 배출권거래제에 절대적 목표와 집약도 목표를 함께 사용한 적이
있는데, 2006년 말에는 중단되었다. 당시 양자 간 거래는 관문장치(gateway
mechanism)를 통해 공적기구에 의해 승인을 얻었을 경우에만 가능했다.[48]
배출권의 이전은 상대적 부문(relative sector)에 대한 배출권과 크레딧의 순
흐름(net flow)이 긍정적(positive)일 경우에만 승인되었다. 왜냐하면 관문장치
로 부터 얻어지는 이익은 단지 상대적 감축목표가 절대적 감축목표 보다 더
엄격한 경우에 한해 이루어졌기 때문이다.[49]

　　전문가들은 캐나다의 경우 2007년 4월에 채택한 집약도 방식을 사용한다
면, EU와 캐나다 배출권거래제와의 공식적 연계는 일어나기 힘들 것이라

---

44) Mehling et al., *Prospects for a Transatlantic Carbon Market*, Climate Strategies (April 2011), at 16.
45) Tuerk et al., *Linking Emissions Trading Schemes, Synthesis Report*, Climate Strategies (May 2009), at 27.
46) Mace et al., *supra* note 34, at 57.
47) Tuerk et al., *supra* note 45.; Mehling et al., *supra* note 44, at 15-16.
48) Mace et al., *supra* note 34, at 58.
49) *Id.*

예상하는데,[50] 캐나다도 장기적으로는 절대적 목표제로 움직일 것으로 보인다(Government of Canada, 2008).[51]

미국의 경우 집약도 목표가 논의되었으나, 오바마 행정부가 들어선 이후 미국 의회에 제출된 연방 배출권거래제법안은 집약도 목표를 언급하지 않고 있다. 뉴질랜드의 경우 2009년 완화된 기후변화대응법에 의거 생산량 기반의 집약도 목표를 도입했는데,[52] 이것은 뉴질랜드 국내의 배출량 감축추진을 저해할 뿐 만 아니라 타국의 온실가스 감축 추진의지를 약하게 한다는 비판을 받고 있다.[53] 앞에서 살펴보았듯이, 일본의 경우 총량배출권거래제의 설계방안으로 적용부문과 할당대상에 대한 4가지 옵션을 검토 중인데, 옵션1부터 옵션 3까지는 절대적 목표인데 반해 옵션4는 집약도 목표라서, 만일 옵션4를 채택할 경우 경제적 형평성, 환경적 통합성 등의 측면에서 절대적 목표를 채택하고 있는 EU-ETS 등과의 연계에 있어 장애물이 될 수 있다.[54] 그리고 중국의 경우 절대적 감축목표와 집약도 목표가 고려되고 있는 것으로 보고되고 있는데,[55] 배출권 상한을 절대적 목표로 해야 할 지 아니면 집약도 목표로 해야 할 지에 대해 합의는 없는 상황이다.[56] 그러나 현실적으로 경제성장을 더 추구해야 하고 탄소배출량은 계속 늘어가고 있어 많은 사람들은 배출총량을 감소시키는 것은 현실적으로 어려울 것으로 여기고 있다.[57] 또한 에너지소비에 근거한 국가적인 에너지 총량거래제를 포함

---

50) *Id.*

51) Tuerk et al., *supra* note 45, at 27에서 재인용.

52) David Bullock, *Emissions Trading in New Zealand: development challenges and design*, Environmental Politics Vol.21, No.4 (July 2012), at 667.

53) *Id.* at 668.

54) 같은 취지, Hitomi Kimura, Andreas Tuerk, Emerging Japanese Emissions Trading Schemes and Prospects for linking, Climate Strategies (Oct. 2008), at 13-14.

55) Hood, *supra* note 9, at 29.

56) Han et al., China's Carbon Emission Trading-An Overview of Current Development, Fores Study (2012.1), at 44.

57) *Id.*

시키기 위한 방안들이 제안되어 있다.[58] 비록 중국이 배출권거래시장을 개설할 경우 시장규모가 상당해 각국으로부터 많은 흥미를 끌 것으로 예상되나, 집약도 목표가 사용될 가능성이 높아 EU-ETS 등과 단기간의 연계는 쉽지는 않을 것으로 여겨진다.

나. 상대적으로 엄격한 감축목표의 설정

비록 연계되는 배출권거래제가 절대적 감축목표를 채택하고 있을 지라도, 당해 절대적 감축목표치가 연계상대방의 목표치와 서로 상응하는 (comparable) 수준인 지가 또한 매우 중요하다. 배출권거래제가 잘 작동하기 위해서는 상한(cap)은 배출량을 억제하기 충분할 정도로 높아야 배출권에 대한 수요가 생기게 되고 가격도 적정한 수준으로 형성될 수 있다. 만일 상한이 실제 배출량보다 높은 수준에서 설정될 경우, 초과할당이 발생해 배출권 가격이 낮게 유지되고 배출량 감축을 위한 유인이 생기지 않게 되기 때문이다.

연계는 국가들이 상호간의 감축노력을 인정할 때만 가능하다는 점에서 감축목표의 상대적 엄격성은 연계여부를 결정하는 중요한 요소로 이해될 수 있다.[59] 감축목표의 상대적 엄격성은 각 거래제내의 탄소가격과 관련성이 있어 매우 중요하고,[60] 둘 또는 그 이상의 거래제가 연계를 고려할 때 상응하는 목표수준을 가져야 한다는 것은 연계를 위한 정치적인 사전 요구조건이자 가장 중요한 이유 중의 하나이다.[61] 왜냐하면, 낮은 가격을 가진 거래제로 부터 발생한 배출권은 높은 가격을 가진 거래제로 계속 유입되어 가격이 일치가 될 때 비로소 멈출 것이고, 이것은 후자로부터 전자로의 자

---

58) *Id.*
59) 서정민 외, 앞의 글 41, 132면.
60) Mehling et al., *supra* note 44, at 15.
61) Tuerk et al., *supra* note 45, at 26.

본유입이 발생할 것이기 때문이다.[62] 비록 상당히 다른 감축목표를 가진 두 배출권거래시스템간의 연계가 기술적으로 가능함에도 불구하고, 연계가 될 경우 엄격한 목표를 가진 시스템으로 부터 보다 느슨한 감축목표를 가진 시스템으로의 상당한 부(wealth)의 이전을 야기할 것이므로 정치적으로 거의 연계가 불가능할 것이다.[63]

　교토체제하에서 또는 포스트 교토협상에서 각국이 국가감축목표에 합의하였다고 해서 이것이 곧 배출권거래제상의 감축목표 수준의 엄격성에 합의했다는 것을 의미하지는 않는다.[64] 왜냐하면 한 국가의 배출권거래제는 모든 영역에 배출의무를 부과하는 것이 아닐 수 있고, ETS내의 감축목표는 국가감축보다 덜 엄격한 것일 수 있기 때문이다. EU와 미국의 배출권거래제의 감축목표수준에 대해 살펴보면, 먼저 EU-ETS의 감축목표는 2020년까지 2005년 대비 21% 의무감축을 해야 하는데, 이것은 2013년 내지 2020년에 이르는 기간 동안 연평균 1.8 Gt의 상한이 부과 된다는 것을 의미한다.(Article 9).[65] 미국의 경우 W-M법안에서는 2020년까지 2005년 대비 17%, 2030년까지 42%, 2050년까지 83%의 감축목표를 제시하였다.[66] 그러나 미국의 감축목표는 표면적으로는 EU의 20% 감축수준과 같이 유사하게 엄격해 보이지만, 양시스템간의 상대적인 감축비용에 대한 평가와 배출권거래제에 해당하지 않는 다른 부문에서의 감축을 고려한 평가가 필요하다고 한다.[67] 한편, 호주의 국가감축목표는 장기목표(2050년)는 1990년 대비 60% 감축하고,[68] 중기목표(2020년)는 1990년 대비 5% 혹은 15% 감축(1인

62) Mehling et al., *supra* note 44.

63) Mace et al., *supra* note 34, at 60.

64) Tuerk et al., *supra* note 45, at 26.

65) Sterk et al., *supra* note 6, at 12-13. 참고로 EU의 국가감축목표는 2020년까지 1990년 대비 20%이다.

66) H.R. 2454, §703(a)(1-4).

67) 이에 대한 자세한 설명은, Sterk et al., *supra* note 6, at 15-16을 참조하라.

68) CEB 2011, Sec. 3(c).

당 27% 혹은 34% 감축)하는 것인데, 중기목표 범위에서 5%는 국제협약과 무관한 절대적 목표이며, 15%는 국제협약에 대비하여 설정한 목표이다.[69] 뉴질랜드는 2020년 까지 1990년 대비 10-20%를 감축하되, 개도국의 온실가스 감축협정 체결을 전제로 20% 감축할 계획이다.[70]

다. 한국에서의 쟁점 및 시사점

한국의 경우 배출권거래제법령 제정 시 온실가스 감축목표의 형태(절대목표/상대목표)에 논의가 집중되었고, 배출권거래제 감축목표의 수준에 대해서는 사실상 거의 논의가 되지 않았는데, 감축목표 수준이 법령에 규정되지 않고 할당계획에 위임되었기 때문이라 여겨진다.[71]

첫째, 온실가스 감축목표의 형태와 관련하여 살펴보면, 에너지 다소비업체들은 국가감축목표가 BAU방식이고, 국제시장에서 경쟁국이라 할 수 있는 중국·인도 등 개도국들이 원단위 방식을 취하고 있어, 기업의 기술개발, 생산성 및 에너지 효율과 연계할 수 있는 원단위 할당방식을 강력히 주장하였다.[72] 이 때 원단위 할당방식에는 생산량 기준의 원단위 및 생산금액 매출액 대비 원단위 방식의 기준도 포함되는 "포괄적 원단위" 목표설정 방식이 적용되어야 한다고 한다.[73] 산업계의 의견을 반영해 최경환의원이 발의한 "온실가스 감축실축 인증 및 배출권거래에 관한 법률안"에서는 주무관청이 감축목표를 설정할 때 부문·업종별 생산여건 및 특수성 등을 고려하여

---

69) 김은정, 녹색성장을 위한 탄소시장 연계가능성에 관한 연구-호주의 배출권거래제를 중심으로- (한국법제연구원, 2012.11.29), 23면. [이하 김은정, "녹색성장을 위한 탄소시장 연계가능성에 관한 연구"로 인용].

70) Phil O'Reilly, *How the Act works*, Business NZ, at 16.

71) 정부는 국가배출권할당계획을 매 계획기간 시작 6개월 전까지 수립하여야 하므로 (거래제법 제5조제1항), 2014년 6월 30일전까지 수립하면 된다.

72) 대한상의 등 24개 단체, "온실가스 배출권의 할당 및 거래에 관한 법률시행령 제정안에 대한 산업계 공동건의문" (2012.8), 13면 참조.

73) 위의 글.

탄소집약도(원단위방식) 등으로 할 수 있도록 하였다.[74] 한국의 경우, 특히 철강업계와 발전부문에서 집약도 목표인 원단위 방식의 적용을 강력 요청 하였는데, 먼저, 철강업체는 조강 톤당 CO_2 배출량으로 정의되는 CO_2 원단위 적용을 주장하였다.[75] 기업의 입장에서 갑작스런 시장여건 변화 등 경영계 획에 미 반영된 생산량 증강 시 발생할 수 있는 배출권 관리 리스크를 최소 화 할 수 있고,[76] 경기상황에 관계없이 배출권거래제를 안정적으로 운영하 는 데 보탬이 되며,[77] 생산기지 역외이전 등 임의적 생산물량 조정에 의해 의도하지 않은 판매 배출권이 발생하는 문제점을 방지할 수 있으므로,[78] 배 출권 확보를 위해 생산량을 줄이는 현상이 발생할 가능성이 높은 총량제한 방식은 신중한 검토가 필요하며,[79] 현재 우리나라 산업의 가장 큰 재정적 뒷받침은 중화학공업이며 철강회사에 탄소배출 감축에 따른 비용부담이 커 질수록 자재단가가 올라가는 등 소비자 비용부담만 늘어갈 것이므로 원단 위가 합리적이라고 한다.[80] 특히 중국·인도 등 개도국이 원단위 목표방식 채택을 표명하고 있어 우리나라도 기업의 기술개발 및 생산성과 연계할 수 있는 원단위 목표방식을 허용해야 한다고 주장하였다.[81] 그러나 철강·에너 지 등 다배출업종만 원단위 방식을 도입하게 되면 그만큼의 부담이 다른 업

---

74) 온실가스 감축실축 인증 및 배출권거래에 관한 법률안 제5조 제1항 후단.
75) 박현, "기후변화정책과 철강산업", 기후변화와 법의 지배 (조홍식 외 편, 2010. 9.5), 494면.
76) 위의 글.
77) 허재용, "배출권거래, '원단위 할당방식'으로", 지식경제부 주최, 자발적 배출권거 래 운영결과 분석 워크숍 (2009.12.10).
78) 박현, 앞의 글 75.
79) "배출권거래, 총량제 아닌 원단위 방식 필요", 전력/원자력 (2009.12.14), <http:// pdf.e2news.com/129/12906.PDF> (2012.10.15.방문).
80) "기업들 탄소배출 총량감축 관심없어", 환경일보 (2011.6.17), <http://www.hkbs. co.kr/ hkbs/news.php?mid=1&r=view&uid=207603> (2012.10.15.방문).
81) "온실가스 배출거래제도에 관한 법률제정안에 대한 산업계 의견" (2011.2), 11면 참조.

종에 전가돼 온실가스를 줄이는 데 있어 가장 최악의 방식이 될 것이고,[82] 무상할당이나 원단위 방식을 통해 다배출산업을 지원하게 되면 다른 산업 분야에 감축부담을 전가하게 되어 산업구조가 전환되기 쉽지 않고 청정산 업으로의 발전도 매우 더디게 되며,[83] 만약 원단위 방식을 사용하더라도 비 대상업종과 명확히 구분해 책임이 전가되는 것을 막아야 한다는 반론이 제 기되었다.[84]

그리고 발전업계는 배출권거래시장을 총량제한시장(비발전부문)과 원단 위시장(발전부문)으로 구분해 운영해 줄 것을 강력 요청하였다.[85] 이들에 의 하면 배출권거래시장과 전력시장(에너지 시장포함)의 적절한 조화가 필요하 고,[86] 배출권 할당은 전기사업법상 수요에 따른 전기의무공급으로 발전량 제한이 불가능하며,[87] 일반산업의 경우 온실가스 감축비용을 생산원가에 반 영해 처리가 가능하지만, 발전부문의 경우는 온실가스 감축비용을 발전원가 에 반영할 수 없는 구조라서,[88] 발전부문의 배출권 구매비용 처리가 곤란하 거나 배출허용량이 부족해 배출권 구매가격이 급등하면서 발전기의 운전제 한 등으로 전력수급 불안을 초래할 우려가 있기 때문이라고 한다.[89] 발전부

---

82) "배출권 무상할당이 시장왜곡시켜 다배출업소가 오히려 횡재이윤 부작용", 환경일 보 (2011.5.23), <https://www.hkbs.co.kr/hkbs/news.php?mid=1&r=view&uid=205544> (2012.10.15.방문).

83) 위의 글.

84) 위의 글.

85) "온실가스 배출권거래제 '업계 입장 반영' 건의 잇따라", 에너지경제신문 (2012.6. 13), <http://m.ekn.kr/articleView.html?idxno=77522&menu=2> (2012.10.15.방문).

86) "발전업계, '온실가스 배출권거래제' 제정관련 공동건의문 제출", 아주경제 (2012. 6.10), <http://www.ajunews.com/kor/view.jsp?newsId=20120610000144> (2012.10. 15.방문).

87) 위의 글.

88) "발전사, 업계현실 반영된 '온실가스 배출권제' 시행령 요구", 전기뉴스 (2012.6. 17), <http://www.elec-inews.co.kr/news/articleView.html?idxno=5286> (2012.10.15. 방문).

89) "발전업계, '온실가스 배출권거래제' 제정관련 공동건의문 제출", 앞의 글 86.

문의 경우, 전기법상의 전기의무 공급 때문에 안정적인 전기공급과 최종소
비자의 수요를 충족시키기 위해 발전량 제한이 불가능하고, 전력가격이 원
가에 연동되는 유럽과 달리 정부가 전력요금을 통제중이라 전력요금이 경
직적이며, 전기는 동일품질의 단일제품이므로 원단위의 적용이 용이하다는
점 등을 고려해 원단위 방식을 한시적으로 적용하는 방안도 검토될 수 있으
나, 전력요금도 원가연동제에 의거 시장가격이 반영되는 등 차츰 현실화되
어 가고 있고, 발전부문에서의 온실가스 감축이 매우 중요하다는 점, 절대적
목표설정에 의한 국제적 연계의 중요성 등을 고려할 때 발전부문만 예외로
하여 한시적이나마 원단위를 도입·운영하는 것은 적절치 않다고 본다. 참고
로 배출권거래제법 시행령에서는 발전부문에 대해 집약도 목표를 인정하지
않는 대신에 예외적인 경우에 한해 사후조정을 인정하였다.[90]

생각건대, 국가 온실가스 감축목표의 효과적인 달성을 위해서는 배출총량
을 사전에 설정하고 체계적으로 관리하는 총량제한방식의 절대적 목표가
바람직하다고 여겨진다. 원단위 방식이 경제성장과 연동되므로 철강 등 에
너지 다소비업체에 유리하기는 하나, 배출권 총량에 대한 불확실성을 높여
배출권거래제의 효과성을 저해하고, 각 업종별로 적용되는 연료 및 생산방
법이 다르기 때문에, 원단위 목표를 설정하는 것은 매우 복잡하며, 할당계획
수립 시에 생산계획을 반영해 배출량 변화에 따른 리스크를 줄일 수 있기
때문이다.[91] 한국의 경우 유럽과 달리 사후조정을 광범위하게 허용하며, 원
단위 목표는 일종의 보조금을 주는 것과 같은 혜택이고, 설사 원단위로 목
표를 설정하더라도 관문장치(gateway mechanism)를 통해 다시 절대목표로
환산해 승인하는 등 사후검증이 필요하며, 특히 각국 배출권거래제와의 연
계에 있어 불확실성·복잡성 및 기술적 문제를 드러나게 할 가능성이 크므

---

90) 거래제법 시행령 제21조 제5항.
91) 영국은 사업장의 증산 또는 감산 등 생산계획에 대한 유연성이 매우 낮은데 반해,
　　네덜란드는 할당 시 생산계획을 미리 반영하였다. 박현, 앞의 글 75, 493면 참조.

로, 에너지 다소비업체에 대해 원단위 목표를 설정해 주기 보다는, 산업경쟁
력·국제경쟁력 보호차원에서 별도의 배려를 해주는 것이 보다 바람직하지
않나 여겨진다.

둘째, 배출권거래제의 감축목표 수준과 관련하여 살펴보면, 한국의 국가
감축목표는 녹색성장기본법 시행령에 2020년까지 BAU대비 30% 감축하는
것으로 명시되어 있는데 반해,[92] 배출권거래제의 감축목표를 어느 정도로
할 것인지는 아직 확정되지 않았다. 그런데 배출권거래제의 감축목표는 국
가감축목표와의 연관선상에 있으므로, 국가감축목표 설정시 고려된 각 부문
들의 감축잠재량을 토대로 배출권거래제 참여대상부문과 비참여대상간에
적정한 할당과 책임배분이 이뤄져야 한다. 하지만 절대 감축량이 아니라 배
출전망치(BAU)에 기초해 국가 온실가스 감축목표를 설정하고 있는 한국의
경우, 경제성장률과 온실가스 배출량 전망치를 부풀려 실제 감축량은 줄이
는 이른바 '장부상 감축'을 가장 경계해야 한다는 지적도 있다.[93] 환경단체
들은 현 2020년 까지 BAU 대비 30% 감축이라는 국가목표는 세계 경제위
기와 에너지 수급여건을 고려하지 않았고, 1990년부터 2005년간 배출증가
율이 98%였지만, 2005년부터는 증가율이 1% 이내임에도 불구하고 2005년
부터 2020년간 연평균 온실가스 증가율을 2.1%로 산정하는 등 부풀려진
개연성이 있으므로, BAU 재산정과 연도별 감축목표를 절대량으로 확정해
온실가스 감축목표의 현실성을 강제해야 한다고 주장하였다.[94] 한편, EU
집행위원장인 Connie Hedegaad는 EU-ETS는 2020년을 넘어서까지 매년
1.74%씩 배출량을 축소하는 상한을 설정해 투자자들에게 장기투자 계획을

---

92) 녹색성장기본법 시행령 제25조제1항.

93) 박희정, "배출권거래제 '의견상충'-접점 찾을 수 있을까?", 미래환경 27호 (2011.
    12.1), 6면, <http://www.ecofuturenetwork.co.kr/news/articleView.html?idxno=6146>
    (2012.10.15.방문).

94) 환경정의 등 37개 시민사회단체, 배출권거래제 시행령 제정에 관한 시민사회단체
    (38개 단체) 의견서 (2012.9.13), 2-3면 참조.

유도하는 장기 가격신호를 보내는 바, 한국 거래제도 야심찬 정량목표를 가능한 한 빠른 시일 내에 국내법에 명시하기를 촉구하였다.[95] 검토컨대, 현 BAU 방식의 국가감축목표 자체가 근본적으로 문제라는 지적도 없지 않으나, 이는 국제사회에 이미 약속한 사항이므로 섣불리 이를 변경하기 보다는, 거래제에 있어서는 이를 절대량으로 환산한 뒤, 각 부문별·업종별·사업장 단위별 과거 배출량, 감축 잠재량 및 국제경쟁력 등을 고려해 엄격한 수준으로 절대목표로 설정하는 것이 필요하다. 그리고 국가감축목표를 녹색성장기본법 시행령에 명시했듯이, 배출권거래제의 감축목표도 할당계획 등으로 미루지 말고, 거래제법 시행령에 정량적 형태의 목표로 명시하는 것이 원활한 가격신호 작동, 거래 참여자의 불확실성 해소 및 효율적 연계 등을 위해 바람직하다고 본다.

(3) 상쇄의 허용범위의 조화와 상쇄의 질 관리

가. 상쇄의 의미 및 장단점

상쇄(offset)란 감축 프로그램에 의해 규제되지 않는 배출원으로 부터 나오는 온실가스의 측정가능한 감축·회피 또는 분리를 말하는데,[96] 배출권거래제 외부에서 발생되는 프로젝트 단위의 감축활동에서 발생된 크레딧을 배출권거래제내의 감축활동에 활용하는 것이다.[97] 만일 어떤 총량배출권거래제가 상쇄를 포함한다면, 피규제자는 법정의무를 충족하는데 도움이 되도록 상쇄를 구매할 수 있는 기회를 가지게 된다.[98] 상쇄의 가장 일반적인 사업

---

95) Connie Hedegaad, *Initial Commends on Korean ETS* (17 Oct. 2012).

96) Jonathan L. Ramseur, *The role of Offsets in a Greenhouse Gas Emissions Cap-and Trade Program: Potential Benefits and Concerns*, CRS Report for Congress (April 4, 2008), at 1.

97) 이상협·고석진, 배출권거래제의 사회·경제적 영향분석 연구 (환경정책평가연구원, 2012. 2), 454면.

98) 위의 글.

형태는 풍력·바이오매스·수력같은 신재생 에너지이며, 에너지 이용효율, 산업폐기물의 처리, 농업 부산물, 토지 메탄올의 파괴 및 산림 프로젝트 등으로 부터도 발생한다.99)

상쇄의 종류는 청정개발체제(CDM)와 공동이행(JI)으로부터 발생되는 배출권, 즉, CER(certified emission reduction)과 ERU(emission reduction units)와 같이 국제적으로 통용되는 국제상쇄(international offsets)와 국내적으로는 구속적인 감축의무가 없지만 자발적으로 온실가스를 감축하는 활동에 의한 국내상쇄(domestic offsets)로 나눠진다.

상쇄의 장점은, 1) 만일 상쇄 프로그램이 없다면 비규제분야에서 일어나지 않았을 온실가스 감축·회피 또는 분리가 이루어질 수 있도록 유인을 제공하고, 2) 감축기회를 넓혀서 피규제자가 제재비용을 줄일 수 있도록 하며, 3) 어떤 프로젝트에 대해 환경적인 비용편익을 제공하고, 4) 개발도상국의 지속가능발전을 지원하며, 5) 새로운 경제적 기회를 창출하고 사업자들로 하여금 상쇄를 발생시키는 새로운 방법을 개발하도록 독려할 수 있다.100) 6) 그리고 CDM과 같은 상쇄 프로그램은 개발도상국의 지속가능발달 목표를 달성하고 기술이전을 달성하는데 도움을 줄 수 있다.101) 반면, 상쇄는 1) 허용되는 국내상쇄의 비중이 커질수록 상대적으로 배출권시장에서 거래되는 탄소배출권 가격이 낮아지게 되며, 이에 따라 구속적 감축의무를 갖고 있는 배출원들은 자체적으로 온실가스를 저감하기 보다는 상대적으로 저렴한 탄소배출권을 구입하여 감축목표달성에 사용하려고 하고,102) 2) 기업이 기존의 관행을 개선하기보다는 상쇄의 매입을 통해 금전적으로 면제부를

---

99) Wikipedia, *Carbon offset*, <http://en.wikipedia.org/wiki/Caron_offset> (2012.10.16 방문).

100) Ramseur, *supra* note 96, at 24.

101) Mace et al., *supra* note 34, at 62.

102) 조용성, 탄소배출권 거래제 도입 및 운영에 관한 연구, 국무총리실 연구용역결과 보고서 (2008. 12), 121면.

사는 것이라는 비판도 있으며,[103] 3) 배출권거래제도의 참여대상을 단계적
으로 확대하는데 있어서 걸림돌로 작용할 수도 있다. 예를 들면 opt-in 프로
그램을 통해 신규 배출원들이 구속적인 할당시장에 참여하기보다는 비구속
적이고 자발적인 국내상쇄를 이용하고자 하는 유인이 강하게 생긴다.[104] 4)
상쇄프로그램이 진정한 온실가스 감축을 가져오는 지도 중요한 관심사이다.
왜냐하면 많은 상쇄는 측정하기가 어렵기 때문이다. 만일 비합법적인 상쇄
크레딧들이 배출권거래제안으로 유입되면, 그 프로그램은 온실가스를 감축
하는데 실패할 것이기 때문이다.[105]

나. 상쇄의 쟁점 및 주요국의 법제도

각국의 배출권거래제는 상쇄가 가지는 위와 같은 장단점을 고려해, 상쇄
를 허용하되 일정한 제한을 부과하는 것이 일반적이다. 총량배출권거래제하
에서의 상쇄크레딧 프로그램은 절대적이고 정량적인 온실가스 배출감축이
통상적 감축(business-as-usual reductions) 또는 불완전하거나 부정확한 정량
화에 의해 나타나는 유령감축(phantom reductions)에 의해 대체될 중요한 위
험에 놓여 질 수 있다.[106] 상쇄를 인정하게 되면 총량배출권거래제 밖에서
의 감축노력을 인정해야 한다는 점에서 집행상의 문제가 매우 심각하게 대
두된다. 더군다나 외국으로부터의 상쇄노력을 인정한다면 더욱 그러하
다.[107] 이런 점을 고려해 EU-ETS는 교토의정서 및 마라케쉬 합의서의 관련
조항에 따라 CDM 및 JI 등 프로젝트 기반 메카니즘은 국내적 조치에 대하
여 보충적이어야 한다고 규정하고 있다.[108] 비록 다른 상쇄규칙을 운영하는

---

103) 서정민 외, 앞의 글 41, 134면.
104) 조용성, 앞의 글 102.
105) Ramseur *supra* note 96, summary at 1.
106) Mace et al., *supra* note 34, at 62.
107) 이재협, "기후변화입법의 성공적 요소", 앞의 글 8, 90면.
108) Directive 2003/87/EC §30.

배출권거래 시스템간에도 기술적으로 연계가 가능하지만, 환경적 통합성과 다른 프로그램의 목표를 달성하는 것이 적합한 가라는 우려를 제기함으로써 정치적인 난점을 불러일으킬 수 있다.[109]

따라서 배출권거래제의 연계를 위해서는 첫째, 각국의 상쇄크레딧 규정이 서로 정확하게 일치될 필요는 없지만 연계의 장애물이 되지 않도록 연계가 되기 전에 연계당사국들이 받아들일 수 있는 수준으로 조화시키는 것이 필요하다.[110] 즉, 상쇄 크레딧을 결정하는 추가성 기준이나 방법론이 서로 너무 다르다 보면 상쇄크레딧의 전반적인 가격하락이 야기되고 각국 간의 형평성 문제도 발생하게 된다.[111]

둘째, 상쇄의 허용범위를 조화시키는 것이 필요하다. 만일 어떤 분야의 크레딧이 어느 한 국가의 배출권거래제에서만 인정되고, 다른 국가의 경우에는 불인정된다면, 그것은 전체적인 공급물량에 영향을 미치고, 연계되는 거래제 간에 크레딧의 가격에도 영향을 미치게 되어 거래제 연계에 중요한 어려움을 불러일으킬 수 있다.[112] EU-ETS에서는 원칙적으로 CDM과 JI만 인정하고,[113] 원자력발전과 토지사용·토지변화와 산림을 이용한 CDM인 LULUCF(land use, land-use change and forestry)에서 발생되는 상쇄분은 거래되지 못하도록 하고 있는데 반해,[114] 미국 배출권거래제법안의 경우 개발도상국의 REDD뿐만 아니라 국내 농업과 산림부문으로 부터의 국내 크레딧도 허용하고 있다.[115] 캘리포니아주의 경우 산림크레딧의 사용은 허용하나, CDM으로부터 나오는 상쇄는 인정하지 않아 연계에 중요한 장애가 될 것 같고,[116] 뉴질랜드 배출권거래제의 경우에 산림부문의 상쇄를 중요한 감축

---

109) Mace et al., *supra* note 34, at 62.
110) Lazarowicz, *supra* note 3, at 48 참조.
111) Mace et al., *supra* note 34, at 62-63 참조.
112) Tuerk et al., *supra* note 45, at 27.
113) Directive 2009/29/EC §11a.
114) 조용성, 앞의 글 102, 120면.
115) Tuerk et al., *supra* note 45, at 27.; Mehling et al., *supra* note 44, at 15.

수단으로 허용하고 있다.[117] 호주의 청정에너지법(CEB 2011)에 의하면, 고
정가격제하에서는 국내 프로그램인 Carbon Farming Initiative(CFI)에 의한
크레딧만이 허용되고, 유동가격제에서는 CFI 크레딧뿐 아니라, CER, ERU,
RMU도 허용된다.[118] 다만, 임시적인 CER, 장기 CER, 원자력, 트리플로오
메탄(trifluoromethane), 아디프산 공장에서 나오는 아산화질소, EU에서 채택
된 기준에 맞지 않는 대규모 수력프로젝트는 허용되지 않는다.[119] 뉴질랜드
는 lCERs(장기CER)·tCERs(임시CER)을 제외한 CER, RMU, ERU, 승인된
AAU 등 대부분의 국제 교토배출권의 "무제한적인 사용(unlimited use)"을
허용하는 것이 특징이다.[120] 그런데 2012년 도하합의에서 EU·호주·일본·
뉴질랜드 등은 교토의정서 1차 공약 중에 발생한 AAU 잉여배출권을 구매
하지 않겠다는 의사를 밝혀 AAU의 경우 상쇄로의 사용이 불허될 전망이다.

셋째, 상쇄의 허용한도를 조화시키는 것이 필요하다. 각국 배출권거래제
를 국제적으로 연계함에 있어서는 상쇄 허용한도량이 비슷한 규모가 되어
야 하고, 만일 그것이 다르다면 배출권의 수급과 가격에 영향을 미치게 될
것이므로, 이러한 역효과를 피하기 위해서는 별도의 거래제 설계 메카니즘
이 필요하다.[121] 앞서 보았듯이, EU의 경우 상쇄는 보충적 맥락에서만 인정
되는데,[122] 상쇄활동으로부터 발생되는 배출권을 이용할 수 있는 한도를 정
하고 있으며 그 비율은 국가마다 다르다.[123] EU-ETS 계획기간(2005 -2007)

---

116) Lars Zetterberg, *Linking the Emissions Trading Systems in EU and California*, Mistra
      Indigo (2012), at 17.
117) Climate Change Response (Moderate Emissions Trading) Amendment Act of 2009,
      §64, 222B.
118) Australia Government, *Linking and Australian liable entities* (2012), at 3, <http://www.
      cleanenergyfuture.gov.au/linking-and-australian-liable-entities> (2012.11.1.방문).
119) *Id*.
120) Hood, *supra* note 9, at 23.
121) Mace et al., *supra* note 34, at 65.
122) Directive 2003/87/EC §30.3.
123) 조용성, 앞의 글 102, 120면.; Directive 2003/87/EC §30.3 참조.

에는 CDM으로부터 유래하는 상쇄에는 제한이 없었고, 계획기간II(2008-2012)에서는 EU가 정한 범위 내에서 개별국가가 상쇄 허용범위를 설정할 수 있었는데 최소 10%에서 최대 50% 범위 내 이었으며,[124] 2008-2012년 기간 동안에 상쇄한도는 EU에서 승인된 할당량 상한의 평균 13.4% 수준이 었는데,[125] post-2012에는 합의된 EU 감축목표의 20%보다 높지 않는 것이 제안될 것이라 한다.[126] 계획기간III 부터는 국가 단위가 아닌 범 EU 차원의 할당방안이 도입되며, 이에 따라 상쇄 크레딧의 규모 및 설정방법 역시 통일되었는데, Directive 2009/29/EC에서 크레딧의 허용사용량 규모는 1) 기존사업장(부문)의 경우 2008-2020년 총감축량의 50%를 초과하지 않으며, 2) 신규진입자 및 항공부문의 경우 ETS에 포함되는 시점부터 2020년까지의 총 감축량의 50%을 초과하지 않도록 설정되었다.[127] 그리고 2013년부터는 CDM 크레딧의 경우 최빈개발국(Least Developed Countries)으로 부터의 것만 받아들여질 것이다.[128] EU-ETS 개정지침은 기후변화에 관한 국제협정이 일단 이뤄지면, 오직 그 협정에 비준한 제3국의 프로젝트 크레딧만이 2013년 1월부터 EU-ETS 내에서 받아들여 질 것이라고 규정하고 있다.[129]

　미국 RGGI에서는 매립지 메탄가스의 포집·저감, SF6 감축, 조림, 에너지 이용효율, 농업부문의 메탄가스 감축 등 5가지 활동으로 제한되고, 상쇄허용량도 배출권 가격수준에 따라 3.3%-10%까지만 인정하고 있다.[130] W-M 법안의 경우, 2020년까지 할당량의 약 30%까지로 상쇄한도를 정하고, 국내 및 국제 상쇄크레딧을 균등하게 나누고 있다.[131] W-M법안은 총20억톤을

124) Ramseur, *supra* note 96, at 34.
125) Mace et al., *supra* note 34, at 65.
126) *Id*.
127) Directive 2009/29/EC §11a(8).
128) IETA, *IETA Summary of the Australia-European Union Linkage Plan* (29 Aug. 2012), at 6.
129) Directive 2009/29//EC. §11a.7.
130) 조용성, 앞의 글 102, 121-122면 참조.

상한으로 국내/국외 각각 10억톤까지 상한을 두고 있으며, 국내 상쇄량이 9억톤 이하 일 때는 국제상쇄를 15억톤까지 조정가능하도록 하고 있다.[132] 총할당량에서 크레딧이 차지하는 비중은 2012-2030년에 30-35%이며, 2050년에는 63%까지 증가된다.[133] 크레딧과 배출권의 일반적으로 교환비율은 1:1을 적용하는데, 2019년부터 개시되는 국외 프로젝트의 크레딧에는 1.25:1의 교환비율이 적용되는데,[134] 이는 상쇄를 통해 감축의무를 이행할 경우 25%의 추가감축이 요구되는 것이다. Kerry-Boxer법안은 총 20억톤을 상한으로 국내 상쇄 15억톤, 국제상쇄 5억톤까지 상한을 두고 있다. 단, 국내상쇄가 부족할 경우에는 국제상쇄를 7.5억톤까지 조정 가능하다.[135] 호주 CPRS에서는 참가자들이 감축의무를 수행하기 위해 사용할 수 있는 크레딧에 양적 제한을 두지 않고 있었는데,[136] 청정에너지법(CEB 2011)에서는 고정가격제하에서는 Carbon Farming Initiative(CFI)를 통해 생긴 호주 크레딧(ACCUs)의 경우 총 의무불이행분의 5% 미만, 2015년 이후의 유동가격제하에서는 전체적인 의무이행을 위해 ACCUs는 100%까지 사용가능하고, EUAs와 CERs, ERUs은 최대 50%까지로 하되, 교토단위는 12.5%를 초과하지 못하도록 하였다.[137] 뉴질랜드는 CER·RMU·ERU 등 대부분의 국제 교토배출권의 사용을 허용한다.

그런데 W-M법안에서 제안된 바와 같이 국제상쇄에 대해 할인요소(0.8)[138]를 가지는 배출권거래제와 그런 할인을 하지 않는 거래제간의 연계는

---

131) Sterk et al., *supra* note 6, at 22.; H.R. 2454. §722 (d).
132) 이재협, "기후변화입법의 성공적 요소", 앞의 글 8, 103면.
133) 이상협·고석진, 앞의 글 97, 476면.
134) 위의 글, 476면.
135) 이재협, "기후변화입법의 성공적 요소", 앞의 글 8, 103면.
136) 이상협·고석진, 앞의 글 97, 476면.
137) IETA, *IETA Summary of the Australia-European Union Linkage Plan*, *supra* note 128, at 6.; Clean Energy Bill 2011 §133(7).
138) Sterk et al., *supra* note 6, at 22.

시스템간의 차익거래가 필요할 것이나, 그렇게 되면 연계의 장애물이 생기게 되는 것이다.[139] 만일 교환비율(exchange rate)이 연계된 거래제간의 프로젝트기반의 지역적으로 다른 상쇄문제를 해결하기 위해 도입된다면, 이는 복잡할 뿐만 아니라 통일된 배출권 가격형성을 방해하고, 통합에 의한 경제적 효율성을 저해할 것이다.[140] 따라서 어떤 형태의 상쇄량에 대한 최대한도(maximum quotas)의 설정에 대한 상호협정이 이 문제를 해결하기 위한 최선책이 될 것이다.[141]

넷째, 향후 탄소배출권거래제도가 국제적으로 연계되는 것을 감안하여 국내상쇄로 부터 발생되는 배출권의 질적 관리 및 국제기준에 맞는 국내상쇄 활동의 규정과 상쇄 배출권(offset credits) 발행이 필요하다.[142] 상쇄의 경우 총량규제의 적용을 받지 않는다는 점에서 특히 측정과 검증에 대한 과학적 합의가 중요한다.[143] 교토의정서 규칙에 따른 CDM의 이행과정에서 수많은 문제점이 발견되었음은 주지하는 사실이다. 상쇄크레딧의 MRV와 관련해서는 CDM/JI와 마찬가지로 추가성이 가장 기본적인 평가지표인데, 대부분의 VER(Verified Emission Reduction)은 CDM과 유사한 수준의 평가기준이 적용되고 있다.[144] 또한, 대부분의 기준들이 기술적 요건뿐 아니라 환경·사회·경제적으로도 긍정적인 효과를 도출하도록 요구하고 있다.[145] 개도국에서 자발적으로 추진되고 있는 상쇄크레딧에 대해서는 신뢰성에 대한 검증문제가 제기되고 있는 바, 상쇄의 배출권거래 연계는 양적인 허용범위도 중요하지만, 질적인 관리가 더욱 중요하다 할 것이다. W-M법안의 경우 토지사용,

---

139) Tuerk et al., *supra* note 45, at 27.
140) Edenhofer et al., *Towards a global Co₂ market*, Potsdam Institute for Climate Impact Research (May 2007), at 14-15.
141) *Id*.
142) 조용성, 앞의 글 102, 122면.
143) 이재협, "기후변화입법의 성공적 요소", 앞의 글 8, 90면.
144) 이상협·고석진, 앞의 글 97, 485면.
145) 위의 글.

산림프로젝트 및 산림벌채 감소 등에 대해 완화된 규정을 두지만, 국제배출 허가에 있어 자격확인(qualifying) 프로그램에 관한 규정을 두어 최소 유사한 모니터링, 준수, 집행, 상쇄이용에 대한 제한을 두어 엄격하게 상쇄의 질을 관리하고 있고,[146] 확인자 인증(verifier accreditation)[147] 및 감시(audits)[148] 등에 관한 규정을 두고 있다.

다. 한국에서의 쟁점 및 시사점

한국 거래제법에는 상쇄 허용범위에 대해, 1) 국내·외 부분에서 국제적 기준에 부합하는 MRV가 가능한 방식으로 실시한 온실가스 감축사업을 통하여 발생한 온실가스 감축량과, 2) 기후변화 국제협약 및 관련 의정서에 따른 온실가스 감축사업 등 대통령령으로 정하는 것으로 규정하였고,[149] 거래 제법 시행령에서는 CDM 및 이에 준하는 외부사업으로 주무관청이 고시하는 것이라고 함으로써,[150] 포괄적으로 고시에 위임하였다.[151] 교토의정서에 의한 의무감축국의 경우 국제적으로 인정되는 배출권의 상쇄만 허용하고 있는 데 반해, 교토의정서에 비준하지 않은 국가의 경우 상쇄 허용범위를 보다 폭넓게 인정하는 경향이 있다. 각국의 예로 볼 때, 산림부문의 탄소배 출권의 허용이 쟁점인데, EU는 불허하고 미국·호주·뉴질랜드는 긍정적인 바, 한국의 경우 거래제법안이 국회에서 제정여부를 둘러싸고 논란을 겪는

---

146) H.R. 2454. §728 (a)(2).; Michael Mehling, *Linking the EU Emissions Trading System to a Future US Emissions Trading Scheme*, European Parliament Policy Deparment Economic and Science Policy (Oct. 2009), at 11.

147) *Id*. §736(d).

148) *Id*. §738.

149) 거래제법 제30조 제1항.

150) 거래제법시행령 제38조 제3항, 제39조 제6항.

151) 다만, CER사용에 대해서는 CER을 자국의 실적으로 활용할 수 있는 부속서I 국가 가 아닌 우리나라의 사정을 감안하여 향후 국제협상이 필요하다고 한다. 박천규 외, 앞의 글 26, 232면.

동안 2012년 2월 삼림 및 토지이용부문의 REDD, LULUCF 등의 감축실적 크레딧의 거래를 허용하는 "탄소흡수원 유지 및 증진에 관한 법률(이하 '탄소흡수원법')"이 의원제안으로 제안되어 거래제에 관한 모법이 제정되기도 전에 탄소흡수원법이 특이하게 먼저 제정되어 2013년 2월부터 시행되었다.[152)]

한국의 거래제법에 의하면, 상쇄를 인정하되 국가감축목표와 배출권 가격에 미치는 영향 등을 고려하여 대통령령으로 상쇄의 인정한도와 유효기간을 정할 수 있는데,[153)] 산업계는 상쇄 허용범위와 상쇄한도 및 유효기간에 제한을 두지 말 것을 주장하였다.

산업계는 상쇄는 경제적 유인을 제공함으로써 배출권거래제 비대상부문의 온실가스 감축을 견인하는 중요한 역할을 함과 동시에 관리업체에게는 온실가스 감축비용을 경감시켜주며,[154)] 국내 주요업종은 세계 최고수준의 에너지 효율을 유지하고 있어 온실가스 감축여력이 상당히 낮은 상황이기 때문에 대규모 배출권 공급부족이 발생할 수 있으니,[155)] 관리업체가 국내·외 다양한 분야에 투자해서 획득된 배출권을 상쇄를 통해 적극적으로 활용할 수 있도록 하는 것이 바람직하므로,[156)] 상쇄에 제한을 두지 말자고 주장하였다. 반면에, 상쇄는 배출권거래제의 장점이지만 너무 많이 허용하면 부작용이 나타날 수 있어 외국의 입법례에서도 일정부분 상쇄의 제한규정을 두고 있다면서 허용한도를 정해야 한다는 주장도 강했다.[157)] 배출권거래제

---

152) 탄소흡수원 유지 및 증진에 관한 법률 제2조11호 및 제25조.
153) 거래제법 제29조 제1항 및 제3항.
154) 대한상의 등 24개 단체, 앞의 글 72.
155) 대한상의 등 18개 단체, "온실가스 배출권거래제도에 관한 법률제정안에 대한 산업계 의견" (2011.2), 16면.
156) 위의 글.
157) 박천규, "배출권거래제의 쟁점 및 향후 과제", 기후변화시대의 에너지법정책 (조홍식 편저, 2013.1.10), 429면. [이하, 박천규, "배출권거래제의 쟁점 및 향후 과제"로 인용].

법 시행령에서는 상쇄배출권의 전환기준은 1:1로 하고,[158] 상쇄한도는 배출권의 10% 이하로 하되, 국내 온실가스의 효과적인 감축을 위해 해외상쇄한도는 전체 상쇄한도의 50% 이내로 하였으나,[159] 1차 및 2차 계획기간 동안에는 해외상쇄는 불인정하였다.[160]

1·2차 계획기간 전까지는 해외상쇄를 인정하지 않고 2021년 이후부터 인정하겠다는 것은 국내에서의 온실가스 배출감축을 우선 추진하겠다는 정책적 의지인데, 이러한 고립과 높은 수준의 무상할당은 시장유동성에 충격을 가할 수 있다는 외부의 평가가 있음을 유의하여야 한다.[161] 호주는 EU-ETS와의 연계를 위해 자국 거래제 참여기업이 감축의무 이행에 필요한 배출권 중 최대 50%까지 해외 탄소배출권의 사용을 허용하고, 교토배출권은 12.5%까지로 제한할 예정이라고 밝혔는데 참고할 만 하다.[162]

요약하면, 배출권거래제의 효율적인 국제적 연계를 위해서는 상쇄의 허용분야와 허용한도를 일치시키고, 상쇄크레딧의 질을 국제기준에 부합하도록 측정·보고·검증 가능하게 관리하는 것이 필요하며, 만일 각국이 배출권거래제를 설계함에 있어서 서로 다른 국제적·국내적 상쇄규정을 적용할 경우 국제적 연계측면에서 장애물로 작용할 수 있으므로, 상호인정과 통용이 가능하도록 상쇄에 관한 국제기준과 규칙을 마련하는 것이 필요하다고 여겨진다.

---

158) 거래제법시행령 제38조 제2항.

159) *Id.* 제38조 제4항.

160) *Id.* 부칙 제3조.

161) *Greenhouse Gas Market 2012*, Commodities now (1 Oct. 2012), <http://www.commodities-now.com/reports/environmental-markets/12629-greenhouse-gas-market-2012.html> (2012.10.30.방문).

162) European Commission, *Australia and European Commission agree on pathway towards fully linking emissions trading systems* (28 Aug. 2012).

(4) 위반행위에 대한 엄격한 제재

가. 제재의 상응성 및 주요국의 법제도

배출권거래제를 설계함에 있어 핵심적인 기준중의 하나가 온실가스 삭감이라는 목표를 달성하는데 '실효성'이 있어야 하는데,[163] 강한 제재 메카니즘은 총량배출권거래제를 움직이는데 있어 필수적이다.[164] 만일 제재와 집행수단이 효과적이 아니라고 간주될 때에는 이것은 배출권 가격을 떨어뜨리게 될 것이다.[165] 제재의 엄격성(stringency of enforcement)은 모든 시장참여자들로 하여금 신뢰를 갖도록 하고, 시간이 지날수록 충분한 시장성과를 거두도록 보장하는 데 결정적인 역할을 한다.[166]

배출권거래제가 효과적이고 원활하게 작동하기 위해서는 목표 감축량을 달성하지 않거나, 온실가스 보고의무를 이행하지 않는 자 등에 대한 벌금부과, 차기 배출권으로부터의 공제, 명단공표 등 위반행위에 대한 제재가 실효성 있게 갖추어져야 한다. EU-ETS지침은 벌칙은 효과적·비례적이고 예방적(effective, proportionate, and dissuasive)이어야 한다고 규정하고 있는데,[167] 효과적인 제재는 시장참여자로 하여금 배출권거래시스템을 위험스럽게 할 수 있는 행위를 억제하고, 바람직한 온실가스 감축이 일어날 수 있도록 보장하는 기능을 할 수 있다.[168]

배출권거래제의 국제적 연계를 위해서는 각국의 제재방법이나 수준이 비슷하거나 상응하는 것이 요구된다. 만일 연계된 거래제시스템간의 제재가

---

163) 조홍식, "기후변화의 법정책", 기후변화와 법의 지배 (조홍식 외 편, 2010. 9.5), 18면 참조.
164) Mace et al., *supra* note 34, at 67.
165) *Id.*
166) Tuerk et al., *supra* note 45, at 27.
167) Directive 2003/87/EC §16.
168) Mace et al., *supra* note 34, at 66.

서로 비슷하지 않다면, 위반행위는 가장 낮은 수준의 벌칙을 채택하고 있는 국가로 수출 될 수 있기 때문에, 연계된 시스템들의 환경적 통합성을 해칠 수 있다.[169] 그러나 이는 연계된 시스템간의 제재수단이나 제재수준이 동일해야 하는 것을 의미하지는 않고, 제재가 서로 비슷할 정도로 엄격해야 한다는 것이다.[170] 왜냐하면 의무준수 불이행, 즉 위반행위가 가장 낮은 수준의 벌금을 가진 국가로 수출되기 위해서는, 모든 위반행위가 잡히고 체계적으로 처벌되며, 재정적 벌칙이 위반행위에 대한 유일한 제재수단이며, 기업들이 계획된 위반행위로 인해 쉽게 이익을 얻을 수 있고, 각국 정부들도 레지스트리를 통해 그런 거래(과다 수출)들이 발생할 수 있도록 허용해야 하기 때문이다.[171]

환경적 관점에서 볼 때, 의무불이행에 대한 금전적 벌칙은 EU-ETS의 경우에서 보듯이 배출권 가격보다 훨씬 비싸야만 한다.[172] 만일 EU-ETS와 같이 엄격한 벌칙을 가지고 있는 시스템이 배출권 가격이 시장가격 이상 상승하더라도 미리 정한 가격 내에서만 팔도록 하는 안전장치(safety valve), 가격상한제(price cap) 또는 벌금납부 시 배출권의 제출을 면제해 주는 시스템과 연계될 경우 당해 안전장치 또는 벌금액은 연계된 시스템의 가격상한으로 작용할 수 있다.[173] 이렇게 되면 엄격한 제재규정을 가지고 있는 거래제하의 이해관계자들은 느슨한 제재규정을 가지고 있는 거래제와의 연계를 반대할 수 있다.[174] 요약하면, 배출권거래제의 효과적인 국제적 연계를 위해서는 각 시스템의 제재가 특정부분까지 똑같을 필요는 없다 할지라도, 벌칙의 강도가 비슷하고 효과적이고 강력한 것이어야 한다.

---

169) Baron, Bygrave, *supra* note 36, at 33.
170) 같은 취지, Tuerk et al., *supra* note 45, at 27.; Mace et al., *supra* note 34, at 66.
171) Baron, Bygrave, *supra* note 36, at 33 참조.
172) Schüle, Sterk, *supra* note 37, at 15.; Sterk et al., *supra* note 6, at 20.
173) Schüle, Sterk, *supra* note 37, at 15.
174) *Id.*

EU-ETS의 경우 2005년 1월 1일부터 시작되는 3년간의 1단계에는 초과배출된 CO_2톤당 40유로의 벌금, 2단계(2008-2012)에서는 100유로의 벌금을 상한선이 없이 부과했는데, 초과배출 벌금을 납부하더라도 이와 별도로 다음 해에 그 초과분에 상응하는 배출권을 제출토록 했으며, 이와 함께 위반회사의 명칭을 공표하도록 하였다.[175] W-M법안은 EU-ETS에 비해 훨씬 가벼운 벌금을 상정하고 있다. 행정청은 초과배출금지 의무불이행에 대해 CO_2톤당 공정한 시장가격의 2배를 부과하는데 초과배출벌금은 동법 및 타법 상 동일한 위반에 대한 벌금·벌칙 또는 평가에 대한 책임을 경감시키지 않으며,[176] 아울러 초과배출분에 대해서는 다음연도 또는 행정청이 정하는 더 긴 기간 내에 제출해 상계할 책임이 있다.[177] 한편 Lieberman-Warner법안은 초과배출금지 의무불이행에 대해 200달러 또는 시장평균가격의 3배중 더 큰 것을 벌금으로 부과하고, 의무불이행분도 제출토록 규정하고 있다.[178] 호주는 위반행위에 대한 낮은 벌금제를 도입함에 의해 가격상한제(price cap)를 도입하려는 목적을 가지고 있었는데, 초과배출량을 추후에 제출하는 것을 요구하지 않는다.[179] 호주의 CPRS법안에 의하면 지속적 위반행위에 대해서는 매일 각 규정을 분리해 위반한 것으로 보되 상한제를 도입하고 있고,[180] 형사절차 후 민사절차, 민사절차 중 형사절차에 대해서는 당해 민사벌금 규정에 대한 벌금명령은 중지되고,[181] 민사절차 후 형사절차는 벌금명령의 발부

---

175) Directive 2003/87/EC, §16.
176) H.R. 2454. §723(b).
177) *Id.* §723(c).
178) S. 3036. §203.
179) Christian Flachsland, Ottmar Edenhofer, Michael Jakob, Jan Steckel, *Developing the International Carbon market. Linking Options for the EU ETS, Climate Strategies* (May 2008), at 17. [hereinafter Flachsland et al., *Developing the International Carbon Market*].
180) CPRS §327, 338.
181) *Id.* §332, 333.

여부와 관계없이 실질적으로 동일한 행위에 대한 형사절차가 개시될 수 있다.[182] 청정에너지법(CEB 2011)하에서는 고정가격제 동안에는 의무이행 부족분에 대한 부과금이 고정탄소가격의 130%가 부과되고, 벌금납부 지연금은 규제기관에 의해 특정된 금액이 없다면 납부금의 20%가 추가되는데,[183] 2015년 이후의 유동가격제하에서는 의무이행 부족분에 대한 부과금은 전년도의 벤치마크 평균 경매가격의 200% 또는 규제에 의해 특정된 가격이 되고, 벌금납부 지연금은 20%가 추가되어 제재가 강화된다.[184]

그리고 청정에너지 규제관(Clean Energy Regulator)은 거래제 참여기업을 조사하고 법을 집행할 책임이 있는데, 법원은 민사적·형사적 벌금을 부과할 수 있으며, NGER법에 의해 위반자에 대한 회계감사를 실시할 수 있다.[185] 뉴질랜드 ETS의 경우 초과배출량마다 NZ $30의 벌금을 부과하는데, 만일 시장참가자가 고의로 의무를 이행하지 않을 때에는 NZ $60의 벌금과 함께 보충량(make-up amount)을 2:1의 비율까지 올릴 수 있다.[186] 그리고 기후변화대응법 제15조는 관련기업들로 하여금 뉴질랜드 배출권거래제상의 의무를 함께 지도록 허용하고 있는데, 이를 "연합그룹(consolidated group)"이라고 한다.[187]

나. 한국에서의 쟁점 및 시사점

한국의 경우 당초 배출권거래제법 입법예고안에서는 감축목표 미달성시

---

182) *Id.* §334.
183) J.P.Morgan, Carbon Price, Australia Equity Research (28 Aug. 2012), at 2.
184) *Id.*; 벌금에 관한 자세한 내용은 Clean Energy Bill 2011, Part 17을 참고하라.
185) J.P.Morgan, *supra* note 183, at 4 참조.; 벌금에 관한 자세한 내용은 Climate Change Response (Moderate Emissions Trading) Amendment Act of 2009, §134-138A를 참조하라.
186) Flachsland et al., *Developing the Inetrnational Carbon market, supra* note 179.
187) O'Reilly, *supra* note 70, at 2.

과징금 상한을 CO_2 톤당 100만원 범위내로 하면서 당해 배출권 평균시장가
격의 5배 이하의 과징금을 부과할 수 있도록 하고,[188] 과태료는 녹색성장기
본법상의 과태료(최고 1,000만원)[189] 보다 높은 5천만원이하로 부과하도록
되어 있었다.[190] 그런데 산업계가 톤당 100만원은 지나치게 과중하다고 이
의를 제기하자, 한국정부는 과징금 상한(100만원)은 삭제하고 평균 시장가
격의 3배 이하로 낮추면서, 과태료 수준도 녹색성장기본법상의 과태료 수준
인 최고 1,000만원으로 수정하였다. 그러나 이에 대해 산업계는 과징금 상
한을 두지 않는 것은 배출권 가격이 급등할 경우 과징금의 한계를 예측하기
어려워 기업에게 과도한 부담이 되므로, 시장의 안정적 운영을 위해 CO_2 톤
당 2만원 범위내로[191] 상한을 확정하고 평균 시장가격의 3배 이하로 하되,
1차 계획기간은 준비기간 이므로 과징금을 면제해 달라고 주장하였다.[192]
이에 대해 한국정부는 개별기업의 감축비용 등에 대한 정보가 충분하지 않
은 상황에서 과징금 상한액을 결정하게 될 경우 배출권 시장가격 형성에 부
정적인 영향을 미칠 우려가 있고, 상한액이 결정되지 않았다는 불확실성의
문제는 배출권의 가격과 거래추이에 대한 공신력 있는 정보를 주기적으로
기업에 제공하여 해결하겠다는 입장이었는데,[193] 최종 법률안에서는 과징
금 상한을 톤당 10만원으로 하면서 배출권 평균시장가격의 3배 이하로 하
고,[194] 과태료는 5천만원에서 1,000만원으로 조정되었다.[195] 그리고 과징금

---

188) 거래제법 입법예고안 제31조.

189) 녹색성장기본법 제64조.

190) 거래제법 입법예고안 제33조.

191) 한편, 최경환 의원이 제안한 "온실가스 감축실적 인증 및 배출권거래에 관한 법률
      안"(제26조)에서는 과징금 상한을 톤당 3만원 이내로 하였다.

192) 대한상의 등 18개 단체, 앞의 글 155, 18면 참조.; 국회 기후변화대응·녹색성장특
      위, 앞의 글 19, 34면 참조.

193) 국회 기후변화대응·녹색성장특위, 앞의 글 19.

194) 거래제법 제33조 제1항.

195) Id. 제43조.

납부의무자가 과징금을 납부하지 않은 경우에는 납부기한이 경과한 날부터 60개월의 범위 내에서 1개월이 지날 때마다 체납된 과징금의 0.012%에 해당하는 가산금을 징수하도록 하였다.[196)

이렇게 볼 때, EU는 제재가 엄격하고, 미국과 호주·뉴질랜드는 상대적으로 제재가 약하다고 할 수 있는데, 한국의 경우 EU와 달리 과징금 상한을 도입하고, 과징금 액수는 미국의 W-M법안과 Lieberman-Warner법안의 중간 수준을 채택하면서 위반자의 명단공표, 초과배출량의 추후 제출, 위반 시 벌금상향(make-up) 등을 병기하지 않아 EU뿐만 아니라 미국·호주·뉴질랜드보다도 제재가 낮은데, 앞으로 배출권거래제 운영과 위반사례 등을 보아가며 연계대상국과 제재수준이 상응할 수 있도록 상향조정할 필요가 있다고 본다.

2) 중요요건의 조화

(1) 비용완화수단의 조화

가. 비용완화수단의 필요성

배출권거래제에서는 배출권의 수급변화에 따라 배출권의 가격이 급등락하는 문제가 있다. 각국 정부는 이러한 배출권가격의 폭등 및 급락과 같은 가격불안정을 해소하기 위해 가격상한제(price caps), 이월(banking), 차입(borrowing) 등과 같은 비용완화수단(cost containment measures) 이나 다양한 가격안정화 장치(safety valve)를 제도화하고 있다. 배출권거래제도가 성공적으로 정착되기 위해서는 제도가 신축적이어야 하기 때문이다.[197)

---

196) *Id.* 제34조 제1항, 동법시행령 제43조.
197) 장근호, "기후변화에 대비한 온실가스 배출권거래제도 도입동향과 정책적 시사

어떤 한 시스템이 다른 시스템과 연계될 때는, 다른 시스템이 그러한 비용완화수단을 채택하고 있는 지 여부와 상관없이 그 비용완화수단이 시장참가자들에게 적용될 수 있다.[198] 이 경우 배출권 가격이 낮은 시스템으로부터 높은 시스템으로 배출권의 이전 및 수출이 발생하게 되는데, 경제적 측면에서 볼 때 전체적인 감축비용이 줄어드는 장점이 있는 반면, 환경적 관점에서는 어느 한쪽 시스템의 경우 온실가스의 국내 감축분을 달성하지 못하는 문제를 야기할 수 있다. 아울러 비용완화수단들은 저탄소 기술의 혁신을 억제하고 할당이행에 유용한 감축크레딧 창출을 제한하고 장기적인 감축노력을 저해함으로써 프로젝트 발달을 억제할 수 있다.[199] 비록 어떤 시스템이 연계되어 거래되는 배출권의 양과 형태에 대해 제한을 부과할 수 있지만, 그러한 규제는 연계의 효율성을 저해할 수 있고, 심지어 시장통합에도 영향을 미칠 수 있다.[200]

나. 비용완화수단별 쟁점 및 주요국의 법제도

비용완화수단들을 개별적으로 검토해 보면, 첫째, 가격상한제(price cap)는 어떤 재화나 서비스의 가격이 일정 수준을 넘어서지 못하도록 최고가격을 설정하는 것을 말하며, 직접적인 가격통제제도의 일종이라 할 수 있다. 만일 시장가격이 가격상한을 상회한다면, 가격상한제가 있는 시스템의 기업들은 가격상한제가 없는 연계된 시스템에 배출권을 팔 유인을 가지게 되어 결합된 거래제의 환경적 통합성을 저해할 수 있다.[201] 배출권의 시장가격이 특정한 가격상한에 도달할 경우, 이 장치는 총배출량이 총할당량보다 상회될 수 있도록 허용함으로써 총량배출권거래제의 환경적 통합성을 저해할 수

점", 조세연구 제9-2집 (2009.8.20), 96면.
198) Mehling et al., *supra* note 44, at 18; Tuerk et al., *supra* note 45, at 27-28.
199) Mace et al., *supra* note 34, at 54.
200) Mehling et al., *supra* note 44, at 16.
201) Tuerk et al., *supra* note 45, at 28.

있는 것이다.[202] 어떤 시스템이 가격상한제를 채택하고 있다 해서 EU-ETS
와 연계되는데 부적격한 범주에 해당된다고 할 수는 없고, 효과적인 단절기
제(severance mechanism)가 고안될 수 있다.[203] 그럼에도 불구하고 거기에는
기술적 관점에서 연계를 위한 중요한 위험을 내포하고 있다. 예를 들어, 어
떤 가격상한제는 너무 높게 설정되어 있어서 단지 진정한 비상수단으로만
기능할 것이기 때문이다.[204] EU-ETS의 경우 가격상한제를 가지고 있지 않
다. 반면, 호주는 CPRS 도입초기(2011년-2015년)에 한해 가격상한제를 도입
하는 방안이 제안되었는데, CPRS 시작년도인 2010-2011년의 가격상한은
A\$ 40이고 해마다 5%씩 증가시키도록 하였다.[205] 그 뒤 "미래 청정에너지
계획(Clean Energy Future Plan)"에서는 가격상한(price ceiling)과 가격하한
(price floor)을 모두 설정하였는데, 가격상·하한제는 유동가격제로 전환 후
첫 3년간(2015-2016, 2016-2017, 2017-2018년)만 적용되고, 가격상한은
2015-2016년 A\$ 20이며 매년 5%씩 증가하며, 가격하한은 2015-2016년 A\$
15이며 매년 4%씩 증가하는 것으로 되어 있었다.[206] 2012년 개정 청정에너
지법(CEB 2012)하에서는 호주와 EU 배출권의 단일가격을 보장하고 장기적
인 가격의 확실성을 투자자에게 주도록 가격하한제를 폐지하고,[207] 가격상
한제는 2014년 5월에 2015년의 EU 배출권 가격보다 높은 A\$20로 정해지도
록 바꿀 예정이다.[208] 한편, 뉴질랜드는 2012년 이후 국제적 합의가 이루어
지지 않으면 가격상한제를 도입할 가능성이 있다.[209]

---

202) *Id.*

203) *Id.*

204) *Id.*

205) CPRS §89.

206) 위의 글.

207) Draft *Clean Energy Legislation* Amendment Bill 2012 (28 Aug. 2012).; European
Commission, *FAQ: Linking the Auatralia and European Union emission trading systems*
(28 Aug. 2012), at 3.

208) J.P.Morgan, *supra* note 183, at 3.

배출권 가격의 급락에 따라 최근 EU에서는 가격하한제가 많이 논의되고 있는데, 이는 어떤 재화나 서비스가 특정 가격수준 밑으로 떨어지지 못하도록 최저가격을 설정하는 것이다. 가격하한제는 연계를 위해서는 피해야 할 제도인데,[210] 예를 들어 정부가 최저가격제에 의해 무한정 초과 배출권을 사주겠다는 것은 정부가 재정적 책임을 지겠다는 위험성을 내포하고 있고,[211] 극한 경우 최저가격을 채택하고 있는 거래제가 동 제도를 채택하고 있지 않은 거래제와 연계될 경우 한 국가로부터 다른 국가로의 막대한 부의 이전이 있을 수 있는데, 이는 가격상한제의 경우에도 마찬가지이다.[212] 최근 EU집행부는 가격하한제는 EU ETS의 장기대책 방안 중 선호되는 대안이 아니고 채택하지 않을 것이라 했는데, 왜냐하면 ETS는 시장기반 메카니즘 인데 반해, 가격하한제는 그것과 거리가 먼 제도이기 때문이라고 한다.[213] 대신 EU집행부는 배출권의 수량을 제한하여 배출권가격을 올리는 방안을 검토 중에 있다. W-M법안의 경우 비용안정화를 위해 톤당 최저 $10의 하한선과, 2012년까지 $28/톤(2009년 달러가치 기준)의 탄소가격 상한선을 설정하고 있으며,[214] 2013년부터 2015년까지 탄소가격이 3년 평균가격보다 60%이상 상승할 경우 전략적 비축분(strategic reserve pool)을 활용해 가격억제를 할 수 있도록 하고 있다.[215] 그리고 가격하한제는 캘리포니아주 배출권거래제법, WCI, RGGI, 영국의 발전부문 등에서 채택하였는데,[216] 앞서와

---

209) Flachsland et al., *Developing the Inetrnational Carbon market, supra* note 179, at 21.
210) Lazarowicz, *supra* note 3, at 50.
211) *Id.*
212) *Id.*
213) *Hedegaard: Floor price is not preffered way to fix ETS*, Energy Monitor (12 July 2012).
214) H.R. 2454. §726.; 조홍식·이재협·허성욱·문상덕·김태호·황영준, 배출권거래제의 법적 쟁점분석과 법·제도(안)에 관한 연구, 서울대학교 법과대학 환경에너지 법정책 센터 (2010.1.20), 76면. [이하 조홍식 외, "배출권거래제의 법적 쟁점분석"으로 인용].
215) H.R. 2454. §726.
216) 이에 대한 자세한 내용은 Frank Jotzo, *A Price floor for Australian's emissions trading*

같이 호주의 경우 2011년 청정에너지법에서는 가격하한제를 채택했으나, EU-ETS와의 연계를 위해 2012년 이를 폐지하였다.[217]

둘째, 이월(banking)[218]이란 거래제에 참여하는 기업들에게 이전 이행기간으로 부터의 배출권을 미래의 어떤 연도나 기간의 배출량을 충당하는데 사용하는 것을 허용하는 것을 말한다.[219] 이월은 차후의 배출량 증가에 대비한 유연성을 확보할 수 있도록 도와주고 일반적으로 비용을 줄여주는 것으로 알려져 있다. 배출량의 차이가 주변 공기상태에 변화를 야기할 수 있는 전통적인 오염물질에 관한 프로그램에서는 이월된 배출권이 쏟아져 나오는 기간 동안 배출량이 너무 많이 늘어날 것이라는 우려 때문에 이월을 제한하기도 하지만, 대기농도가 10여 년 동안 배출량을 반영하고, 현재 배출량 비율이 누적 배출량보다 중요성이 떨어지는 이산화탄소에는 이러한 우려가 적용되지 않는다고 한다.[220] Ellerman & Montero(1999)는 산성비 프로그램의 자료를 이용하여 분석한 결과, 배출권의 이월이 허용됨으로써 직접규제방식에 비해 약 55%의 비용이 절감되었음을 주장하였다.[221] 이월이 과도하게 이루어졌을 경우 배출권 가격의 상승과 시장의 유동성을 제한할 우려가 있으나 적절한 이월(banking)의 제공은 참여자의 시간적 유연성 제공, 조기 감축을 위한 유인책 제공 등의 이점이 있다,[222] 또한 배출권의 가

---

scheme?, Commissioned paper for Australia's Multi-Party Climate Change Committee (17 May 2011), at 16을 참조하라.

217) Scott Burgess, *Linking emissions trading programs can advance climate policy*, Center for Climate and Energy Solution (2/17/2012), <http://www.c2es.org/blog/burgesss/linking-emissions-trading-programs-can-advance-climate-policy> (2013.1.6방문) 참조.

218) 예치라고도 한다.

219) Baron, Bygrave, *supra* note 36, at 28.

220) David Harrison Jr., Per Klevnas, Albert L. Nichols, and Daniel Radov, *Using Emissions Trading to Combat Climate Change: Programs and Key Issues*, Environmental Law Institute (31 May 2008), at 11.

221) 조용성, 앞의 글 102, 111면에서 재인용.

222) 위의 글, 112면.

격안정화에도 기여할 수 있는데,[223] 배출권을 이월하게 되면 배출권 공급물량을 감소시켜 가격하락을 막을 수 있고, 다른 한편, 배출권을 이월한 자는 다음연도의 감축의무 이행을 위해 새로 배출권을 구입하기 보다는 이월된 배출권을 먼저 사용해 배출권 수요를 감소시켜 가격상승을 완화시킬 수 있다. 교토의정서(3.13조)는 한 계획기간으로부터 차기 계획기간으로의 이월을 허용하고 있고, EU ETS와 거의 모든 미국 의회법안들은 이월을 허용하고 있다. 예외적으로, EU ETS의 계획기간 I 과 계획기간 II 중간에서만 이월이 허용되지 않았는데, 계획기간 II 는 교토 의무이행기간과 같았기 때문에 이월은 이 기간의 감축목표 달성에 대한 위험으로 여겨졌기 때문이다.[224] W-M 법안에 의하면, 배출권은 계획기간 또는 계획기간의 다음연도를 위해 이월할 수 있는데, 관할행정청은 배출권의 유효기간을 정할 수 있고, 이 유효기간을 제외하고는 관할행정청이 배출권을 회수하기 전까지 배출권은 유효하다.[225] 호주는 청정에너지법(CEB 2011)에서 유동가격제하에서 제한없이 이월을 허용하고 있는데, 이월분은 배출권이 나온 연도 이후에 사용할 수 있는 바, 예를 들어 2015-2016년에 발행된 이월분은 2019-2020년의 의무불이행 충당을 위해 사용될 수 있다.[226]

셋째, 배출권의 차입(borrowing)은 이월의 반대되는 개념이다. 차입은 미래시점의 배출권을 현재의 배출량을 충당하는데 사용하는 것을 허용하는 것을 말하는데,[227] 만일 미래의 감축이 실현되지 않거나, 미래의 할당량으로부터 무제한으로 빌린 뒤 상환하지 않을 경우 환경적 목표가 저해될 위험성이 있게 된다.[228] 즉, 미래 계획기간으로부터 높은 비율의 차입을 허용하

---

223) 위의 글, 111면.
224) Harrison et al., *supra* note 220, at 11.
225) H.R. 1590, §725(a).
226) J.P.Morgan, *supra* note 183, at 3.
227) Baron, Bygrave, *supra* note 36, at 29.
228) *Id.*

는 것은 온실가스 감축을 지연시킬 수 있는 것이다.[229] 따라서 차입을 허용하는 거래제시스템과 이를 불허하는 시스템과의 연계에 있어서는 결합시스템의 환경적 효과성을 확보하기 위해 차입을 제한하는 것이 필요하다.[230]

EU-ETS의 경우, 시범운영기간인 1기에 배출권의 이월 및 차입은 원칙적으로 허용하지 않았었다.[231] 그러나 1기에 배출권의 초과할당과 이월의 불인정에 따른 배출권의 초과공급으로 가격폭락이 발생한 뒤 2기에는 이월을 허용했으나 차입은 제한하였다. 다만, 차입의 경우 계획기간 내에서는 허용했으나 계획단계를 넘어서는 것은 허용하지 않았다.[232] 미국이나 그 밖의 나라에서 제안된 법률 중 계획기간으로부터의 무제한 차입을 허용하는 것은 없고,[233] 연계된 거래제의 상한의 통합성이 저해되지 않도록, 요구되는 감축분의 5-10% 정도로 차입을 제한해야 한다고 한다.[234] W-M법안의 경우 이월을 허용하고 있고,[235] 차입은 벌칙 없이 차기년도로부터의 차입은 허용하고 있는데,[236] 다만, 1-5년 후의 연도로부터의 차입은 배출한도의 15% 내에서 연 8% 이자할증으로 허용하고 있다.[237] 호주와 뉴질랜드의 경우 이월은 공히 허용되고, 차입에 대해서는 호주는 배출허용량의 5%이내에서 차입만 허용하고[238] 뉴질랜드는 제한된 양에 한하여 인정하고 있다.[239]

넷째, 그 외 상쇄 크레딧을 활용해 정규 배출권에 대한 의존도를 낮춰 거

---

229) Tuerk et al., *supra* note 45, at 28.
230) *Id.*; Schüle, Sterk, *supra* note 37, at 14.
231) 서정민 외, 앞의 글 41, 129면.
232) Sterk et al., *supra* note 6, at 22.
233) Mace et al., *supra* note 34, at 56.
234) Lazarowicz, *supra* note 3, at 50.
235) H.R. 2454. §725(a).
236) Sterk et al., *supra* note 6, at 22.
237) H.R. 2454. §725(c).
238) Clean Energy Bill 2011 §133 (6).
239) 환경정책평가연구원·에너지경제연구원, 배출권거래제 요소별 운영·관리 체제 및 기본계획 수립 연구, 녹색성장위원회 연구용역보고서 (2010.1), 111면 참조.

래참가자들이 인위적인 가격조작 행위를 할 유인을 감소시키거나,[240] 시장
조작 및 투기방지 차원에서 특정거래인이 과도하게 상품을 매입하는 행위
를 금지하거나,[241] 벌금상한제를 설정해 배출권시장에 가격상한을 부여하
는 효과를 거둘 수도 있으며,[242] 초기 할당 시 일정량을 정부 유보량으로
보유해 정부가 거래에 참가하는 방법도 있다.[243] 그리고 각국은 배출권
거래시장의 감시를 위한 규제를 두고 있는데, 기존 금융시장관련 규제와
감독기구를 활용하는 것이 일반적이다. 참고로 EU의 경우 시장조작 사건
을 겪으면서 2011년 10월 20일 EU-ETS 내부자거래 및 시장조작을 금지
하고 효과적인 제재를 가하는 "금융시장 규제지침(The Markets in Financial
Instruments Directive, MiFID)"을 제시하여 시장의 안정성과 투명성을 높이
고 있다.[244]

다. 한국에서의 쟁점 및 시사점

한국의 경우 거래제법령에서 시장안정화장치를 두고 있는데, 주무관청은,
1) 배출권가격이 6개월 연속으로 직전 2개연도의 평균가격보다 3배 이상 높
게 형성된 경우,[245] 2) 배출권에 대한 수요의 급증 등으로 인하여 단기간(최
근 1개월)에 평균 거래량이 직전 2개연도의 같은 월 평균 거래량 중 많은
경우 보다 2배 이상 증가하고, 최근 1개월의 배출권 평균가격이 직전 2개연

---

240) 이상협·고석진, 앞의 글 97, 596면 참조.
241) 위의 글.
242) 위의 글, 597면 참조.
243) 위의 글, 598면 참조.
244) Climate Action, *Ensuring the integrity of the European carbon market* (2011.10.25),
　　<http://ec.europa.eu/clima/policies/ets/oversight/index_en.htm> (2012.12.11.방문).;
　　European Commission-Press release, *New rules for more efficient, resilient and transparent
　　financial markets in Europe* (2011.10.20), <http://europa.eu/rapid/press-release_IP-11-1219_
　　en.htm> (2012.12.11.방문).
245) 거래제법 제23조제1항제1호 및 동법시행령 제30조제1항.

도의 평균 배출권 가격보다 2배 이상 높은 경우,[246] 3) 그밖에 배출권거래
시장의 질서를 유지하거나 공익을 보호하기 위하여 시장안정화 조치가 필
요하다고 인정되는 경우로서, 최근 1개월 동안의 배출권 평균가격이 직전 2
개연도의 평균가격보다 60%이상 낮은 경우[247]중 어느 하나에 해당하는 경
우 또는 해당할 우려가 상당히 있는 경우에는 할당위원회의 심의를 거쳐 1)
배출권 예비분의 최대 25% 추가할당,[248] 2) 배출권의 최소 보유한도의 설
정(해당 이행연도 배출권의 70%이상) 또는 최대보유한도의 설정(해당 이행
연도 배출권의 150%이상으로 하되, 할당대상업체가 아닌 25,000 배출권 미
만인 거래참여자는 달리 정함)하되, 시장안정화의 목적이 달성되었다고 인
정되는 경우 할당위원회의 심의를 거쳐 즉시 철회,[249] 3) 그밖에 국제적으
로 인정되는 방법으로서, ⅰ) 차입한도의 확대·축소 ⅱ) 상쇄한도의 확대·
축소 ⅲ) 일시적인 최고 또는 최저가격의 설정 등의 시장안정화조치를 취할
수 있도록 하였다.[250] EU는 2009년 지침을 개정해 과도한 가격변동에 대처
하기 위한 가격안정화 장치를 마련하였는데, 만일 배출권 가격이 6개월 이
상 연속으로 직전 2개연도 평균가격의 3배를 초과할 경우 위원회를 즉시 소
집하여야 하고,[251] 만일 그러한 가격변동이 시장변화에 맞지 않는다면 회원
국들이 거래될 양을 직접 거래하거나, 신규진입자를 위해 유보해 둔 잔여배
출권의 25%까지 거래를 허용토록 하였는데,[252] 한국의 시장안정화 장치는
이런 EU방식을 채택하였다고 본다.

　당초 배출권거래제법 입법예고안에는 이월 및 차입을 계획기간 내에서만
허용하고 있었는데,[253] 산업계는 조기감축 인센티브와 가격안정성, 경영계

246) 거래제법 제23조제1항제2호 및 동법시행령 제3조제2항.
247) 거래제법 제23조제1항제3호 및 동법시행령 제30조제3항.
248) 거래제법 제23조제2항제1호.
249) 거래제법 제23조제2항제2호 및 동법시행령 제30조제4항, 제5항.
250) 거래제법 제23조제2항제3호 및 동법시행령 제30조제6항.
251) Directive 2009/29/EC §29(a) 1.
252) Id. §29(a) 2(a) (b).

획에 따른 신규투자 시기결정의 유연성 등을 고려하여 계획기간 간 이월이 허용되어야 하며, 불허할 경우 배출권의 가격폭락, 초과감축노력 저조 등의 유발이 우려된다고 주장하였고,[254] 최종법률에는 계획기간 간 이월은 허용되었으나 차입은 불허되었다.[255] 산업계는 거래제법 시행령 입법예고안 제31조 제5항 제1호의 시장안정화 조치의 일환으로서의 이월제한에 대해서는 기존의 업체가 수행한 많은 저감노력을 일시에 소멸시킬 수 있는 지나치게 강력한 조치인 만큼 시장안정화 조치에서 제외하고, 기만행위 등 특별한 사유를 제외하고는 이월은 최대한 허용되어야 한다고 주장하였고,[256] 시행령에서도 시장안정화조치의 일환으로서의 이월제한은 삭제되었다. 환경단체들은 제도시행 이전에 조속히 차기 계획기간의 이월을 금지하는 독소조항의 개정이 필요하다고 주장하였다.[257] 그 이유로는 EU-ETS 시행경험을 전제하면 정부에서 시행준비 중인 그랜드파더링 방식으로 1차년도 배출권 과다할당이 예상되는 바 기업의 우발이익이 충분히 예상되고,[258] 위와 같은 과다할당 수혜분을 해당기업이 차기기간으로 이월하면 결과적으로 목표년도 할당량 증가로 이어져 결국 목표량 달성의 불가능을 초래할 것이라고 주장하였다.[259] 그리고 차입한도의 10% 제한에 대해[260] 산업계는 CCS(Carbon Capture & Storage) 기술의 효율향상 등 획기적인 기술개발을 통한 온실가스 감축가능성을 고려해 차입한도를 삭제해 줄 것을 요구하였다.[261] 한편, EU집행위원장인 Connie Hedegaad는 한국 거래제법시행령이 학습기간

253) 거래제법 입법예고안 제14조제1항·제2항.
254) 대한상의 등 18개 단체, 앞의 글 155, 15면.
255) 거래제법 제28조제1항·2항.
256) 대한상의 등 24개 단체, 앞의 글 72, 27-28면.
257) 환경정의 등 "배출권거래제 시행령 제정에 관한 시민사회단체(38개 단체)의견서", 앞의 글 94, 5면.
258) 위의 글.
259) 위의 글.
260) 거래제법 제28조제3항 및 동법시행령 제36조제2항.
261) 대한상의 등 24개 단체, 앞의 글 72, 30면.

의 성격을 띠는 1차 계획기간으로부터 2차 계획기간으로의 이월을 허용할 경우, 의도하지 않았고 바람직하지 않은 초과배출권들이 학습기간을 넘어 여러 해 동안 야심찬 감축목표 수준을 약화시킬 수 있다는 점을 우려하였다.[262] 그리고 국제시스템과의 완전한 연계를 위해서는 탄소시장의 유동성과 군건한 가격신호기능의 발달을 저해하는 추가할당, 가격상·하한제와 같은 사후조정장치와 "구조적인 가격관리요소(structural price manage- ment elements)"는 두지 않는 것이 필요하다고 제안하였다.[263]

검토컨대, 이월은 배출권의 유동성을 높이고 배출권 가격의 안정화에도 도움이 될 수 있으나, 차입을 아무 조건 없이 무제한 허용할 경우 계획기간 내에 온실가스 감축의무를 이행하지 않고 차입으로 대신하는 등의 문제가 있다. 각국의 입법례를 보면 일반적으로 이월은 허용하되, 차입에 대해서는 계획기간 간 차입은 불허하거나, 차입한도(호주 5%, W-M법안 15%)를 두거나, 이자할증을 하는 등의 제한을 가하고 있는 바 참고할 필요가 있다. 학습기간의 성격을 갖는 1차 계획기간을 넘어 이월을 허용하는 것은 금지할 필요가 있다는 EU집행부의 제안에 대해서는, EU의 경우 계획기간 I 에서는 이월이 금지되다 보니 배출권 가격이 폭락하는 등의 문제가 있었던 점 등을 고려할 때, 이월은 허용하되 초기 배출권 할당 시 초과배출권이 발생하지 않도록 엄격한 감축목표를 세우고 할당하는 것이 적절하다고 본다.

그런데 한국의 경우 미국·호주가 채택하고 있는 가격상한제 뿐만 아니라, 배출권의 최소·최대 보유한도 설정, 차입·상쇄한도의 확대·축소, 과징금 상한설정 등을 채택하고 있는데, 정부가 공공기관 명의의 보유계정을 통해 일정범위 내에서 배출권을 직접 구매 또는 판매하는 것[264]을 제외하고는 시장 안정화를 위해 가동될 수 있는 수단들은 거의 모두 채택하고 있다. 한국의

---

262) Hedegaad, *supra* note 95.
263) *Id.*
264) 최경환 의원 제안법률인 "온실가스 감축실적 인증 및 배출권거래에 관한 법률안" 제15조.

배출권거래시장은 EU-ETS 보다 10년이나 뒤늦게 출범하는 소규모 시장인 만큼, 배출권의 급등락을 방지하기 위해 철저한 가격안정화 장치를 강구할 필요성은 이해가 가는 측면이 있다. 그러나 최소·최대 보유한도의 설정, 비록 일시적이기는 하나 배출권 가격의 상·하한제 등은 시장기능을 지나치게 제약하거나 왜곡할 수 있으므로 시장을 인위적으로 왜곡할 수 있는 정책은 신중을 요하며,[265] 설령 동 제도를 두더라도 호주와 같이 제도시행 초기에 안전장치로서 한시적으로 사용하여[266] 지나치게 시장기능을 저해하지 않도록 개선하는 것이 필요하다고 본다.[267] 결론적으로 이월·차입·상쇄 등 가격안정화를 위한 비용완화장치는 선진국의 입법례와 서로 조화되도록 하는 것이 중요하다.

(2) 계획기간의 조화

가. 계획기간의 의미 및 주요국의 계획기간

계획기간이란 발행된 배출권이 언제든지 사용될 수 있는 기간을 말하는데, 연계되는 거래제시스템의 계획기간이 조화되어야 하는 지에 대해서는 서로 다른 의견들이 있다.[268]

Flachsland 등(2008)은 계획기간의 차이는 중요한 문제가 아니고, 명령이 행날짜, 거래기간의 시작과 끝 등 관련 있는 일자들이 서로 다르게 되면 연계된 시스템의 운영에 있어 전반적인 복잡성을 증가시킬 수는 있으나, 전체

---

265) 같은 취지, 오인하, 2012년 이후 국제 탄소시장 전망 및 활용전략 연구, 경제·인문사회연구회 녹색성장 종합연구 총서 10-02-28 기본연구보고서 10-17, 에너지경제연구원, 79면을 참조하라.
266) 호주는 가격상한제를 CPRS 고정가격제하에서는 2015년까지, Clean Energy Future Plan에 의거해서는 2018년까지 적용키로 하였다.
267) 같은 취지, 장근호, 앞의 글 197, 97면.
268) Edenhofer et al., *supra* note 140, at 15.

적인 시장을 저해하지는 않는다고 한다.[269] 한발 더 나아가 Sterk et al. (2009)은 계획기간의 차이는 문제가 아니며, 오히려 반대로 그 차이는 시장 유동성을 증대시킬 수 있는데, 그 이유는 계획기간 말에 서의 어떤 시스템 에서의 일시적 부족분은 계획기간 초에 있는 다른 시스템으로부터 구입해 상쇄될 수 있기 때문이라고 한다.[270] 반면에 Ellis와 Tirpak(2006)은 상이한 계획기간을 가진 연계시스템이 가능하지만, 그러한 연계는 거래제가 시작되 기 전에 충당되지 못하고 이월된 배출권들이 뒤에 시작하는 거래제에 유입 되게 되어 거래제의 환경적 효과를 약화시킬 수 있다고 한다.[271] 설사 할당 배출권이 어떤 초과분을 산출하지 않을 지라도, 조화된 계획기간은 정책결 정가들에게 불확실성 없이 계획기간 내의 전체 배출권을 조절할 가능성을 명확하게 제공한다는 것이다.[272] 따라서 만일 계획기간의 조화가 바람직하 다면, 연계되는 거래제간의 계획기간은 조화되어야 한다는 것이다.[273]

선진국의 계획기간을 살펴보면, EU-ETS는 시범사업적 성격을 갖는 1기 (2005-2007년)는 3년이었지만, 2기(2008-2012년)는 5년이었는데, 3기는 2013년 1월부터 시작해 3년(계획기간 I) 또는 5년(계획기간 II)이 아니라 8년 이 될 것이다.[274] W-M법안은 5년 단위이고, 호주 CPRS는 5년 단위로 이행 기간을 설정하되, 국제 감축목표가 5년 이상일 경우 연장토록 하고 있는 데,[275] 청정에너지법(CEB)은 5년 감축목표치를 미리 세우되 매년 보완토록

269) Flachsland et al., *Developing the Inetrnational Carbon market, supra* note 179, at 20.
270) Sterk et al., *supra* note 6, at 18.; 같은 취지, Deloitte, *Design implications of linking emission trading schemes and the impact on business* (2009), at 9.
271) Jane Ellis and Dennis Tirpak, *Linking GHG Emission Trading Systems and Markets,* OECD/IEA COM/ENV/EPOC/IEA/SLT(2006)6 (Oct. 2006), at 23.
272) Edenhofer et al., *supra* note 140, at 16.
273) *Id.*
274) Markus Wräke, Dallas Burtraw, Asa Löfgren, Lars Zetterberg, *What Have We Learnt from the European Union's Emissions Trading System?* Royal Swedish Academy of Sciences (2012), at 19.
275) 환경정책평가연구원·에너지경제연구원, 앞의 글 239, 98면.

하였다.276)

비록 계획기간의 차이가 심각한 것으로 보이지는 않는다고 할 지 라도, 그것은 대개 정치적 신뢰의 문제를 일으키는 데,277) 연계되는 거래제시스템은 계획기간을 설정함에 있어 포스트 교토체제의 국제 감축계획기간,278) 연계되는 국가의 감축목표 달성계획, 국제적 상황 등을 고려해 가급적 조화시키는 것이 바람직하다고 본다.

나. 한국에서의 쟁점 및 시사점

한국의 경우 배출권거래제의 계획기간은 언제부터 1차 계획기간을 시작할 것인가, 즉, 배출권거래제의 도입시기와 관련해 크게 문제되었다. 왜냐하면, 한국의 경우 배출권거래제를 처음으로 도입하는 지라 배출권거래제의 1차 계획기간이 시작되는 시점이 사실상 배출권거래제의 실시시기와 일치하기 때문이었다. 거래제법에 의하면, 계획기간은 5년 단위로 설정되는데,279) 1차 계획기간(2015-2017)과 2차 계획기간(2018-2020)만 예외적으로 3년으로 규정하였다. 이는 제도 도입초기의 시행착오를 줄이기 위한 일종의 준비기간이자 학습기간으로서의 성격이 강하다. 당초 정부의 거래제법 입법예고안에서는 1차 계획기간이 2013년 1월 1일부터 2015년 12월 31일까지로 되어 있었는데,280) 산업계에서 미국·일본·호주 등이 배출권거래제법을 연기 또는 철회하고 있고, 주요 경쟁상대국인 일본·중국·인도 등의 도입동향을 예의주시해야 하므로, 국제 기후변화 협상이 타결되고 온실가스 목표관리제

---

276) IETA, *IETA Summary of the Australia-European Union Linkage Plan, supra* note 128, at 6.
277) Mace et al., *supra* note 34, at 61.
278) 2012년 도하합의에서 포스트 교토기간은 2013년부터 2020년(8년) 까지로 하기로 결정하였다.
279) 거래제법 제2조제4호.
280) 거래제법 입법예고안 부칙 제2조.

시행에 따른 기본 인프라가 갖춰지는 2015년 이후로 연기해 달라고 주장하여, 이것이 수용되어 1차 계획이 2015년부터 시작하는 것으로 변경되었다. 한국의 경우 1차 계획기간(2015-2017년)은 시범사업 기간으로서의 성격이 강하고, 2차 계획기간(2018-2020년)은 준비기가 되며, 2020년부터 시작되는 3차 계획기간부터가 본격적인 도입기가 될 것으로 여겨지는데, 가급적 빠른 시일 내에 포스트 교토체제에 의한 국제 감축계획기간 및 EU·미국·호주 등의 배출권거래제 계획기간과 일치시키는 것이 바람직할 것으로 여겨진다.

(3) 사후조정의 불인정

가. EU지침 및 판례

사후조정은 계획기간이 시작되기 전 시장참여자들에게 할당이 이루어지고 난 뒤,[281] 배출권을 재분배하거나 조정하는 것을 말하는데, 생산계획을 반영한 할당방법 및 탄소집약도 방식의 감축목표설정 등과도 관련되어 있다. 한번 상한이 설정되고 할당이 이루어지고 난 뒤에는 개별 할당결정은 신규진입·시설폐쇄 등 특별한 경우를 제외하고는 변경이 허용되지 않는다.[282] 큰 규모의 사후조정은 탄소가격을 조절하기 위한 유용한 도구로 간주된다.[283] 계획기간 말이나 계획기간 중에 시장의 유동적이 너무 높거나 가격이 너무 높을 경우 정부는 할당량 수준을 줄이거나 늘일 수 있다.[284] EU지침 상으로는 회원국은 불가항력의 경우 일정한 시설에 대하여 추가배출권을 발행할 것을 집행위원회에 신청할 수 있고, 집행위원회는 불가항력의 입증여부를 판단하고, 불가항력이 입증되는 경우 당해 회원국이 당해시

---

281) 예를 들어, EU ETS의 경우 1기에는 계획기간 3개월 전에, 2기에는 계획기간 1년 전에 배출권 할당을 하여야 한다. Directive 2003/87/EC §11.
282) Mace et al., *supra* note 34, at 58.
283) *Id*. at 59.
284) *Id*.

설의 할당회사에게 거래가 불가능한 추가배출권을 발행하는 것을 승인하도록 되어 있다.[285] 즉, 사후조정은 불가항력인 사유로 한해 예외적으로 인정되고, 추가 배출권은 거래가 되지 못하도록 제한하고 있는 것이다.

EU는 사후조정장치를 채택하고 있는 총량배출권거래제와의 연계를 추천하지 않는데,[286] 그 이유는 거래제시스템에 대한 더 많은 정치적 개입의 위험을 증대시키기 때문이라 한다.[287] 즉, 사후조정장치와 같은 간섭을 허용하는 시스템과 연계하게 되면, 외부정부의 조작이 EU ETS내의 가격에 영향을 미칠 위험성이 있게 되기 때문이다.[288] 참고로 독일과 EU위원회간의 사후조정과 관련된 소송에서, 독일은 1단계(2005-2007) 국가할당계획에서 실질적인 생산량에 맞춰 사후조정을 적용하기를 원했고, EU집행위원회는 지침의 부속서III과 기준5(평등대우) 및 기준10(사전동결할당)에 의거해 독일의 사후조정을 거부했는데,[289] 유럽1심 법원은 2007년 11월 7일 EU집행위원회가 위와 같은 사후조정이 지침에 위반된다는 점과 평등대우 원칙위반을 충분히 입증하지 못하였다는 이유로 독일에게 승소 판결을 내렸다.[290] 그런데 이는 할당과 관련된 것이고, 연계와 관련해서는 다른 사안이 있다. 스위스의 거래시스템은 실제로 생산량에 맞춰 그들 기업의 배출목표를 매년 조정해 2020년에 마지막 조정이 되도록 했는데, EU집행부는 EU-ETS를 위해 그러한 사후조정 장치를 가진 거래제와의 연계를 거부했으므로 비EU국가에서 유사한 장치를 가지는 시스템과의 연계는 쉽지 않을 것으로 보인다.[291]

---

285) Directive 2003/87/EC article 29.1.

286) Mace et al., *supra* note 34, at 59.

287) *Hedegaard: Floor price is not preffered way to fix ETS, supra* note 213.

288) Mace et al., *supra* note 34, at 59.

289) Judgements of the Court of First Instance (7 Nov. 2007).; Vianney Schyns and Jan Berends, *Interpretation outcome legal case Germany against EU Commision concerning ex-post adjustments* (18 Dec. 2007) 참조.

290) *Id.*

나. 한국에서의 쟁점 및 시사점

　한국의 경우 비록 원단위 목표는 채택되지 않았으나, 산업계의 요구를 반영해 광범위한 사후조정을 허용하고 있다. 당초에는 정부가 대내·외적 상황을 고려하여 할당계획을 수정함으로써 하향식으로 할당량을 조정하는 규정이었으나, 예상치 못한 생산량 및 시설의 변경이 발생한 경우 개별업체가 예외적으로 할당량 조정을 신청할 수 있게 되었다.[292] 거래제법과 동법시행령에 의하면, 사후조정을 크게 "할당계획의 변경으로 인한 조정"과 "신청에 의한 조정"으로 나눈 뒤, 후자의 경우 1) 시설의 신설·증설,[293] 2) 생산품목의 변경, 사업계획의 변경 등으로 해당연도 할당액에 비해 30%이상 배출량이 증가한 때,[294] 3) 일부 사업장의 양수·합병[295] 4) 전력계통 운영에 따른 제약발전(발전기 고장, 송전선로 고장 또는 열공급·연료제약·송전제약 등 전력계통의 안정적 운영을 위한 제약으로 전기사업법 제45조에 따른 한국전력거래소의 전력계통 운영지시를 받아 발전한 경우로서 자기가 원인을 제공한 경우는 제외)으로 발전량이 증감된 때[296] 등에는 사후조정을 허용하고 있는데, 1) 내지 3)의 경우 50%이내에서, 4)의 경우 증가된 발전량에 상응하는 배출권을 추가할당할 수 있다.[297] 사후조정을 허용하는 취지는 당초 할당계획 수립 시 예측하지 못했던 급격한 경제여건 변화나 사정으로 정상적인 기업경영 자체가 어려운 문제가 있을 수 있어 이를 완화해주기 위한 것이다. 그런데 BAU 방식의 국가감축목표를 설정할 때와 각 기업에 대한 배출권 할당량 산정 시 이미 시설의 신·증설계획이 반영되는데, 또 다시 사

---

291) Schüle, Sterk, *supra* note 37, at 14.
292) 박천규 외, 앞의 글 26, 210면.
293) 거래제법 제16조제1항제2호, 동법시행령 제21조제1항.
294) 거래제법 제16조제1항제2호, 동법시행령 제21조제3항.
295) 거래제법 시행령 제21조제1항.
296) *Id*. 제21조제5항.
297) *Id*. 제21조제4항, 제5항.

후조정을 허용하는 것은 이중혜택의 소지가 있다. 특히, 배출권거래제는 온실가스 배출총량에 대한 규제를 목적으로 하는 것이기 때문에 경기호황, 시설 신증설에 대한 추가할당 등에 대한 고려가 지나치면 궁극적으로 배출총량을 지킬 수 없게 되어 국가 온실가스 감축목표를 달성하지 못하게 되는 문제가 생길 수 있다.[298] 시설의 신·증설, 생산품목의 변경, 사업계획의 변경 등으로 생산량이 증가하는 경우 원칙적으로 해당업체는 온실가스의 추가감축 및 기술개발 노력을 강화해 당초 할당받은 양을 넘지 않도록 해야 하며, 부족분은 시장에서 배출권을 구입하거나 상쇄 등을 통해 보충하여야 한다. 할당량의 사후조정이 일상적으로 허용될 경우 배출허용총량의 범위에서 거래를 허용하는 배출권거래제도의 근간이 흔들릴 우려가 있다.[299] 비록 생산품목의 변경, 사업계획의 변경 등의 경우 해당연도 할당액에 비해 30% 이상 배출량이 증가해야 한다는 조건이 부가되어 있기는 하나, 조속한 시일 내에 법제도적 개선이 필요하다고 본다.

한국은 온실가스 의무감축국이 아니면서도 배출권거래제를 도입하는 것을 감안해 국내산업이 위축되지 않도록 배려한다는 측면이 있기는 하나, 시장안정화 조치를 위한 배출권의 추가할당 등에 대해서는 외국의 입법례에서 사례를 찾아보기가 어렵다. 현 배출권거래제법은 배출권 할당의 조정, 취소, 시장안정화 조치 등으로 배출권 할당의 변경가능성을 폭넓게 인정하고 있어 오히려 시장을 불안정하게 하는 요소로 작용할 가능성이 있다.[300] 따라서 사후조정은 당초 배출권 할당량 결정시 예측하지 못했던 특별한 사정에 의해 수인한도를 넘는 과도한 부담과 피해가 발생해 파산에 이를 정도의 비용지출이 있는 경우로 매우 엄격하게 한정하는 것이 필요하다.[301]

---

298) 현준원, "배출권거래제 입법의 성과와 과제", 제3회 공법학자 대회 발표문 (2012. 6.27), 15면.
299) 박천규 외, 앞의 글 26, 223면.
300) 조현진, "배출권거래제도의 도입방안에 관한 법적 연구", 연대 법학박사논문 (2011.12), 193면을 참조하라.

EU-ETS의 경우 사후조정을 허용하는 국가와의 거래제의 연계를 반대하고 있고, 지금처럼 사후조정을 광범위하게 허용하는 것은 온실가스 감축목표의 달성을 어렵게 하여 배출권거래제 시스템 자체를 대단히 불안정하게 만들며, 너무 많은 정치적·경제적 개입의 소지와 자의성을 인정하게 되어 분쟁의 가능성을 높이고, 거래제 대상기업들에게 부당한 혜택을 줄 가능성마저 없지 않으므로, 타 거래제와의 연계이전에, 늦어도 시범성격의 1차 계획기간까지는 이를 폐지하거나 아니면 사후조정 사유를 할당량 결정시 예측하지 못했던 특별한 사정에 의해 수인한도를 넘는 과도한 부담과 피해로 정상적인 기업경영자체가 어려운 경우 등으로 엄격하게 한정할 필요가 있다고 본다.[302] 아울러 EU처럼 배출권을 불가항력의 경우에 한해서 추가발행토록 할 뿐만 아니라, 동 추가배출권은 거래가 되지 못하도록 제한하는 방안도 검토할 필요가 있다.[303]

　배출권 할당의 사후조정이 허용되면 온실가스 총량목표의 훼손, 외부조작 가능성, 시장의 불확실성의 제고 등의 문제점이 있어 환경적 통합성이 훼손될 뿐만 아니라 배출권거래제의 연계에 부정적인 영향을 가져올 수 있다. 따라서 사후조정은 허용하지 않는 것이 원칙이고, 부득이 이를 허용할 경우에도 엄격한 조건하에서 극히 예외적으로 인정되어야 한다.

---

301) 현준원, "온실가스 배출권거래제도 관련 소송사례와 시사점-독일의 사례를 중심으로", 환경법연구 제32권3호 (2010.11), 372면.; 한귀현, "지구온난화와 배출권 거래-독일의 배출권거래제법을 중심으로", 환경법연구 제29권2호(2) (2007.8), 598면 참조.

302) 참고로 박천규는 개별업체가 updating 신청시 생산량 증대의 불가피성을 명확하게 제시해야 될 뿐만 아니라 현재 적용중인 감축기술의 최적성도 함께 제시토록 해야 하고, 나아가 해당 사업장에서 감축이 아닌 다른 방안, 추가적인 상쇄활동계획 등 다른 대안이 없는 지도 검토해야 한다고 한다. 박천규, "배출권거래제의 쟁점 및 향후과제", 앞의 글 157, 424~425면 참조.

303) 같은 취지, 조현진, 앞의 글 300.

2. 연계를 촉진하기 위한 비일치 요건의 조화

비일치요건은 배출권거래제의 효율적인 연계를 위해 반드시 일치될 것을 요하지는 않지만, 가급적 조화되면 연계가 촉진될 수 있는 요건을 말하는데, 할당방법, 적용대상, 신규진입 및 폐쇄, 레지스트리의 조화 등을 들 수 있다.

1) 할당방법의 조화

(1) 할당방법과 주요국의 법제도

일반적으로 배출권의 유·무상 할당방법은 배출권거래제의 연계에 큰 영향을 미치지 않는 것으로 여겨지고 있다. 다만, 연계대상국 모두가 경매시스템을 채택하고 있는 경우 경매방식의 차이는 배출권 가격뿐만 아니라, 전체 거래제 시스템의 건전성에도 영향을 미치므로 가급적 조화가 필요하다고 한다.

배출권의 할당방법은 크게 무상할당과 경매를 통한 유상할당으로 나누어지는데, 일반적으로는 두 가지 방식이 혼합되어 사용되고 있다. 무상할당의 경우 불변실적기준의 그랜드파더링(grandfathering)과 조정실적기준의 업데이팅(updating) 및 특정기술기준의 벤치마크(benchmark) 방식 등으로 나뉜다. 먼저, 그랜드파더링 방식은 과거기준연도(또는 기간)의 정보자료(sources based on historical information)를 기준으로 배분하는 것인데,[304] 정치적 수용성이 높다는 장점이 있지만, 배출을 많이 한 자가 이익을 얻게 되므로 배출삭감에 대해 역 유인으로 작용할 수 있다.[305] 업데이팅 방식은 시간경과

---

304) 이상협·고석진, 앞의 글 97, 235면.
305) 서정민 외, 앞의 글 41, 131면.

에 따라 업데이트된 정보자료(sources based on information that is updated over time), 즉 조정된 실적을 기준으로 배분하는 것이다. 예를 들어, 2005년 할당은 2004년 기준자료를 바탕으로 배분하고, 2006년 할당은 2005년 기준 자료를 바탕으로 배분하는 것이다.[306] 이 방식은 배출원단위의 개선에 대한 지속적이고 추가적인 유인을 제공한다는 장점이 있으나, 서로 다른 배출자 의 특성(투입 및 산출물의 다양성 등)을 고려할 수 있는 원단위 기준의 설정 자체가 복잡하다는 문제 이외에도 산출보조금(output subsidy)효과를 통한 인센티브 왜곡가능성이 단점으로 지적된다.[307] 그리고 벤치마크 방식은 특 정기준(예, 기술수준·연료효율성·설비용량 등), 즉 할당기준지표를 설정하 여 기준을 충족할 때 전량 무상할당, 기준을 미 충족시 부족분을 구매토록 하여 할당량을 배분하는 것이다.[308] 그랜드파더링과 대비해 벤치마크방식 은 효율적 사업장일수록 인센티브제공이 가능하고, 조기행동도 고려가 가능 해 분배적 효과를 도모하기 용이하며, EU 국가 간 조화로운 할당규칙에도 부합해 할당정도 비교가 용이한 반면, 그랜드파더링보다 세밀한 자료요구가 필요하다는 단점이 있다.[309]

한편, 경매방식은 초기에 배출권을 입찰자, 즉 규제대상 기업 간의 경매 를 통해 배분하는 방식인데,[310] 유상배분에 따르는 기업의 부담으로 인해 제도도입에 따르는 반발이 예상되나[311] 오염자 부담원칙에 부합하고 무상 할당에 따른 최종 소비자 부담전가 방지, 탄소가격 신호 왜곡방지, 비효율적 배출사업장 폐쇄에 효과적이며,[312] 참여자간의 공평성, 배출권 가격의 신속

---

306) 이상협·고석진, 앞의 글 97.
307) 김용건, "온실가스 배출권 할당방식에 관한 논쟁과 시사점", 기후변화와 법의 지 배 (조홍식 외 편, 2010. 9.5), 347면.
308) 이상협·고석진, 앞의 글 97.
309) 위의 글, 274면.
310) 조용성, 앞의 글 102, 100면.
311) 위의 글.
312) 이상협·고석진, 앞의 글 97, 274면.

한 발견과정, 경매를 통한 재정확보 등의 장점이 있어,[313] 최근 대부분의 배출권거래시스템이 경매제 채택을 점차 확대해 가는 추세이다. EU-ETS의 경우 1차 계획기간에는 무상 대 유상의 비율이 95% : 5%, 미국 W-M법안은 2012년에 85% : 15%, 호주 CPRS의 경우 대부분 유상경매(70%)로 예정되어 있었다. 한편 최근 호주의 청정에너지법(CEB 2011)에 의하면 유동가격제가 실시되는 2015년 7월 1일 이후부터는 원칙적으로 경매에 의해 배출권이 발행되는 것으로 되어 있다.[314]

EPA에 의하면, 할당방법의 차이는 총량배출권거래제에 참여하는 대상기업들 간에 승자와 패자를 만들 수 있는데, 주목할 만 점은 할당방법의 차이는 만일 프로그램이 잘 실행될 경우 환경적 통합성에는 영향을 미치지 않게 될 것이라고 한다.[315] 배출권거래제가 적용되는 기업들에게 이루어진 할당방법의 차이는 일반적으로 거래시스템의 환경적 통합성에는 거의 영향을 미치지 않는데, 그 이유는 이러한 환경적 통합성은 대부분 전체적인 상한(cap)에 의해 결정되고,[316] 두 시스템 내에서 요구되는 감축량의 전체 합계 수준이 한계비용에 있어 상대적으로 상응할 수 있는 한, 할당방식이 차이가 나더라도 괜찮으며,[317] 시스템간의 다른 할당 메카니즘의 충격은 연계가 있던 없던 간에 양시스템에 동일하게 발생할 것이기 때문이다.[318] 그러나 경매를 위해 선택된 방법론은 경매에 기반을 둔 시스템과의 연계가 받아들일

---

313) 위의 글.

314) Clean Energy Bill 2011, part 4 §93.

315) United States Environmental Protection Agency, Office of Air and Radiation, *Tools of the Trade: A guide To Designing and Operating a Cap and Trade Program for Pollution Control*, EPA430-B-03-002 (June, 2003), at 3-14.; Jonathan L. Ramseur, *Emission Allowance Allocation in a Cap-and-Trade Program: Options and Considerations*, Congressional Research Service 7-5700 (June 2, 2008), at 1-2 참조.

316) Schüle, Sterk, *supra* note 37, at 14.; Sterk et al., *supra* note 6, at.16.

317) Mace et al., *supra* note 34, at 60.

318) Flachsland et al., *Developing the Inetrnational Carbon market, supra* note 179, at 16.

수 있는 지의 여부를 결정하는데 있어 중요한 고려요소가 될 수 있다.[319] 경매방법은 단순히 탄소가격에 영향을 미칠 뿐만 아니라, 전체적인 시스템의 정당성에도 영향을 미치기 때문이다.[320] 가령, 경매방식의 설계 및 운영상의 문제로 경매 응찰자간 공모(collusion)가 가능한 경우, 그러한 문제는 연계된 ETS에 전이될 수 있을 것이다.[321] 잘못 고안된 경매는 입찰자들로 하여금 비경쟁과 공모행동을 촉진시킬 수 있고, 경매에 있어 탄소가격뿐만 아니라 더 넓은 시장에서도 잠재적 영향을 미칠 수 있다.[322]

그러나 할당방법의 차이는 배출권의 가격을 변화시키기 때문에 분배적 효과를 발생시킬 수 있다.[323] 왜냐하면 무상할당은 보조금 수여와 같은 부(wealth)의 이전이 있기 때문에 분배적인 효과는 발생할 수 있고,[324] 더욱이 초기 할당배분이 이뤄지고 난 뒤에는, 탄소가격은 할당배분에 독립적이고 시장의 수급에 의해 결정되기 때문이다.[325] 예를 들면, 어떤 거래제의 경우 경매를 하는데 반해, 연계되는 거래제의 경우 참여대상 기업에게 무상할당을 해준다면, 후자의 경우 배출권의 가치로부터 이익을 얻을 것이다.[326] 이것은 잠재적으로 불공평한 것이 될 수 있는데, 두 시스템에 있는 기업들이 경쟁자인 경우에는 특히 그러하다.[327] 요약하면, 할당방법의 차이는 비록 분배적 효과를 일으키지만, 잘 설계될 경우 환경적 통합성 및 연계에 있어 큰 장애가 된다고는 할 수 없다.

---

319) Mace et al., *supra* note 34, at 69.
320) *Id.*
321) 서정민 외, 앞의 글 41, 132면.
322) 위의 글.
323) Lazarowicz, *supra* note 3, at 51.
324) Sterk et al., *supra* note 6, at 16.
325) Schüle, Sterk, *supra* note 37, at 14.
326) Lazarowicz, *supra* note 3, at 51.
327) *Id.*

(2) 한국에서의 쟁점과 시사점

한국의 경우 유·무상 할당비율과 시기에 대해 에너지 다소비업체의 국제 경쟁력과 관련해 많이 논의되었으나, 세부적인 할당방식에 대해서는 크게 논의가 되지 않았다. 왜냐하면 한국은 아직 MRV체제가 완벽하게 구축되지 않은 상태라서 공정하고 정확한 초기 할당을 위한 데이터가 축적되었다고 보기 어려워, 거래제 도입초기의 할당기준은 과거 3년간의 배출량을 중심으로 일정비율을 감축하는 그랜드파더링 방식에 의해 할당을 하다가 점차 벤치마크 방식으로 전환해 나갈 것이라는 인식이 깔려 있었던데 기인한 것으로 보인다. 거래제법상 1·2차 계획기간의 무상할당비율이 95%이상으로 되어 있으나,328) 동법시행령에 의하면 1차 계획기간에는 100%, 2차 계획기간은 97%, 3차 계획기간 이후에는 90% 이내에서 이전 계획기간의 평가 및 관련 국제동향 등을 고려해 할당계획으로 정하도록 되어 있으므로,329) 경매가 극히 일부라도 이뤄질 것으로 예상되는 2차 계획기간 이전까지는 유·무상 할당방식의 차이가 국제적 연계에 별 영향을 미치지 않을 것으로 예상된다. 초기에는 그랜드파더링 방식이 적용되다가 벤치마크 방식으로 전환될 것으로 여겨지는데,330) 이러한 구체적인 할당방식의 차이는 온실가스 감축목표 상한에 큰 영향을 미치지 않을 것이므로 연계에 지장을 초래할 것으로 여겨지지 않으며, 할당방법과 세부적인 할당방식의 차이는 배출권거래제의 연계보다는 오히려 에너지 다소비업체의 이해관계와 국제경쟁력 문제와 직결될 수 있다.

요약하면 배출권거래제 상호간에 비슷한 형태의 할당방법을 채택하는 것이 연계를 위해 중요하다고 할 수 있으나, 반드시 엄격하게 조화될 필요는 없다.

---

328) 거래제법 부칙 제2조제2항.
329) 거래제법 시행령 제13조제1항 내지 제3항.
330) 거래제법시행령 제12조제1항 제8호, 제15조제1항 후단.

2) 적용대상의 조화

(1) 대상가스와 주요국의 법제도

교토의정서는 감축대상이 되는 온실가스로서 이산화탄소(CO_2), 메탄(CH_4), 아산화질소(N_2O), 그리고 세 가지 종류의 프레온가스(PFC, HFC, SFO)를 지정하고 있으나, 배출권거래시장에 따라 포괄하는 온실가스의 종류에는 차이가 있다.[331] EU는 1단계에서는 경험 축적차원에서 CO_2만을 대상으로 추진하다가, 단계적으로 교토체제에 맞는 6개 온실가스로 확대하였다. 미국의 RGGI의 경우 발전부문을 대상으로 하므로 CO_2에 초점을 맞추고 있는데, W-M법안 등 대부분의 거래제 관련법안은 6대 온실가스를 거래제의 대상으로 하고 있다. 호주는 CPRS 도입과 동시에 교토의정서 체제를 고려해 6개 온실가스를 모두 반영했는데, 시작단계부터 교토체제 적응 및 연계를 고려한 것으로 평가되는 바,[332] 최종적으로 의회를 통과한 청정에너지법(CEB 2011)에서는 6가지 온실가스중 이산화탄소(carbon dioxide), 메탄(methane), 이산화질소(nitrous oxide), 알루미늄 용해로부터 발생하는 과불화탄소(perfluoro carbons) 4개를 대상으로 하였다.[333] 뉴질랜드의 경우에도 2008년 배출권거래제 도입 시부터 6개 온실가스를 대상으로 하였다.[334] 일본은 총량배출권거래제 설계 시 초기에는 에너지 기원 $CO_2 + \alpha$로 하다가 차츰 6개 가스로 늘려나가는 방안을 검토 중인데, 에너지 기원 $CO_2 + \alpha$가 배출량의 95%를 차지하고, 비 CO_2가스의 감축이 더욱 비용효과적이기 때문에 연계의 장애물이 될 것 같지는 않다.[335] 만일 RGGI와 같이 CO_2를 적용대상

---

331) 서정민 외, 앞의 글 41, 132면.
332) 환경정책평가연구원·에너지경제연구원, 앞의 글 239, 30면.
333) Clean Energy Bill 2011, Subdivision E §30.; 김은정, 녹색성장을 위한 탄소시장 연계가능성에 관한 연구, 앞의 글 69, 73면.
334) Bullock, *supra* note 52, at 657.
335) Kimura, Tuerk, *supra* note 54, at 12.

으로 하는 거래제가 다른 거래제와 연계된다면 교환비율(exchange rate)이 적용되어야 한다는 점에서,[336] 거래시스템 간에는 교토의정서에 의거한 같은 정량적 거래단위를 채택하는 것이 이상적이지만,[337] 다른 온실가스 배출량은 모니터링과 배출량 산정 시에 일반적으로 CO_2 배출량에 상당하는 양으로 환산 가능하므로, 대상 온실가스의 차이는 연계의 장애가 될 것 같지는 않다.[338]

(2) 부문별 적용대상과 주요국의 법제도

세계적으로 볼 때 각 부문별 온실가스 배출비중은 발전부문이 26%로 가장 크고, 두 번째로 산업이 19%인데 철강·시멘트·알루미늄·제지가 주요 배출원이며, 산림이 17%, 농업이 약14%, 교통 13%, 가정·상업건물이 약8%를 차지하고 있다.[339] 배출권거래제의 부문별 적용대상(sectoral coverage)은 화석연료의 공급을 담당하는 상류부문(upstream)과 그 화석연료를 생산에 사용하여 온실가스를 배출하는 하류부문(downstream)으로 나눌 수 있다. 전력부문의 경우 양자의 성격을 함께 가지고 있다. 전력부문은 화석연료를 이용한 전력을 생산·공급한다는 점에서 상류부문의 성격을 지니지만, 화석연료의 일차 소비자라는 점에서 하류부문적 성격도 갖기 때문에 그 중간적 역할을 수행할 수 있다.[340] 상류부문은 화석연료를 공급하는 사업자수가 적어 행정비용이 적게 들고 관리가 수월하나, 화석연료 소비자의 온실가스 감축을 위한 유인이 부족하고 거래의 유동성을 확보하기가 쉽지 않은 반면, 하류부문은 에너지를 소비하는 산업체와 가계를 대상으로 하므로 오염자 부

---

336) Flachsland et al., *Developing the Inetrnational Carbon market, supra* note 179, at 18.; Schüle, Sterk, *supra* note 37, at 12 참조.
337) Schüle, Sterk, *supra* note 37, at 12.
338) Mace et al., *supra* note 34, at 71.
339) Lazarowicz, *supra* note 3, at 3 참조.
340) 조용성, 앞의 글 102, 104면.

담원칙을 견지할 수 있으나, 적정배출계수를 적용하기가 쉽지 않고 행정비용이 많이 들며 관리하기가 어려운 문제가 있다. 따라서 각국 배출권거래제의 경우 일반적으로 하류부문을 적용대상으로 하거나, 아니면 하류를 기본으로 하되 상류부문을 혼합하는 절충적인 방식을 채택하고 있다.

EU ETS의 경우는 "하류형의 총량배출권거래제(downstream cap-and-trade system)"인데,[341] EU지침에 의하면 부속서 I 국가는 에너지활동, 금속의 생산 및 과정, 광물산업과 제지생산 등 4개 부문이 최소 산출규제를 받는다. W-M법안은 "상류·하류 혼합시스템(mixed upstream-downstream system)"인데, 발전과 연간 25,000 toe 이상의 대형 산업체를 대상으로 하는 하류부문과 함께, 정유와 다른 화석 액체연료 생산자와 수입자 뿐 만 아니라 액체가스와 다른 온실가스의 생산자와 수입자인 상류부문을 대상으로 하는데,[342] 미국 온실가스 배출량의 약 85%를 규제하려는 것이다.[343] Lieberman-Warner 법안도 상류·하류혼합시스템이다.[344] 아울러 호주의 경우에도 혼합시스템인데, 연간 25,000톤 이상의 CO_2를 배출하는 대규모 사업장뿐만 아니라, 화석연료 수입업자, 제조 및 공급업자에게도 이행의무책임을 부담시키고 있다.[345]

일반적으로 적용대상 부문이 다르면, 연계에 의해 배출권 가격에도 다른 영향이 나타나게 된다.[346] 가령 어떤 배출권거래제의 경우 에너지 집약도가 높은 산업, 공정부문을 주된 대상으로 하고, 연계되는 다른 거래제의 경우 동 산업·공정부문 외에 가정·교통·건물·상업 등 전체 경제부문을 포괄하게 되면 두 시스템간의 배출권 가격은 상호 영향을 받게 될 것이고, 이러한 가

---

341) Sterk et al., *supra* note 6, at 6.
342) *Id.*
343) *Id.*
344) *Id.*
345) Clean Energy Bill 2011, §31.; 환경정책평가연구원·에너지경제연구원, 앞의 글 239, 50면.
346) Sterk et al., *supra* note 6, at 9.

격조정은 두 시스템의 연계에 부정적 영향을 미칠 것이고 정치적 수용성 측면에서 영향을 줄 수 있을 것이다. 이런 점 때문에 Sterk 등(2009)은 Lieberman-Warner법안, W-M법안 및 WCI에 의해 포함되는 폭넓은 적용대상 때문에 미국 내에서의 가격조정은 석유 및 난방비를 포함한 전체 경제에 영향을 미치게 되어 광범위한 미국의 적용대상 부문은 EU ETS와의 연계에 장애물이 될 수 있고,[347] 뉴질랜드의 경우에는 비록 모든 부문을 적용대상으로 하나, 각 부문별로 거래제 적용시기가 다르며 또 농업부문 등의 경우 편입일정이 계속 연기되고 있어 연계에 부분적으로 문제가 될 수 있다.

그러나 배출권거래제의 부문별 적용대상의 경우, 대상기업의 온실가스 비용부담이나 국제경쟁력 등의 측면에서는 매우 중요하나, 연계의 측면에서는 서로 달라도 큰 문제가 안 되는 것으로 평가되고 있다. 왜냐하면 적용대상 부문이나 적용대상 온실가스가 상이하다는 것은 제도적인 비교의 문제가 아니고 연계된 거래시스템의 환경적 효과성에 영향을 미치지 않고,[348] 이 문제는 각 배출권거래제가 연계되어 있던 그렇지 않던 간에 발생하기 때문이다.[349] 즉, 두 거래시스템간의 부문별 적용대상이 다르기 때문에 발생하는 경쟁상의 불이익과 차별은 연계에 의해 발생하는 것이 아니라, 연계가 없다 하더라도 발생하며,[350] 또한, 어떤 적용부문에 대한 경제적 차별은 경제적이고 효과적인 상한설정(cap-setting)에 의해 완화될 수 있기 때문이다.[351] 참고로 배출량의 이중계산(double counting)만 없으면 상류부문과 하류부문 거래제간의 연계는 문제가 없다고 한다.[352] 연계의 관점에서 볼 때, 배출권거래제간의 부문별 적용대상을 반드시 조화시킬 필요는 없다고 하

---

347) Id. at 8.
348) Schüle, Sterk, supra note 37, at 11.; Sterk et al., supra note 6, at 7.
349) Id.
350) Id.
351) Id.
352) Baron, Bygrave, supra note 36, at 17.; Flachsland et al., Developing the Inetrnational Carbon market, supra note 179, at 20 참조.

나,353) 부문별 적용대상이 상당한 폭으로 차이가 날 경우에는 연계로 인해 발생하는 이익이 상실될 수 있고 경쟁력에도 충격을 가할 수 있어 가급적 적용부문간의 조화가 바람직하다고 여겨진다.

(3) 직·간접 배출과 주요국의 법제도

배출권거래제의 연계에 있어 직접배출과 간접배출의 문제가 검토될 수 있다. 일반적으로 직접배출만 대상으로 하는 경우, 배출권 총량할당 시 발전부문과의 이중계산 문제를 피할 수 있으나, 최종 소비단계에서의 전력사용을 억제하기 어렵다. 반면에 간접배출까지 포함할 경우, 온실가스 배출부문을 소비단계까지 통합·관리할 수 있는 장점이 있는 반면, 발전부문과의 이중계산 문제가 생길 수 있고 전력회사는 최종 소비자에게 가격을 전가할 수 있다.

EU ETS, W-M법안, 호주 CPRS법안·청정에너지법(CEB)의 경우 직접배출만 대상으로 하고 간접배출은 포함하지 않는데 반해, 영국 ETS, 뉴질랜드 ETS, 일본의 자발적 배출권거래제(JVETS)의 경우 직접배출 외에 간접배출도 포함하고 있다. 연계의 측면에서 볼 때, 직접배출시스템간에 연계될 때는 별 문제가 없으나, 직접배출시스템과 간접배출시스템 간에 연계될 때는 문제가 발생한다. 만일 양시스템간의 거래 유동량이 균형을 이루지 않고 간접적으로 적용되는 생산물의 탄소함유량이 동일하지 않다면, 어느 한 국가의 탄소유동량을 조정해야 하는 문제가 발생하거나, 아니면 그들의 시스템을 조화시켜야 할 필요가 생기게 된다.354) 따라서 어떤 국가가 직접 또는 간접 배출 유형을 채택하느냐에 따라 연계를 어렵게 할 수 있으며, 두 개의 간접 배출시스템이 연계되는 경우에는 결합된 체제 내에서 모든 배출량이 적절하게 계산되어 졌다는 것을 보장하기 위해 귀찮은 정리조정이 요구된다.355)

---

353) Flachsland et al., *Developing the Inetrnational Carbon market, supra* note 179, at 20.
354) Baron, Bygrave, *supra* note 36, at 20.

하지만, 이러한 직접배출과 간접배출시스템간의 차이는 연계를 방해할 정도의 중요한 장애물로는 평가되지 않는 것이 일반적이다. 실제로도 간접배출을 포함해 실행중인 시스템은 영국이었는데 전체적 맥락에서 중요한 문제가 되지 않았다.[356)]

(4) 한국에서의 쟁점 및 시사점

한국의 경우 배출권거래대상을 EU의 1차 계획기간이나 미국 RGGI에서와 같이 CO_2만을 대상으로 하지 않고 처음부터 온실가스를 거래제의 대상으로 하였는데,[357)] 이는 녹색성장기본법의 적용대상이 온실가스이고, CO_2외의 여타 온실가스 감축에 유리한 산업부문의 요청과 미국·호주·뉴질랜드 등 후발 국가의 사례 등을 고려한 것으로 여겨진다.

부문별 적용대상은 미국·호주와 같은 상·하류 혼합시스템을 채택하기보다는 EU와 같이 하류부문과 발전부문을 참여대상으로 하였는데,[358)] 연계의 장애물이 될 것 같지는 않다. 당초에는 현재 목표관리제가 적용되는 모든 부문 및 업종이 포함되어 있었다.[359)] 그러나 수정안에서는 정부가 할당계획을 통해 준비여건과 국제경쟁력을 고려하여 대상·부문·업종을 결정하기로 하여 탄력적인 적용이 가능하도록 하였다.[360)] 다만, 거래제 대상사업자가 약 460개 정도밖에 안되고, 산업부문의 할당량이 적어 배출권거래 자체가 제대로 이뤄지지 않을 가능성을 배제할 수 없으므로, 명령지시방식인 목표관리제를 조속히 폐지해 목표관리제 적용대상사업자를 거래제로 흡수·포괄하고, 거래제 적용대상자를 확대해 조기에 유동성을 확보하고 투자자들의

---

355) Id.
356) Id.
357) 거래제법 제2조제1호, 녹색성장기본법 제2조제9호.
358) 거래제법 제8조제1항.
359) 박천규 외, 앞의 글 26, 210면.
360) 거래제법 제5조제1항제3호.; 위의 글.

시장참여를 유도하는 등 시장조성을 위해 적극적으로 나설 필요가 있다.

한국 거래제법에서는 EU-ETS, W-M법안, CPRS·CEB와 달리, 영국·뉴질랜드 거래제처럼 직접배출뿐만 아니라 간접배출도 포함시켰는데,[361] 녹색성장기본법에서 직접배출뿐만 아니라 간접배출까지 포괄하고 있고, 전력사용의 억제유도 등을 고려한 것으로 여겨진다.

생각건대 배출권거래제의 적용대상을 CO_2만으로 한정하지 않고 온실가스를 포괄하면서도, 배출권거래제의 초기 도입단계 및 산업계의 반발 등을 고려해 EU-ETS와 같이 하류부문과 발전부문을 대상으로 한 것은 적절한 정책적 판단이었다고 여겨지며, 다만 간접배출을 포함시킨 것은 국내 배출권 할당 및 산정 시 뿐만 아니라, EU·미국·호주의 직접배출시스템과의 연계 시 재산정 및 조정문제를 불러일으킬 것으로 예상되며, 이중계산(double counting)문제가 발생하지 않도록 주의하여야 한다.

3) 신규진입 및 시설폐쇄의 조화

(1) 신규진입·시설폐쇄의 취지 및 주요국의 법제도

EC는 Directive와 가이드 문서를 통해 신규진입자, 폐기(cancellation) 등을 언급하고 있으나, 적용방식에 관해 회원국의 자유재량을 허용하고 있다.[362] 그런데 신규진입과 시설폐쇄[363]에 대한 처리방식은 다르면 배출량 할당의

---

361) 거래제법 제2조제2호, 녹색성장기본법 제2조제10호.
362) Annex Ⅲ-criterion 6.; 환경정책평가연구원·에너지경제연구원, 앞의 글 239, 452, 565-566면 참조.
363) 폐쇄에 대한 공식적인 정의는 EU회원국마다 상이하다. 영국 국가보고서에 따르면, 공장폐쇄를 영구적으로 운영이 중단된 사업장 혹은 지침서 Directive 2003/87/EC Annex I에 명시된 활동(activity) 규모 아래로 사업규모가 축소된 경우로 정의하고 있다. 환경정책평가연구원·에너지경제연구원, 앞의 글 239, 118면.

형평성 문제를 야기할 수 있고, 시설에 대한 신규투자나 노후시설의 처리 및 폐쇄에 있어 상이한 유인을 제공할 소지가 있다. 신규진입과 시설폐쇄에 대한 서로 다른 처리에서 나타나게 되는 수용 곤란한 왜곡은 연계된 시스템의 전체 상한과 형평성에 잠재적인 영향을 미칠 수 있다.[364] 극단적으로 생산을 중단해야 하는 어떤 기업이 폐쇄시설인 경우에도 배출을 계속 허용하는 국가로 이전할 수 있다.[365] 반대로 기업들이 배출권을 무상할당하는 곳에서 새로 시작하거나 아니면 새로운 생산시설을 확장할 유인을 가지게 된다(Blyth, Bosi, 2004).[366] EU에 앞서 배출권거래제를 도입한 미국의 SO_2 거래제에서 신규진입자의 경우 매년 경매를 통해 배출권을 구입해야 한다(Parker 2008).[367] 반면 EU는 2013년부터 2020년 기간 동안 공동체 전체 할당량의 5%를 신규진입자를 위해 유보해 두도록 하고 있다.[368] EU의 대부분 국가들이 신규진입자들을 위한 할당예비량(new entrant reserve)을 마련하여 무상배분하고 있으며, 폐쇄사업장에 대해서는 예비량 또는 해당 부문으로 이전시키고 있다.[369] 비록 연계되는 시스템간의 신규진입 및 시설폐쇄에 관한 일관성 있는 처리규정이 없다 하더라도 이러한 영역에서의 일관성은 필요하다.[370] 그러나 중요한 점은 이러한 문제는 연계가 없을 때도 존재했고, 이러한 규정의 차이는 단지 배출권의 가격에 영향을 미치는 한도 내에서 연계에 영향을 미치게 된다는 것이다.[371] 연계와 관련한 중요한 규정차

---

364) Mace et al., *supra* note 34, at 71.

365) Tuerk et al., *supra* note 45, at 26.

366) *Id*에서 재인용.

367) 이선화, "EU·ETS를 통해서 본 배출권 초기할당의 이슈와 쟁점", KERI Zoom-In, (한국경제연구원, 09-02), 11면에서 재인용, <http://www.keri.org/jsp/kor/research/report_type/report_view.jsp?url=&boardSeq=749&page=1&key=&svalue=&menuCode=&masterCode=K001010&sa=v&dsa=researchCommon&subMasterCode> (2012.10.16.방문).

368) Directive 2009/29/EC §12.7.

369) 환경정책평가연구원·에너지경제연구원, 앞의 글 239, 117면.

370) Mace et al., *supra* note 34, at 71.; Tuerk et al., *supra* note 45, at 25.

이는 결국 그러한 차이가 배출권 가격에 영향을 주는 지 여부에 달려 있다고 할 수 있다.[372]

(2) 한국에서의 쟁점 및 시사점

한국의 경우 각국과 유사하게 신규 진입자를 위한 배출권 할당을 위해 총배출권의 일정비율을 배출권 예비분으로 보유하도록 하고,[373] 전체 시설폐쇄, 정당한 사유 없이 가동예정일로부터 3개월 이내 시설 미가동, 1년 이상 시설정지 된 경우 할당을 취소하며,[374] 이를 할당예비분으로 이전할 수 있도록 하였으므로,[375] 이와 관련해서는 특별한 쟁점은 없었고 연계에 지장을 초래하지 않을 것으로 여겨진다. 요약하면, 신규진입과 시설폐쇄 처리규정은 연계되는 시스템간의 조화가 바람직하지만, 비록 일부 차이가 나더라도 연계의 중요한 장애물이 된다고는 할 수 없다.

4) 레지스트리의 조화

(1) 레지스트리의 운영 및 주요국의 법제도

레지스트리란 국제거래기록(International Transaction Log, ITL)과의 연계(표준화)를 고려해 국가전체의 배출권 보유현황, 거래내역, 감축위무 준수상태를 기록하는 국가 온실가스 전산화시스템이다.[376] 마라케쉬 합의문에 의

---

371) Tuerk et al., *supra* note 45, at 26.
372) 서정민 외, 앞의 글 41, 130면.
373) 거래제법 제18조.
374) 거래제법 제17조제1항 제2호 내지 제3호.
375) 거래제법 시행령 제22조제9항.
376) 이상협·고석진, 앞의 글 97, 620면.; 레지스트리는 배출권의 기록, 소유, 이전, 취소, 폐기의 기능을 수행하게 되며, 배출권 거래에 참여를 희망하는 참여자는 레지

하면, 부속서 I 의 각 당사국은 EUAs·CERs·AAUs 및 RMUs의 발행·소유·
이전·획득·취소 및 폐기와 ERUs·CERs 및 AAUs의 이월을 보장하도록 국가
레지스트리를 설치하고 유지하도록 되어 있다.[377] EU지침은 "회원국은 배
출권의 발행·보유·이전·폐기를 정확하게 계산하기 위해 레지스트리를 설립
하고 유지해야 한다고 명시하고 있다.[378] 현 교토체제하에서 배출권의 거래
는 국제거래기록(ITL)에 연계될 때만 가능하다.[379]

한 국가 내에서 온실가스 관련 레지스트리는 "국가 레지스트리(National
Registry, NR)"와 "배출권거래 레지스트리(Emissions Trading Registry, ETR)"
로 구분될 수 있는데, NR은 의무당사국들이 필수적으로 구축해야 하는 레
지스트리로서 국가 내 교토 유닛의 보유 및 거래상황을 기록·보관하는 기능
을 수행하며 국제기록거래(ITL)의 관리 감독을 받고 있고,[380] ETR은 국내
배출권거래제 참가자들의 배출권 보유 및 거래현황과 의무이행상황을 점검
하기 위한 레지스트리인데,[381] 양자는 통합 또는 분리·연계되어 운영될 수
있다.[382] 배출권거래제의 국제적 연계와 관련해 배출권의 이전 등을 위한
레지스트리는 가급적 일치시키는 것이 바람직하다. ETS의 레지스트리는 연
계된 시스템간의 배출권의 이전을 가능하게 하기 위해서는 서로 비슷해야
한다는 것이다.[383] 그런데 연계되는 시스템 간에 거래되는 배출권의 폐기나
발생을 위한 효과적인 메카니즘이 만들어진다면, 레지스트리 체계의 차이가
연계를 차단하는 것은 아니며,[384] 레지스트리가 다른 경우에도 기술적 수단

스트리에 계좌를 보유해야 한다. 조용성, 앞의 글 102, 113면.
377) Marrakech Accords §17.
378) Directive 2003/87/EC §19.
379) Edenhofer et al., *supra* note 140, at 12.
380) 이상협·고석진, 앞의 글 97, 637면.
381) 위의 글.
382) 위의 글, 626면 참조.
383) Flachsland et al., *Developing the Inetrnational Carbon market, supra* note 179, at 16.
384) Mace et al., *supra* note 34, at 71.

을 통해 서로 상응하게 될 수 있는 것이다.[385] 그러나 공통추적시스템(예를
들어, 크레딧과 배출권을 위해 조정된 시리얼 번호를 사용)은 통합성을 높이
고, 배출량 감축을 위한 이중계산을 피할 수 있게 도움을 주며, 특히 상쇄
프로젝트가 포함된 경우에는 더욱 그러하다.[386] 또한 공통 레지스트리는 다
른 시스템 안에 있는 참가자들의 거래비용을 줄여줄 수도 있다.[387] 이런 차
원에서 Edenhofer 등(2007)은 초기 할당과 이에 기반한 거래의 추적 및 투명
성을 높이고 불확실성과 조작의 위험성을 줄일 수 있도록 통합 레지스트리
(a joint consolidated registry)의 설립을 제안하고 있다.[388]

EU의 레지스트리는 "국가 레지스트리"(NR)와 "배출권거래 레지스트리
(ETR)"의 통합 레지스트리를 구축하여 국제거래기록(ITL)과도 연결이 되어
국내 배출권거래제 관리뿐만 아니라 국제협약 상 레지스트리 관련의무도
하나의 레지스트리로 이행할 수 있다.[389] 즉, 국가 온실가스 감축 인벤토리
와 배출권거래제의 레지스트리가 결합된 통합레지스트리라 할 수 있다. 더
나아가 2009년 EU-ETS 수정지침은 국가별 ETS 레지스트리들을 통합해 EU
집행위가 운영하는 단일 EU 레지스트리방식을 채택하고 있다. 종전의 국가
별 레지스트리(National Registry)에서 EU 레지스트리(the Union Registry)로
전환 중에 있는 것이다.[390] 그러나 일본의 경우 ITL과 NR만 연결되어 있을
뿐, 국내 배출권거래제의 ETR은 별개의 시스템에서 가동되고 있는 바, 자발
적 배출권거래제 시행에 따른 한시적 현상으로 여겨진다.[391]

---

385) Tuerk et al., *supra* note 45, at 26.

386) Mace et al., *supra* note 34, at 71.

387) *Id.*

388) Edenhofer et al., *supra* note 140, at 12.

389) 이상협·고석진, 앞의 글 97, 641면.

390) Climate Action, *EU Emissions Trading System - Transition to the Union Registry* (2011.
7.18), <http://ec.europa.eu/clima/news/articles/news_2011071802_en.htm> (2012.12.
11.방문); *EU reveals carbon-market reform package*, EurActiv (14 Nov. 2012).

391) 이상협·고석진, 앞의 글 97, 641면 참조.

(2) 한국에서의 쟁점 및 시사점

한국의 경우 의무감축국이 아니므로 국가레지스트리(NR)를 구축할 국제적 의무는 없으나 국가레지스트리에 해당하는 "국가온실가스 종합정보센터"를 2010년 6월 15일 출범하였고 배출권거래제법에 의한 배출권거래소가 조만간 출범할 예정이다.[392] 앞으로 EU와 같이 통합레지스트리로 만들건지, 아니면 일본과 같이 한시적이나마 별도의 배출권거래 레지스트리를 운영할 것인가가 과제인 바, 배출권거래제의 국제적 연계, 배출권의 보유·이전·거래 등을 포함하는 국가 온실가스 정보의 종합화, 포스트 교토체제하 의무감축국으로의 전환대비 등을 고려할 때, EU와 같이 국제기준에 부합하는 통합레지스트리를 설립하는 것이 적절하다고 판단된다. 연계대상국간의 레지스트리 체계의 차이가 연계를 차단하는 것은 아니고 기술적 수단을 통해 장애를 극복할 수 있으나, 이중계산 방지, 거래비용 및 조작위험성 축소 등을 위해서는 가급적 레지스트리를 통합하거나 조화시키는 것이 바람직하다.

3. 소결

배출권거래제의 연계를 위한 기초요건으로서 MRV체제가 구축되었다는 전제하에서, 효율적이고 본격적인 연계추진을 위해서는 연계의 일반요건이 충족되어야 한다. 먼저, 필수요건을 구비하는 것이 무엇보다도 중요한데, 배출권거래제의 형태는 연계되는 거래제간의 환경적 통합성을 확보하기 위하여 자발적 거래제 또는 기준인정방식이 아니라 총량배출권거래제를 채택해야 한다. 이 점에서 볼 때, 미국·일본 등에서는 총량배출권거래제의 도입이

---

392) 거래제법 제22조 및 동법시행령 제26조·제27조.

좌절된 가운데 호주와 한국이 산업계의 강한 반대에도 불구하고 총량배출
권거래제를 도입한 것은 상당히 의미가 있고, 뉴질랜드의 경우 2015년 호주
와의 연계이전에 상한설정(cap-setting)을 분명하게 하는 등 제도적 보완이
필요하다. 그리고 절대적 목표를 채택하고 있는 거래제가 집약도 목표를 채
택하고 있는 거래제와 연계될 경우, 부(wealth)의 이전 문제가 야기될 수 있
고 환경적 통합성이 저해될 수 있으므로, 캐나다·뉴질랜드·일본·중국의 경
우 앞으로의 연계를 고려해서 집약도 목표에 대한 신중한 검토가 필요하다.
아울러 절대목표를 채택하고 있다 하더라도 감축목표 수준의 상대적 엄격
성이 대단히 중요한데, 미국의 배출권거래제관련 법안의 감축목표는
EU-ETS에 비해 상대적으로 엄격하지 않은 것으로 평가되고, 한국의 경우
많은 논란 끝에 집약도 목표는 채택되지 않았고, 감축목표 수준은 법령에
명시되지 않고 할당계획에 위임되어 아직 결정되지 않은 상태이다.

　상쇄제도의 경우 효율적 연계를 위해 국제기준에 맞게 상쇄기준과 방법
론, 상쇄허용범위 및 허용한도를 조화시키고, 상쇄의 질을 관리하여야 한다.
EU-ETS는 원칙적으로 CDM과 JI만 인정하고 원자력·산림분야 등의 상쇄는
허용하지 않는 데 반해, 미국·호주·뉴질랜드·한국의 경우 산림분야의 상쇄
를 허용하고 있어 조화가 필요하다. 상쇄허용한도는 배출권의 수급과 가격
에 영향을 미치게 되어 조화가 필요한 데, 그간 EU는 10-50%로, W-M법안
의 경우 30%로 하면서 국내와 국제 상쇄분을 균등하게 나누고 있으며, 호
주는 50%인데 반해 뉴질랜드는 무제한적인 사용을 허용하고 있다. 한국의
경우에는 상쇄한도가 10%이내이고 해외상쇄는 전체 상쇄한도의 50%이내
인데, 1·2차 계획기간 동안에는 국내 감축을 우선 추진하기 위해 해외상쇄
는 불허하였는데 효율적인 연계를 위해 조화가 필요하다. 그리고 법위반행
위에 대한 강한 제재는 총량배출권거래제의 실효성을 담보하는데 필수적인
장치이므로, 미국·호주·뉴질랜드의 경우 EU-ETS 수준으로 제재를 보다 엄
격하게 하고, 한국의 경우 도입초기 단계인 점을 감안하더라도 과징금 수준

이 너무 낮은데 이를 상향조정하고, EU와 같이 총량배출량의 추후제출, 위반자의 명단공표 등도 명확히 할 필요가 있다.

그리고 효율적인 연계를 위해서는 필수요건은 아니나 연계되는 시장의 안정적 운영과 배출권의 급등락 같은 가격불안정을 해소하기 위해 조화가 요구되는 중요요건을 일치시키는 것이 요구된다. 먼저, 배출권 가격 상·하한제는 시장에 직접 개입하는 가격통제 제도이므로, 이를 채택하고 있는 미국·호주·뉴질랜드·한국의 경우 연계에 있어 장애물이 될 수 있어 조화가 필요하고, 대부분의 거래제에서 이월은 허용하고 차입은 일정한도 내로 제한하고 있어 연계에 장애가 될 것 같지는 않다. 한국의 경우 시장안정화를 위해 가격상한제, 배출권 보유한도 설정 등 지나치게 시장에 개입하는 수단들을 제도화하고 있는데 불가피하게 이러한 제도를 두더라도 초기단계에 한해서만 한시적으로 사용할 필요가 있다. 아울러 계획기간을 가급적 일치시켜야 하고, 사후조정은 불가항력인 경우에 한해 예외적으로 인정해야 하는데, 한국의 경우 비록 집약도 목표는 채택하지 않았으나 지나치게 광범위하게 사후조정을 허용하고 있어 개선이 필요하다.

그리고 제도가 일치되지 않아도 연계에 지장을 미치지는 않으나, 할당방법, 적용대상, 신규진입 및 폐쇄, 레지스트리의 조화 등은 연계를 촉진하기 위해 제도를 조화시키는 것이 바람직하다. 할당방법의 차이는 거래시스템의 환경적 통합성에는 거의 영향을 미치지 않고 각국 공히 초기에는 무상할당을 원칙으로 하다가 점차 경매비율을 확대하므로, 경쟁력에는 영향을 미칠 수 있으나 연계에 큰 장애가 될 것 같지는 않다. 적용대상가스 측면에서는, 배출권거래제 초기에는 CO_2로 하다가 점차 6개 온실가스로 확대할 것인지, 아니면 시작단계부터 곧바로 온실가스를 적용대상으로 할 것인 지는, 적절한 교환비율을 적용하면 되므로 연계의 장애가 될 것 같지 않다. 부문별 적용대상의 경우, 미국·호주·뉴질랜드처럼 상·하류복합시스템으로 할 지, 아니면 EU·한국처럼 하류시스템으로 할 지는 대상기업의 비용부담이나 국제경쟁력 등의 측면에서는 중요하나, 환경적 통합성에는 큰 영향을 미치지 않아 연계의 직접적인 장애요인은 될 것 같지 않다. 또한 직접배출 외에 간접배출을 포함하는 시스템간의 연계 시에는 이중계산을 방지하면서 계산조정을 해야 하는 문제가 생기나 연계를 방해할 정도는 아니다. 신규진입 및 시설폐쇄의 경우 EU·미국·한국 등 대부분의 국가에서 배출권의 처리규정이 비슷해 연계에 지장이 될 것 같지 않고, 레지스트리의 경우 EU처럼 국가레지스트리와 배출권 레지스트리를 통합하는 것이 효율적이고, 최근 호주가 EU-ETS와의 연계를 위해 통합적 형태로 레지스트리법을 개정하고 있는 점을 참고할 필요가 있다.

제4절 연계를 위한 특수요건

1. 기본방향

배출권거래제의 연계를 제약하는 가장 중요한 요인은 주요국가의 경우 배출권거래제 자체가 도입되지 않다 보니 연계를 하려고 해도 마땅히 연계할 적절한 대상이 없다는 점이다. 배출권거래제의 도입은 연계의 선행조건인데도 불구하고, 그간 연계와 관련된 대부분의 연구가 기 실시중인 거래제 간의 연계만 고려하였지, 왜 배출권거래제가 도입되지 않는지, 이를 어떻게 극복할 지에 대해서는 연구가 미흡하였다.

미국·일본 등의 경우에서 보듯이, 에너지집약 산업체의 강력한 반대 때문에 배출권거래제 도입자체가 빈번히 좌절되는 상황 하에서는 연계는 생각해 볼 수도 없는 것이고, 최근의 호주·EU간의 연계사례에서 보듯이, 산업계와 정치권의 반대를 극복해서 배출권거래제를 도입하고 나서야 비로소 EU-ETS와의 연계를 성사시킬 수 있었던 것이다. 다시 말해 배출권거래제의 도입은 연계의 선행조건이라고 할 수 있다.

이렇게 볼 때, 연계의 장애가 될 수 있는 법제도적 설계요건들을 조화시키고 일치시키는 노력도 중요하지만, 먼저 배출권거래제, 특히 총량배출권거래제를 도입할 수 있도록 연계와 경쟁력을 조화시켜 탄소누출에 대한 보완방안을 강구하고, 온실가스 및 배출권거래제 관련 집단소송 제기가능성에 대한 산업계의 우려를 완화하는 것이 필요하다. 그리고 산업계는 총량제한 (cap)에 의한 생산차질을 우려하므로 거래제와 탄소세와의 연계를 통해 양자의 장점을 극대화하고, 연계당사국 및 이해관계자들의 분배문제를 고려하고, 이들이 사전에 충분한 준비를 할 수 있도록 단계적인 연계를 추진하는 한편, 배출권거래제의 연계를 촉진시킬 수 있는 국제적인 지원 메카니즘을 구축하는 것도 필요하다.

2. 연계와 경쟁력의 조화

1) 탄소누출 보완대책

(1) 연계와 경쟁력의 조화를 위한 법적 장치 강구 필요성

IPCC에 의하면 탄소누출(carbon leakage)이란 어떤 국가에서의 온실가스 감축이 여타 국가에서의 온실가스 배출 증가를 초래하는 현상이라 정의하고 있고,[1] EU·ETS 지침에 의하면, 탄소누출이란 산업부문에 대해 상응하는 탄소제약을 부과하지 않는 제3국에서 온실가스 배출량이 증가하는 것을 말한다.[2] 어떤 부문에서의 경쟁력이라는 개념은 탄소규제 체제가 실시되고 난 뒤 이익과 시장점유율을 유지하는 능력이라고 정의될 수 있다.[3] 배출권거래제에서 경쟁력이라는 것은 어떤 부문이나 하위부문이 외부의 배출권거래제가 실시되지 않는 곳의 상응하는 부문과 경쟁할 능력이라 할 수 있는데,[4]

---

1) IPCC, *Forth Assessment Report: Climate Change 2007*, <http://www.ipcc.ch/publications_and_data/ar4/wg3/en/ch11s11-7-2.html> (2013.1.29.방문).

2) Directive 2009/29/EC, recitals 24.

3) Tobias Hausotter, Sibyl Steuwer, Dennis Tänzler, *Competitiveness and Linking of Emission Trading Systems*, Umwelt Bundes Amt (01/2011), at 8.; Julia Reinaud, *Trade, Competitiveness and Carbon Leakage: Challenges and Opportunities*, Chamtham House (January 2009), at 8. [hereinafter Reinaud, *Trade, Competitiveness and Carbon Leakage*].

4) Reinaud, *Trade, Competitiveness and Carbon Leakage*, *supra* note 3, at 8.

특히 중요한 것은 국가 간의 경쟁력인 국제경쟁력이라고 할 수 있다. 배출
권거래제가 실시되면 대상기업들은 온실가스 배출할당량이 정해지고 이를
초과하는 경우 배출권을 구입해 할당량을 채우거나 아니면 벌금을 납부해
야 하는 등의 불이익을 받게 된다. 즉, CO_2 배출에 대해 명확한 가격을 설정
하는 상한(cap)을 도입하는 것은 국가 간의 형평성을 왜곡하고 탄소누출의
위험을 만들며 국제무역에 노출된 업종의 경우 일자리가 없어질 수 있다.[5]
온실가스 배출량이 많거나 에너지를 많이 사용하는 기업들은 배출권거래제
의 도입·실시에 따라 제품가격의 상승, 경제적 부담 등으로 인해 해외의 다
른 기업과 비교해 경쟁력이 취약해 질 위험에 노출되게 된다. 배출권거래제
도는 기업의 배출권 확보비용, 생산요소 투입비용, 시장점유율 및 수익성 등
기업의 경쟁력에 많은 영향을 미칠 수 있다. 그런데 온실가스 규제에 따라
경쟁력에 심각한 영향을 받는 기업 또는 업종은 생산비용증가 영향이 크고
이러한 비용전가가 어려운 경우가 된다.[6] 비록 정도의 차이는 있으나 주로
알루미늄·제지·시멘트·정유·화학업종이 해당된다. 탄소누출율이 높은 업
종은 시멘트나 발전부문보다는 주로 철강과 알루미늄인데 그 이유는 전자
가 후자보다 훨씬 덜 거래되기 때문이다.[7] 특히, 국제경쟁력만을 고려할
경우 생산비용증가 영향이 크고 관련시장의 국제경쟁 정도가 높은 경우일
것이다.[8]

만일 전 세계적으로 배출권거래제가 실시될 경우에는 각국의 기업들이
같은 조건으로 경쟁하게 될 것이므로 국제경쟁력 문제는 크게 문제되지 않
을 것이다. 그러나 글로벌 배출권거래제(global emissions trading system)가

---

5) *Id.* at 3.
6) 김용건, "온실가스 배출권 할당방식에 관한 논쟁과 시사점", 기후변화와 법의 지배
   (조홍식 외 편, 2010. 9.5), 355면.
7) Julia Reinaud, *Issues Behind Competitiveness and Carbon Leakage* (IEA, October 2008),
   at 4.
8) 김용건, 앞의 글 6, 355면.

존재하지 않는 경우, 만일 해당 기업이 배출규제가 적용되는 국가에 소재한다면 제품생산과 관련된 직·간접 비용이 달라지게 되어 그 결과 산업부문과 하위부문에서 받는 영향이 달라질 수 있다.[9] 개방경제하에서 일방적으로 배출권 거래제를 채택하고 있는 소국가는 무역거래에 있어 가장 큰 영향을 받을 것이고 산업경쟁력이 가장 크게 축소되는 경향이 있다.[10] 국제경쟁력 문제가 중요한 문제로 인식되는 배경에는 온실가스 규제가 전 세계 모든 배출원에 동일하게 적용되지 않는 현실에서 기인한다.[11] 탄소누출은 온실가스 규제가 실시되지 않는 다른 국가나 지역에서의 온실가스 감축을 위한 기술지원을 끌어낼 수 있는 장점도 있을 수 있다. 그러나 국제경쟁력 문제는 총량배출권거래제 도입 시 더욱 심각하게 대두되는데, 탄소누출이 문제되는 이유는 단기적으로는 탄소 비용수준의 차이로 인해 즉각적인 시장점유율의 감소를 초래할 수 있고, 장기적으로는 투자패턴을 변화시켜 에너지 집약산업과 무역비중이 높은 기업들이 탄소제약이 없거나 상대적으로 탄소규제가 느슨한 제3국으로 생산시설을 이전해 결과적으로 일자리가 축소될 수 있으며,[12] 환경적 측면에서 볼 때도 전 지구적인 온실가스 감축은 이뤄지지 않으면서 오히려 온실가스 규제가 느슨한 다른 국가에서의 배출량을 증가시킬 수 있기 때문이다.

배출권거래제의 시행에 따른 배출권 비용부담은 제품가격의 상승, 수요감소 및 생산량 감소로 이어지고, 국제시장에서의 점유율을 감소시켜 국제경쟁력을 취약하게 만들고 탄소규제가 없는 국가의 이득을 가져올 수 있다.

---

9) Hausotter et al., *supra* note 3, at 7.; Reinaud, *Issues Behind Competitiveness and Carbon Leakage*, *supra* note 7, at 8 참조.

10) *International Trade and Competitiveness Effects*, Emissions Trading Policy Briefs, at 14, <http://www.ucd.ie/t4cms/pb-et-06.pdf> (2012.10.16.방문).

11) 김용건, 앞의 글 6, 355-356면.

12) *Second Carbon leakage list-basic legal environment for the issue*, Emissions-EUETS. com (2012.7.23), at 1.

이러한 문제점을 해소하거나 완화하기 위해 국제경쟁력에 취약한 산업부문에 속한 기업들에 대해 무상할당이 제안되고 있다. 그런데 무상할당을 통해서도 생산량과 고용수준을 보호하고 탄소누출을 줄이는 목적을 달성하지못할 수도 있다.[13] 즉, 이익을 극대화하려는 제조업자가 생산량을 줄이고무료로 얻은 배출권을 판매하기로 결정할 수 있으며, 탄소가격 책정정책을갖추지 않은 다른 국가에 국내생산을 재배치하기 위한 자금을 조달하기 위해 이 수입을 사용하기로 선택할 수도 있다.[14] 특히, 유상할당의 경우에는타국의 경우에도 동일한 제도가 도입되어 있지 않으면, 당해 국가의 기업만상대적으로 높은 비용을 부담하게 되는 결과를 야기하게 될 것이고, 또한배출권거래제를 실시하는 국가에서의 온실가스 배출감소가 다른 국가에서의 온실가스 배출증가로 상쇄되어져 버린다면, 전 지구적인 온실가스 감축효과가 크게 반감될 수 있기 때문이다.

탄소누출에 대한 실증적 연구에 의하면, 어떤 일치된 결론에는 도달하지못하고 있다. IPCC는 배출권 가격의 상대적 변화에 따른 무역흐름은 5-10%의 매우 제한된 탄소누출을 유발할 수 있는데, 교토체제하의 유연성 메카니즘은 전 세계적 GDP의 1%까지 감축비용을 낮출 수 있다고 한다.[15] UNEP과 WTO를 위해 수행된 무역과 기후변화에 관한 최근의 여러 연구에 의하면, 기후변화정책들은 대부분의 산업부문에 있어 경쟁력에 미미한 영향을미치는 것으로 결론이 났고,[16] EU에서 도입된 환경세와 배출권거래제의 사례연구에 의하면, 대부분의 적용대상기업의 경우 이익과 생산량 모두가 실

---

13) 오인하, "배출규제가 탄소누출에 미치는 영향분석 및 전망-소비관점의 탄소회계와
    국경조치의 영향을 중심으로", 에너지경제연구원, 경제·인문사회연구회 녹색성장
    종합연구 총서 11-02-19 기본연구보고서 11-03, 26면.

14) 위의 글.

15) Neil Peretz, *Carbon Leakage under the European Union Emissions Trading Scheme: Is it a major policy concern?*, 23 Tul. Envtl. L.J. 57, 76 (Winter 2009).

16) Hausotter, *supra* note 3, at 9.

제로는 증가하는 것으로 나타났다.[17] 아울러 장기적인 탄소누출 효과의 강
도에 대해서는 합의된 바가 없다. EU- ETS 1기의 효과에 대한 분석결과, 거
의 모든 연구에서 국제경쟁력이나 탄소누출과 같은 부정적 효과는 관측되
지 않았다.[18] 2005년부터 실시된 EU-ETS에 있어서 시멘트·철강·정유·알루
미늄업체의 경우 무역흐름이나 생산형태에 변화가 나타나지 않았다.[19] 더욱
이 2013년부터 시작하는 EU-ETS 3기와 미국의 W-M법안의 분석결과에서
도 산업부문의 경우 대체로 중요한 정도의 부정적 효과는 없는 것으로 나타
났다.[20] 호주의 기후연구소(Climate Institute)가 수행한 연구에서도 탄소누출
은 부분적이고 크게 과장되었다고 한다.[21] 이것은 EU의 경우 무상할당,
W-M법안의 경우 산출량 기준의 업데이팅 방식에 의한 리베이트제 등에 의
해 부정적 효과가 상당히 희석되었다고도 할 수 있으나, 탄소누출의 우려가
일반적으로 생각했던 것 보다 매우 약한 것으로 증명되었다. 그리고 선진국
에 소재하는 에너지집약적, 탄소집약적 생산시설을 개도국에 이전함으로써
나타나는 온실가스의 증가효과도 통상 개도국에 새로 짓는 시설의 경우 에
너지 효율성이 높거나 온실가스 배출이 적은 최신 시설과 신 공법을 적용하
는 사례가 많아 환경적 통합성을 저해하는 부정적 효과가 일정부분 상쇄되
어지고 있다. 그러나 EU·ETS 1단계의 경우 무상할당과 초과할당이 있었고,
2-3단계의 경우에도 무상할당비율이 90%이상으로 매우 높은 점, 전기계약
이 장기로 이뤄졌다는 점, 에너지 집약도와 무역노출도가 높은 업종에 대해
서는 보호조치가 강구되고 있는 점 등을 고려할 때, 탄소누출에 대한 중장

---

17) World Bank, *International Trade and Climate change* (2008).
18) Jusen Asuka kei-Ichiro Kanamoto, Lu Xiang Chun, *Emission Trading and International Competitiveness: Case sudy for Japanese Industries*, iGEs, Working Paper (2010-004), at 24.
19) Reinaud, *Trade, Competitiveness and Carbon Leakage, supra* note 3, at 9.
20) Kanamoto et al., *supra* note 18.
21) Lenore Taylor, *Warning over ETS windfalls for industry*, The Australian (Sept. 18, 2008).

기적 영향과 해당 기업의 장기투자 및 경영전략에 미치는 영향 등을 현 단계에서 속단하기에는 이르다. 그리고 현존하는 탄소누출에 관한 많은 연구가 거의 10년 이상된 데이터에 의존하고 있고, 단지 10-20%의 탄소누출이라 하더라고 50-80%이상에 이르는 전 지구적 배출감축목표의 추진에 심각한 부정적 영향을 미치며, 중국과 여타 주요 개도국이 구속적 형태의 배출권 제약을 가하는 포스트 교토 합의채택에 저항하게 만들 수 있다.[22] 탄소누출에 관한 논쟁은 오늘날 기후정책에 있어 차선책(second-best)이고, 최선의(first-best) 정책방안은 모든 배출원들에 대해 비슷한 한계비용을 부과하는 범지구적 국제협약을 추구하는 것이다.[23] 유의할 점은 이 쟁점을 다루는 목적은 산업정책이 아니라 환경적 효과성을 달성하기 위한 것이다.[24] 앞으로 무상할당의 단계적 축소와 유상 경매제의 전면 확대추세, 포스트 교토체제하에서는 보다 엄격하고 구속력이 있는 감축목표가 설정될 가능성이 높은 점 등을 고려할 때, 현재까지의 탄소누출의 우려에 대한 연구가 충분하다고 할 수 없으며 앞으로 상황변화에 따라 바뀔 수도 있으므로 지속적인 관찰이 요구된다. 다만, 탄소누출 문제를 다룸에 있어 부정적 효과가 과장되지 않았는지 세심히 검증할 필요가 있고, 탄소누출의 영향을 받는 기업들이 있다 하더라고 그 숫자가 어느 정도이고 어느 정도로 심대한 영향을 받는 지, 그리고 규제적용의 예외를 받는 것을 넘어서 오히려 부당한 초과이윤과 혜택을 받는 것은 아닌 지, 또한 최신의 에너지 고효율 및 저탄소 기술개발을 통해 국제 경쟁력 저하와 사업장의 해외 이전 등의 문제를 해소할 수 있는지 여부 등을 면밀히 살펴보면서 관련 법적 규제와 보호장치를 마련할 필요가 있다고 여겨진다.

---

22) Michael P. Vandenbergh, Mark A. Cohen, *Climate Change Governance : Boundaries and Leakage*, 18 N.Y.U. Envtle. L.J. 221, 266 (2010).

23) Reinaud, *Issues Behind Competitiveness and Carbon Leakage, supra* note 7, at 7.

24) *Id*. at 4

(2) 경쟁력 취약산업에 대한 법적 보호방안

앞서 살펴본 바와 같이 탄소누출이 실증적으로 검증되지 않았다고 할 지라도, 온실가스 다배출, 에너지 다소비업체의 탄소누출에 대한 우려와 부담, 국제경쟁력이 미치는 위험성은 여전히 상존하고 있는 것이 사실이다. 따라서 이들 산업체는 배출권거래제의 도입자체를 완강히 반대하거나, 부득이 배출권거래제의 도입이 불가피한 경우에는 탄소누출을 방지할 수 있는 보완장치를 강구해 줄 것을 강력히 요구하고 있다. 이런 점을 고려해 배출권거래제를 도입했거나, 도입을 고려하고 있는 국가들은 탄소누출로 인한 국제경쟁력 취약산업에 대한 법적 보호를 위해 배출권의 무상할당, 부문별 협약(sectoral agreements), 국경세 부과(border tax adjustment), 금융지원 등의 방안을 강구하고 있고, 중장기적으로는 각국 배출권거래제의 연계와 글로벌 배출권 거래제(global emissions trading system)의 실시를 추진 중에 있다.

가. 배출권의 무상할당

가) 무상할당의 취지와 주요국의 법제도

일반적으로 배출권거래제의 도입을 고려 중이거나 이를 도입한 국가가 탄소누출의 위험을 방지하기 위해 가장 핵심적으로 강구하고 있는 법적 장치가 바로 배출권의 무상할당제이다. 배출권을 어떤 방식으로 할당하는 지도 산업경쟁력에 직접적으로 영향을 미치게 되는 데, 무상할당방식(grandfathering)을 택하는 경우에는 탄소시장 참가로 인한 경쟁력 저하의 문제는 일견 심각하지 않게 될 것이라고 볼 수 있다.[25] 무상할당의 경우 다량의 배출권을 무상으로 획득할 수 있을 뿐더러, 무상할당은 일반적으로 과거 또는 현재의 배출량이나 생산량에 비례하여 할당하게 되므로 경매와 비교해 에

---

25) 허성욱, "탄소시장 산업경쟁력 그리고 경쟁정책"(PPT), 녹색성장연구회 (2012.9. 11), 29면.

너지 집약적 산업의 국제경쟁력에 유리하게 작용할 수 있으며, 특히 경쟁상
대국의 관련기업이 상응하는 정도의 온실가스 규제를 받지 않고 있는 경우
에는 더욱 그러하다. 반면, 유상할당방식(auction)을 택하는 경우에는 기업들
이 탄소배출권을 취득하기 위해 현금을 지불해야 하기 때문에(outflow of
cash) 산업경쟁력에 영향을 미친다고 볼 것이나, 산업별 구체적인 영향의 크
기는 할당방식의 구체적인 기준과 내용에 따라 달라지게 될 것이다.26)

EU의 경우, 2005-2007년간의 계획기간Ⅰ에서는 95%이상을 무상할당하
고, 2008-2012년 5년간의 계획기간Ⅱ에서는 90%를 무상할당하였다.27) 그
러나 무상할당에 의한 발전업체의 횡재이윤(windfall profit)과 전력가격 상승
및 소비자 부담 등이 문제가 되자 EU 지침을 개정하게 되었는데, 당초 발전
부문은 2013년부터 전량 유상화한다는 방침에서 다소 후퇴해서 2013년 할
당량의 70%를 무상할당하고 30%를 유상화하는 것을 시작으로 2020년까지
전량 유상화하기로 하였다.28) 발전을 제외한 여타 산업부문은 2013년에는
배출권의 80%를 무상할당하고 2020년까지는 30%로 무상할당을 축소하는
등 매년 일정한 양만큼 감소시켜 2027년에는 무상할당을 부여하지 않기로
하였다.29) 다만, 탄소누출의 상당한 위험에 직면한 업종에 대해서는 벤치마
크방식에 의해(배출량의 100%까지가 아니라), 2013년부터 2020년까지만
100% 무상할당을 하도록 하였는데, 매년 축소가 가능하다.30)

대부분의 국가는 배출권의 무상할당을 통해서 탄소누출 위험을 경감하고
있는데, 탄소집약도(carbon intensity)와 무역집약도(trade intensity)라는 두 가
지 기준을 국제경쟁력 취약산업에 대한 배려기준으로 주로 사용하고 있다.
탄소집약도는 해당산업의 단위생산당 탄소배출정도로서, 탄소배출에 따른

---

26) 위의 글.
27) Directive 2003/87/EC §10.
28) *Id.* §10a.
29) Directive 2009/29/EC, recitals 21.
30) *Id.* §10a(12).

배출권 구매부담이 큰 산업을 파악하는 데 활용되고,[31] 무역집약도는 해당 산업이 해외시장에 노출된 정도로서, 탄소규제가 시행될 경우 원가상승으로 인해 해외시장에서 가격경쟁력 저하될 우려가 있는 산업을 파악하는데 활용된다.[32]

EU의 탄소누출기준은 1) 양적 기준으로서, ⅰ) 탄소집약도[33]가 5%이상이고 무역집약도[34]가 100%이상, 또는 ⅱ) 탄소집약도나 무역집약도중 어느 하나가 30%이상이면 해당되고,[35] 2) 양적 기준을 보완하는 질적 기준은, ⅰ) 감축잠재량과 비용, ⅱ) 시장특성 및 ⅲ) 한계이익이 제시되어 있다.[36] 이러한 기준에 의해 2009년 12월 31일까지 탄소누출목록이 만들어 지는데, 매 5년마다 갱신된다.[37] 동 기준 적용결과 EU의 총 242개 업종 중 약 100개의 업종이 대상업종으로 선정되었는데, 이는 배출량기준으로 제조업 총배출량의 77%에 해당되었다.[38]

미국 W-M법안의 경우, 유상경매 비율이 2012년 15%, 2013년 20%, 2030년 70%로 확대할 예정인데,[39] 원칙적으로 무상할당을 2030년 이후에는 적용하지 않을 계획이나 국제무역의 기류가 그때까지 변화하지 않는다

---

31) 삼일PwC, 온실가스 규제와 자국산업 보호정책의 미래 (2010), 4면, <http://www.samil.com/publication/filemng.nsf/0/14AECDDEB7AEE78F4925773F0027D5CB/$File/온실가스%20규제와%20자국산업%20보호%20정책의%20미래.pdf> (2011.10.16 방문) 참조.

32) 위의 글.

33) "직간접 배출비용/총부가가치"를 말한다. Directive 2009/29/EC §10a(15)(a).

34) "제3국에의 수출액+제3국으로부터의 수입액/EU전체시장 규모"를 말한다. Id. 2009/29/EC, §10a(15)(b).

35) Id. §10a(15),(16).

36) Id. §10(a)(17).

37) Second Carbon leakage list-basic legal environment for the issue, supra note 12, at 2.

38) 이상협·고석진, 배출권거래제의 사회·경제적 영향분석 연구 (환경정책평가연구원, 2012. 2), 361면.

39) 조홍식 외, 배출권거래제의 법적 쟁점분석, 서울대학교 법과대학 환경에너지 법정책 센터 (2010.1.20), 71면.

면 2030년 이후에도 무상할당을 계속 할 수 있다.[40] 탄소누출위험을 방지하기 위한 리베이트(무상할당) 프로그램의 적용대상기준은, 1) 에너지 집약도[41] 또는 온실가스 집약도[42]가 5%이상이고, 무역집약도[43]가 15%이상, 2) 에너지 집약도 또는 온실가스 집약도가 20%이상으로 규정하고 있다.[44] 미국 W-M법안의 가장 주목할 특징은 초과이득 방지와 국제경쟁력의 손실을 최소화하기 위해, 배출량 할당방식으로서 산출량 기반의 리베이트제를 2020년까지 도입한다는 것이다.[45] 관할 행정청(EPA)은 2011년 6월 30일까지 대상산업부문의 초기목록을 게재하고, 이후 목록은 2013년 2월 1일까지, 그 이후는 매 4년마다 갱신토록 하였다.[46] 이러한 국제경쟁력 보호규정에 따른 무상할당량은 전체의 약 20% 수준으로 예측된다.[47]

호주의 청정에너지법(CEB 2011)에서는 "일자리 및 경쟁프로그램(Job and Competitiveness Program)"에 의해 국제경쟁력을 고려하여 경쟁력에 영향을 받는 "배출집약적 무역노출업체(Emission-intensive trade-exposed industries, EITE)"에 대해 보호를 하고 있다.[48] EITE산업은 3년간의 산출량을 기준으로 두 가지 범주로 나눠져 차등적으로 무상할당을 받는데, 1) 배출집약도가 2,000t $CO_2e/mA\$$(수익)이상이거나, 6,000t$CO_2e/mA\$$(부가가치)이상인 활동에 하여 94.5%를 무상할당하고, 2) 배출집약도가 1,000-1,999t$CO_2e/mA\$$(수익)이거나, 3,000-5,999t$CO_2e/mA\$$ (부가가치)인 활동에 대하여 66%를 무상할당하며, 각각의 무상할당비율은 매년 1.3%씩 감소될 것이다.[49] 이 경우 무

---

40) Kanamoto et al., *supra* note 18, at 40-41.
41) "에너지비용(전력비용+연료비용)/생산액"을 말한다. H.R. 2454. §764(b)(2).
42) "배출권구매비용/생산액/"을 말한다. *Id.*
43) "수출액+수입액/생산액+수입액"을 말한다. *Id.*
44) *Id.*
45) Kanamoto et al., *supra* note 18, at 41.
46) H.R. 2454. §764(a)
47) 김용건, 앞의 글 6, 351면.
48) Clean Energy Bill 2011, Part 7.
49) Australian Governments, *Securing a clean energy future* (2011), at 55, <http://www.

상할당을 받은 EITE업체는 무상할당을 기록하고 당해 기록을 보관하여야 한다.[50]

뉴질랜드의 경우 탄소누출에 대응하는 방식이 호주와 매우 유사한데 배출집약적 무역업체(EITE)에 대해서는 농업과 함께 무상할당을 한다.[51] 2008년 출범당시의 뉴질랜드 배출권거래제는 2013년부터 2018년까지는 거래참가자들의 2005년 배출량에 의거해 90%를 무상할당하다가 점차 일정비율로 축소해 2030년에는 폐지하는 것이었는데,[52] 2009년 완화된 거래제하에서는 2006년부터 2008년 사이의 사업활동으로 부터 나오는 산업 평균 배출량에 의거한 생산량 기반 집약도 방식에 의거 매년 1.3%씩 감소시키되, 80년간 무상할당을 유지하는 것으로 개정하였다.[53] 뉴질랜드에서는 2013년 1월 1일까지 전환단계로서 운송·에너지·산업부문의 기업들에게 NZ $25의 고정가격에 배출권을 유상으로 배분하고 있고,[54] 배출량이 많은 국제경쟁 하에 있는 산업부문에 대하여 탄소집약도가 높은 업종($1,600tCO_2e/mA\$$ 이상)에는 90%, 중간정도 높은 업종($800tCO_2e/mA\$$ 이상)에는 60%의 무상할당을 하는데, 2012년 이후에는 매년 전년도 지원수준에서 1.3%씩 감소시키도록 하고 있다.[55]

---

cleanenergyfuture.gov.au/wp-content/uploads/2011/07/Consolidated-Final.pdf> (2012.12.11.방문).; IETA, *IETA Summary of the Australia-European Union Linkage Plan* (20 Aug. 2012), at 6.

50) Clean Energy Bill 2011, §147, 148.

51) Hausotter el al., *supra* note 3, at 35, footnote 585.; Climate Change Response (Moderate Emissions Trading) Amendment Act of 2009, §85.

52) David Bullock, *Emissions Trading in New Zealand: development challenges and design*, Environmental Politics Vol.21, No.4 (July 2012), at 667.

53) *Id.* at 667-668 참조.

54) Hausotter el al., *supra* note 3, at 33.

55) Climate Change Response (Moderate Emissions Trading) Amendment Act of 2009, §81, 161A, 161C.; *Id.* at 35. 43 참조.

나) 한국에서의 쟁점 및 시사점

한국의 경우 배출권거래제의 도입여부 및 시행시기와 함께 산업계에서
가장 문제 삼은 것이 무상할당 비율과 시기, 에너지 다소비, 온실가스 다배
출업체, 소위 민간업종의 국제경쟁력 배려부분이다. 당초 거래제법 입법예
고안에서는 1차 계획기간(2013-2015)에는 90%이상을 무상할당하고,[56] 2차
계획기간(2016-2020)의 무상할당 비율은 국제적 동향과 1차 계획기간에 대
한 평가를 토대로 대통령령으로 정하며,[57] 3차 계획기간부터는 경매방식에
의해 100% 유상할당 하되,[58] 그 경우 국내산업의 국제경쟁력에 미치는 영
향, 국제적 동향 및 확보된 재원의 효율적인 배분방법 등을 고려하여 할당
여부 및 할당비율을 결정하여야 한다고 규정되어 있었다.[59] 이에 대해 산업
계는 배출권거래제의 도입자체도 부담스러운 상황이고, EU의 계획기간 Ⅰ
에서는 95%이상을 무상할당했는데 우리나라가 1차 계획기간부터 90%이
상으로 무상할당비율을 정한 것은 지나치며, 탄소누출업종은 EU기준과 동
일하게 기간에 상관없이 목표치 전부에 대해 무상할당 해야 한다고 반발하
였다.

이에 한국정부는 산업계의 의견을 일부 수용해 재입법예고를 통해 1차
계획기간에는 95%이상 무상할당, 2차 계획기간 이후부터는 국제동향 및 국
제경쟁력 등을 감안하여 대통령령으로 정하도록 하였다. 참고로 정부는 EU
가 Phase Ⅰ 기간 중 유상할당은 5%미만으로 했으나 실제 유상할당비율은
0.12%에 불과했고, Phase Ⅱ 역시 유상할당비율을 10%미만으로 했으나 실
제 유상할당비율은 3.07%에 불과했다는 점을 고려하였다.[60] 그러나 산업계

---

56) "국가온실가스 배출권거래제법" 입법예고안 제8조제1항제1호.

57) *Id.* 제8조 제1항 제2호.

58) *Id.* 제8조 제1항 제3호.

59) *Id.* 제8조 제3항.

60) 국무총리실·녹색성장위원회, "온실가스 배출권 거래제도에 관한 법률안 재입법예
고실시"(보도자료) (2011.2.25) 참조.

는 할당받은 온실가스 배출량을 초과하여 배출할 경우 배출권을 매입하는
구매비용이 발생하는 데 초기 할당분 마저 유상으로 구입할 경우 이중부담
이 될 것 이고,[61] 현재로서는 2차 기간 이후의 무상할당비율을 대통령령으
로 정한다고 하여 확정된 바가 없으므로 무상할당비율의 변동가능성이 높
아 기업운영의 위험(risk)으로 인식되므로 배출권의 할당은 전면 무상으로
한다고 명시해야 한다고 주장하였다.[62] 이에 대해 환경단체에서는 배출권거
래제가 성공하기 위해서는 과잉할당과 과도한 무상할당에 의한 우발이익을
차단하는 것이 관건인데, 정부가 절대량이 아닌 배출전망치(BAU)에 유상할
당비율을 10%에서 5%로 축소한 것과 정부원안에는 없었던 에너지 다소비,
무역집약도가 높은 산업에 대해 무기한 무상할당의 길을 열어둔 것은 산업
계의 반발에 굴복한 것이라고 주장하였다.[63] 위와 같은 논의결과, 국회에서
통과된 거래제법에는 1·2차 계획기간 공히 무상할당비율이 대통령령이 정
하는 바에 따라 95% 이상으로 되었고,[64] 위의 규정에도 불구하고, 무역집
약도 및 온실가스 감축으로 인한 생산비용이 일정기준 이상인 업체에 대해
서는 특별한 기한제한 없이 100% 무상할당 할 수 있도록 민간업종에 대한
대책이 마련되어,[65] 산업계의 요구가 대폭 수용되었다.

이후 거래제법 시행령 제정과정에서 산업계는 하위법령 제정과정에서라
도 산업경쟁력을 적극 고려해 달라며,[66] 제도 시행초기에는 시범사업 성격

61) 대한상공회의소, 한국무역협회, 중소기업중앙회, 한국철강협회, "온실가스 배출권
    의 할당 및 거래에 관한 법률안"에 대한 산업계 공동건의문 (2011.10).
62) 위의 글.
63) 안병옥, "온실가스 배출권의 할당 및 거래에 관한 법률안에 관한 공청회", 국회기
    후변화대응·녹색성장특위 (2011.11.3), 15-16면 참조.
64) 거래제법 제2조 제2항.
65) Id. 제12조 제4항.
66) 대한상공회의소, "산업계, 산업경쟁력 고려한 배출권거래제 설계" 정부건의 NEWS
    WIRE (2012.6.10), <http://www.newswire.co.kr/newsRead.php?no=629744> (2012.
    10.15.방문).

도 있는 만큼 1기(2015-2017년)가 아닌 2기(2018-2020년)까지도 전면 무상할당이 필요하고, 유상할당비율은 2020년 포스트 교토 메카니즘이 어떻게 결정되는지 보고 결정해도 늦지 않다고 주장하였다.[67] 산업계에 의하면 100% 무상할당을 하더라도 정부가 기업에 부여한 감축목표 달성을 위해 설비개선·도입 등으로 약 4조 2,000억원의 비용이 발생하고,[68] 향후 100% 유상으로 전환된다면 배출권 구매비용이 더해져 최대 약 14조원까지 늘어날 것으로 보이며,[69] 온실가스 배출이 적은 서비스 산업 중심의 EU와 달리, 제조업 중심의 국내 산업구조를 고려할 때 EU 배출권거래제를 단순 모방해서는 안 되고,[70] 탄소누출업종은 EU기준과 동일하게 기간에 상관없이 목표치 전부에 대해 무상할당 해야 한다고 강조하였다.[71] 이러한 산업계의 요구에 대해 환경단체들은 정부발의 원안에는 10%이하 유상할당이었으나 산업계의 반발로 5%이하 유상할당으로 후퇴한 상황에서, 시행령에서도 다시 후퇴하면 안되므로 1차년도 유상할당비율의 최대치(95%) 적용이 필요하고,[72] 1-2차 이행기간 배출권의 이월이 허용되면서 부당이득이 우려된다고 하였다. 즉, 배출권거래제 1차 이행기간에 100% 무상할당을 받는 기업이 온실가스 배출을 부풀려서 과도한 배출권을 확보하고 다음 이행기간으로 이월하면, 이후 온실가스 배출량이 늘어도 기업은 추가비용이 전혀 발생하지 않는 부작용이 발생할 수 있다는 것이었다.[73] 또한 산업계의 할당에 따른 비

---

67) 김경태, "배출권거래제, 껍데기만 남았다", 환경일보 (2012.8.17).
68) 최광림, "기업부담으로 투자위축 … 미·일도 배출권거래제 도입주저", 한국경제뉴스 (2012.8.17).
69) 위의 글.
70) 김정석, "산업계 배출권 무상할당, 2020년까지 연장 주장", tntnews (2012.8.6), <http://tntnews.co.kr/news/view.html?section=1&category=4&no=3604> (2012.10.15.방문).
71) 대한상공회의소, 한국무역협회, 중소기업중앙회, 한국철강협회, 앞의 글, 61.
72) 환경정의 등 37개 시민사회단체, 배출권거래제 시행령 제정에 관한 시민사회단체 (38개 단체) 의견서 (2012.9.13), 4면.
73) 김경태, 앞의 글 67.

용추산(약4조 2,000억-약 14조)은 100% 유상할당을 전제로 하여 비용을 과도하게 계산한 것이고, 배출권 경매수입의 비환원 같은 불리한 전제에서 산출된 것으로 부풀려진 것이며,[74] EU는 내수기반으로 구동되는 산업구조로 무역의존도가 높은 우리의 현실과는 상당한 거리가 있어 민간업종 100% 무상할당기준을 그대로 적용한다면 전체 대상기업 중 대부분의 대기업이 100% 무상할당 대상으로 편입되는 상황이므로,[75] 민감업종 선정은 3차년도 검토기조를 세우거나 현재 시행령(안)에서 검토되고 있는 기준을 수출대기업이 제외되지 않도록 우리 현실에 맞게 재조정하는 것이 필요하다고 주장하였다.[76] 환경단체들은 민감업종 100% 무상할당기준을 적용하면 가장 온실가스를 많이 배출하는 정유·철강·발전산업 등을 비롯해 70%가 이에 해당돼 대기업들은 대부분 빠져나가고, 30%의 중소기업들은 유상할당 등으로 오히려 심각한 불균형을 겪게 되고 시장의 왜곡이 심각해 질 것으로 우려하였다.[77] 아울러 전력산업이 100% 무상할당업종에 포함되지 않도록 전력산업에 대한 예외규정을 두거나 생산비용 발생도 기준을 조정해 줄 것을 요청하였다.[78]

한국정부는 위와 같은 주장들을 종합하여 최종적으로 무상할당비율을 1차 계획기간(2015-2017년)에는 100%, 2차 계획기간(2018-2020년)에는 97%로 하고, 3차 계획기간(2021-2025년) 이후에는 90% 이하의 범위에서 이전 계획기간의 평가 및 관련 국제동향 등을 고려하여 할당계획에서 정하도록 하였다.[79] 이에 대해 EU 집행위원장인 Connie Hedegaad는 비록 대부분의

---

74) 최준영, 온실가스배출권 거래제도, 주간경향 916호 (2011.3.15), <http://weekly.khan. co.kr/khnm.html?mode=view&code=115&artid=201103091759411> (2012.10.15. 방문).

75) 환경정의 등 37개 시민사회단체, 앞의 글 72.

76) 위의 글, 5면.

77) "배출권거래 … 국가전체를 보자", 한국에너지 (2012.8.20), <http://www.koenergy. co.kr/news/articleView.html?idxno=64789> (2012.10.15.방문).

78) 위의 글.

거래제가 초기에는 높은 무상할당을 정한 뒤 점차 이를 축소시키지만, 한국의 거래제법 시행령의 경우 첫 계획기간에 100%를 무상하고, 조기행동에 대해 3%까지 크레딧을 허용하므로 첫 계획기간에 최대 103%까지 무상할당하게 된다고 지적하면서,[80] 조기행동에 대해서 매우 보수적이고 투명한 규칙을 설정하고 계획기간 Ⅱ부터는 실질적인 감축이 일어날 수 있도록 함으로써, 점차 거래제의 환경적 통합성을 강화해야 할 필요가 있다고 제안하였다.[81]

현재 시행령의 100% 무상할당 대상업종 선정기준을 적용할 경우 산업부문 배출량의 약 80.5%가,[82] 총 457개 거래제 대상업체중 304개 업체(약 67%)가 무상할당 대상이 되는 것으로 나타났는 바,[83] EU-ETS 계획기간 Ⅰ과 같이 과다한 배출량 산정과 할당에 의한 초과이윤 부여뿐만 아니라 배출권 가격의 하락 등의 부작용을 초래할 가능성이 있다. EU집행부에서 지적했듯이, 비록 계획기간 Ⅰ이 학습기간이라 해도 조기행동까지 포함해 최대 103%까지 무상할당을 해주는 것은 적절치 않고, 호주·뉴질랜드의 경우 에너지 집약도, 무역집약도가 최고수준인 산업체에 대해서도 90%만 무상할당을 해주는 점 등을 고려할 때, 1차 계획기간 중에 단 1-2%라도 유상할당에 의한 경매제를 실시해 학습효과를 가지고, 2차 계획기간 중에는 5%내외의 유상할당을 하되,[84] EU와 같이 무상할당 종료기한을 제시하며, 3차 계획기

---

79) 거래제법 시행령 제13조.

80) Connie Hedegaad, *Initial Commends on Korean ETS* (17 Oct. 2012).

81) *Id.*

82) 김용건, "산업계 경쟁력 약화는 과장 … 부담 아닌 체질개선 촉매", 한국경제뉴스 (2012.8.17) 참조, <http://www.hankyung.com/news/app/newsview.php?aid=2012081763591&sid=0106&nid=009&dtype=1> (2012.10.15.방문).

83) 환경부, 배출권거래제 시행령 제정관련 주요쟁점사항에 대한 검토의견(내부자료) (2012.11), 3면.

84) 참고로 2011년 기준으로 490개 관리업체 배출량의 5%를 유상할당시 연간 2,712억원(업체당 약 5.5억원)의 비용부담 발생이 예상된다고 한다. 환경부, 위의 글, 4면 참조.

간 이후의 경매제 또한 실시시기와 실시비율 등 중장기 일정을 명확히 제시해 거래참가자들로 하여금 정책의 예측가능성과 순응성을 높이는 것이 필요하다고 본다.

그리고 거래제법 시행령에 의하면, 민감업종 선정기준으로서 EU-ETS 지침에 의한 생산비용 증가, 무역노출도 라는 정량적 기준만 채택하고 있는데,[85] 동 지침에서와 같이 이런 정량적 기준을 보완하는 정성적 기준으로서, 1) 감축잠재량과 비용, 2) 시장특성, 3) 한계이익 등을 보완해 정성평가도 실시할 필요가 있고,[86] 호주의 경우에도 정량평가 외에 정성평가로서 국제경쟁으로 인해 비용전가 가능성 및 능력이 없음을 입증할 수 있어야 한다고 규정하고 있는 점[87]을 참고할 필요가 있다. 한편, 탄소누출업체에 대한 각국의 무상할당 기준을 비교해 보면 서로 비슷하긴 하지만 조금씩 상이한 바, 정량적 기준으로는 EU-ETS는 생산비용증가, 비EU국가가 참여한 EU-ETS, CPRS, W-M법안은 무역집약도, CPRS와 뉴질랜드 ETS는 배출집약도, 미국은 에너지 또는 온실가스 집약도가 사용되고,[88] 정성적 평가기준은 EU-ETS, CPRS 및 뉴질랜드 ETS에서는 있으나, 미국에서 제안된 법안에서는 사용되지 않았는데,[89] 앞으로 EU지침에 의한 탄소누출 방지기준 외에 여타 선진국의 기준도 비교법적으로 장단점을 살펴보고 경제학적으로 비용효과성을 면밀히 따져볼 필요가 있다고 여겨진다.

한국 거래제법령에서는 탄소누출우려가 큰 기업들에 대해서 아무런 기한 제한없이 무상할당을 하고 있는데,[90] 미국·호주의 경우처럼 해당 업계의 유상할당에 대한 사전 준비 및 자체 온실가스 감축노력의 촉진, 정책의 예측

---

85) 거래제법 시행령 제14조.
86) Directive 2009/29/EC, §10(a)(17).
87) 이상협·고석진, 앞의 글 38, 394면.
88) Hausotter et al., *supra* note 3, at 44.
89) *Id*.
90) 거래제법 제12조제4항과 동법시행령 제14조.

가능성 등을 고려해 원칙적으로 무상할당의 종료시기를 정하고 매년 무상
할당비율을 축소시켜나가는 것이 저탄소사회를 위해 정책적으로나 입법론
적으로 바람직하다고 본다. 한국의 경우 EU와 달리 산업구조상 제조업 의
존도가 높고, 철강·화학 등 주력업종 다수가 수출에 치중하는 업종이라 적
절한 탄소누출 방지를 위한 법적 장치를 강구하는 것은 반드시 필요하나,
그렇다고 해서 당해 부문에 속한 기업들이 지나친 법적 보호나 부당이득을
받아서는 안되도록 법제도 설계를 함에 있어서 세심한 주의를 기울일 필요
가 있다. 경쟁력과 탄소누출에 대한 우려가 아무런 행동(inaction)을 하지 않
거나 비효율적인 행동(ineffective action)을 하기 위한 구실이 되어서는 결코
안 된다.[91] 비록 에너지 집약도가 높고 무역집약도가 높은 기업들이 비대칭
적인 탄소가격에 일정부문 영향을 받는다 할지라도, 기업의 중장기적 투자
나 생산시설의 국외이전 등은 이보다 훨씬 거시적인 경영전략과 경영판단
에 더욱 영향을 크게 받을 수 있고, 에너지 효율성이 높은 저탄소 녹색기술
개발의 촉진과 선·개도국의 협력에 의한 시장확대 및 창출 등의 순기능적
효과도 적지 아니하다 할 것이므로, 배출권거래제의 국제적 연계를 위해서
는 환경적 통합성을 지나치게 훼손하면서 까지 자국산업의 보호에만 치중
한 형태의 탄소누출 방지장치를 무리하게 법적으로 도입하지 않도록 하는
것이 필요하다. 즉, 과도한 온실가스 규제로 인해 발생할 수 있는 탄소누출
에 따른 국제경쟁력 저하도 문제이지만, 탄소누출을 이유로 배출권거래제의
도입자체를 반대하거나 에너지집약도, 무역집약도가 높은 산업을 형평성에
맞지 않게 지나치게 보호하는 것은 거래제의 연계를 저해할 뿐만 아니라 포
스트 교토 기후변화체제에도 위협이 될 수 있으므로, 국제경쟁력 보호를 위
한 수단으로서의 법적 장치와 환경적 통합성의 유지라는 목표간의 균형을
취하는 것이 매우 중요하다고 본다.

---

91) Reinaud, *Trade, Competitiveness and Carbon Leakage, supra* note 3, at 20.

나. 부문별 협약

부문별 협약은 국가단위가 아닌 특정부문을 대상으로 온실가스 감축목표를 설정하여 배출량의 감축을 추진하는 방식인데, 부문별 협약의 정확한 의미와 범위, 실행방식 등은 명확하지 않다. 철강·알루미늄·전기·시멘트·운송 등에 대한 부문별 협상은 선진국 입장에서 볼 때 탄소누출현상에 대한 우려를 불식하고 개도국 반발을 약화시키면서 온실가스 배출을 감축할 수 있는 방안인데,[92] 원래 부문별 접근방식은 탄소누출을 해결하기 위해 계획되었던 것은 아니다. 그러나 만일 부문별 협약이 온실가스 주요 배출국간에 "국가간의 부문별로 구속력이 있는 감축목표(national sectoral binding targets)"형태를 취한다면, 이것은 탄소누출문제를 해결하는 데 있어 잠재력이 있을 것이다.[93] 다만, 이 방식은 배출권 제도에 비하면 대상범위가 포괄적이지 않기 때문에 비효율적일 수 밖에 없고,[94] 중국과 인도 같은 국가들은 부문별이라 하더라도 기후변화에 대한 책임이 동일하게 부여되는 것에 반대하고 있다. 중국·인도 등 개도국은 선진국과 달리 앞으로 계속 높은 경제성장을 지속적으로 유지해야 하므로 자칫 경제성장을 제약할 지도 모르는 온실가스 총량제한을 반대하고 있다. 또한 국제적 부문협약을 통한 탄소누출의 방지효과는 아직 불분명하며, 그 효과는 개발도상국이나 탄소누출의 위험이 있는 부문에 부여될 인센티브의 유형과 규모에 의해 변화될 수 있다.[95]

만일 국제협약이 부문별 접근을 포함한다면, 그것은 또한 배출권거래제의 적용을 받는 부문들이 할당방식 등에 있어 어떻게 취급되느냐에 따라 달라질 것이다.[96] 부문별 접근은 어떤 한 부문에서의 상응하는 조건을 만들어냄

---

92) 장근호, "기후변화에 대비한 온실가스 배출권거래제도 도입동향과 정책적 시사점", 조세연구 제9-2집 (2009.8.20), 104면.

93) Reinaud, *Trade, Competitiveness and Carbon Leakage, supra* note 3, at 17.; 같은 취지, Hausotter et al., *supra* note 3, at 16.

94) 장근호, 앞의 글 92.

95) 이상협·고석진, 앞의 글 38, 375면.

으로써, 두 개 또는 그 이상의 많은 시스템들이 간접적으로 연계되는 잠재력이 있는 첫걸음이 될 수 있다.[96] 그러나 중국·인도 등 개도국은 기술이전과 무상원조, 지식재산권의 공유 및 이전 등을 주장하면서 국제적으로 구속력이 있는 부문별 협약의 시행을 강하게 반대하고 있어, 포스트 교토체제하에서 탄소누출을 방지하는데 실효성이 있는 부문별 협약의 실시는 가까운 시일 내에는 쉽지 않아 보인다. 참고로 한국 거래제법령 제정과정에서 부문별 협약과 관련해서는 쟁점이 되지 않았다.

다. 국경조정

가) 국경조정의 의미 및 도입취지

국경조정(border adjustment)은 수입품에 국내제품과 같은 수준의 탄소가격(탄소세부과 혹은 배출권 구입요구)을 부과하는 것으로써, 인위적으로 국내제품과 유사한 가격 또는 그 이상 수준으로 조정하는 것이다.[98] 이러한 무역조치(trade measures)는 비용증가를 충당하고자 할 때 생산가격을 올릴 수 있도록 하는 것이기 때문에 무상할당보다 더욱 효과적이다.[99] 국경세 조정(border tax adjustments)의 경우 국내와 외국에서 생산된 동종제품간의 가격차이를 조정하려는 메카니즘이라 할 수 있는데,[100] 경쟁력과 탄소누출문제를 해결하기 위해 자국과 외국간의 동등대우(level the playing field)차원에서 도입된다.[101] 배출권거래제의 경우 국제거래에 있어 세금조정 뿐만이 아

---

96) Reinaud, *Trade, Competitiveness and Carbon Leakage, supra* note 3, at 19.

97) Hausotter et al., *supra* note 3, at 26.

98) 이상협·고석진, 앞의 글 38, 376면.

99) Kanamoto et al., *supra* note 18, at 82.

100) 김홍균, "기후변화협약체제와 WTO체제의 충돌과 조화", 기후변화와 법의 지배 (조홍식 외 편, 2010. 9.5), 510면.

101) Ton Manders, Paul Veenendaal, *Border tax adjustments and the EU-ETS*, Netherlands Environmental Assessment Agency (October 2008), at 3.

니라 경쟁력 문제를 해소하기 위한 것이므로, 일반적으로 국경조정 조치
(Border Adjustment Measures)로 언급된다.[102] 그런데 국경세 조정이 WTO
에 합치되는 지 여부는 분명치 않다.[103] GATT 20조는 건강 혹은 자연보존
을 위한 무역제한조치를 허용하고 있기 때문에 적어도 논리적으로는 국경
세 조정이 WTO 협정에 배치되지 않을 수 있으나,[104] 수입품에 대하여 국
내 동종제품에게 부과되는 수준을 초과하여 세금을 부과하는 국경세 조정
은 차별적인 것으로서 GATT 제3조의 내국민대우원칙을 위반할 수 있
고,[105] 수출품에 대한 국경세 조정은 GATT 16조와 SCM협정(The Agree-
ment on Subsidies and Countervailing Measures) 제1조상의 보조금을 구성하
여서는 아니된다.[106] 국경세 조정은 타국의 입장에서 무역장벽이 되므로 직
접적인 무역보복이나 WTO등 국제기구를 통한 제소 등이 발생할 수 있
다.[107] 또한 설령 국경세 조정이 WTO 규정에 합치할 지라도, 이 조치들의
실행가능성과 보복을 당할 가능성 때문에 논란이 될 수 있다.[108]

나) 주요국의 법제도

국경조정 조치는 미국·프랑스 및 EU집행위원회에 의해 제안되고 있
다.[109] 그러나 이런 모든 제안들에서, 각국들은 "공통의 그러나 차별화된 책
임(common but differentiate responsibilities)"의 원칙(기후변화 국제협약 제3.1
조)의 중요성을 인식하고 있다.[110] EU-ETS 지침에 의하면, EU집행위원회는

---

102) Hausotter et al., *supra* note 3, at 20.
103) Manders, Veenendaal, *supra* note 101, at 10, footnote 652.
104) 장근호, 앞의 글 92, 102-103면.
105) 김홍균, 앞의 글 100, 511면.
106) 위의 글.
107) 이상협·고석진, 앞의 글 38, 376면.
108) Manders, Veenendaal, *supra* note 101.
109) Reinaud, *Trade, Competitiveness and Carbon Leakage, supra* note 3, at 14.
110) *Id.*

탄소누출의 상당한 위험이 있는 유럽연합 내 시설들과 이와 유사한 입장에 있는 제3국가들내의 시설들에게 효과적인 탄소평준화체계를 도입할 수 있다.[111] 그러나 이 조치는 저개발국의 특정한 상황을 고려한 "공통의 그러나 차별화된 책임"의 원칙에 따라야 하고, WTO 협정상의 의무를 포함하여 유럽공동체의 국제적인 의무에 부합할 필요가 있다.[112] 그리고 집행위원회는 기후변화 국제협상결과를 분석하여 탄소누출의 상당한 위험에 노출된 에너지집약부문에 의해 생산되는 제품의 수입업자를 배출권거래제에 포함할 지 여부를 집행위원회가 의회 및 이사회에 제출해야 한다.[113]

　애초 미국은 EU의 국경조치에 강력히 반대하다가, 중국 등 주요 개도국을 겨냥해 이러한 국경조치를 기후변화법안에 포함시키고 있다.[114] 미국 W-M법안의 경우, 2018년까지 모든 온실가스 주요배출국에서 형평성이 있는 감축기여에 동의하지 않는다면, 국경조치를 2020년부터 시작하는 것으로 계획하였다.[115] 그리고 대통령은 특정국가로부터 에너지 집약적인 무역제품을 수입하는 업체는 환경보호청이 발행하는 일정량의 국제비축 배출권(international reserve allowance)을 함께 제출토록 요구할 수 있도록 하였다.[116] 대통령은 2022년 6월 30일까지, 그 이후에는 매 4년마다 각 산업 해당부문에 대해 전 세계 생산량의 70%이상이 아래의 최소 4가지 기준중 하나를 충족하지 못하는 국가들에 의해 생산 또는 제조되는 지를 결정해야 한다. 그 4가지 기준은 1) 해당국가가 미국과 최소한 동일한 수준의 엄격성을 가진 국가적 온실가스 감축이행을 포함하는 국제협약의 당사국인지 여부, 2) 해당국가가 미국이 당사국인 해당부문에 대한 다자 또는 양자협약의 당

---

111) Directive 2009/29/EC, recitals 25.

112) *Id.*

113) *Id.* §10(b)

114) 국경조치는 W-M법안과 Kerry-Lieberman 두개 법안에서 나타나고 있다. Hausotter et al., *supra* note 3, at 44.

115) *Id.* at 41.

116) H.R. 2454. §766(a).

사국인지 여부, 3) 해당국가가 가장 최근의 데이터상 연간 에너지 또는 온실가스 집약도가 미국 내 해당부문에 대한 에너지 또는 온실가스 집약도와 같거나 그보다 적은 경우, 4) 해당 국가가 2년 평균으로 미국의 법률준수비용의 최소 60%를 충족하는 부문에서 부문별 상한, 수출관세, 생산비, 전기발전 규정 또는 온실가스 배출비용을 포함해 온실가스 배출과 연관된 생산비용을 점진적으로 증가시키는 정책을 이행했는 지 여부이다.[117] 다만, 최빈국이나 전 세계 온실가스 배출량의 0.5%미만인 국가에서의 생산품은 제외된다.[118] 위와 같은 대통령 결정의 효과를 살펴보면, 상기와 같은 기준중 하나라도 충족하는 국가로부터의 생산량이 해당부문의 전 세계 생산량의 70%이하 라고 결정할 경우에는 대통령은 2022년 6월 30일까지, 그 이후에는 매 4년마다 해당부문에 대하여 리베이트 감축비율을 변경하고, 국경조치인 국제유보 할당프로그램을 시행하고,[119] 그 보고서를 의회에 제출해야 한다.[120] 그리고 이러한 국경조치는 2025년 1월1일부터 적용한다.[121] 문제는, 만일 미국이 이러한 형태의 국경조치를 일방적으로 실시할 경우 자칫 경쟁력 문제도 해결하지 못하면서 국제 무역분쟁을 초래하는 비생산적인 결과를 야기할 위험성이 크다는데 있다. 교토의정서에 참여하지 않는 국가에 대해 무역쿼터 또는 거래금지를 설정하는 것은 현행법 하에서 불법이거나 정치적으로 실현이 어려운 조치이다.[122]

---

117) *Id.* §767(b).
118) *Id.* §766(c).
119) *Id.* §767(c).
120) *Id.*
121) *Id.* §766(a)(4).
122) Asselt, Biermann(2006)은 이를 적색조치(red measures)중의 하나로 분류하였다. Harro van Asselt, Frank Biermann, *European emissions trading and the international competitiveness of energy-intensive industries: a legal and political evaluation of possible supporting measures*, Energy Policy 35 (2007), at 505.

다) 한국에서의 쟁점 및 시사점

한국의 경우 배출권거래제법령상 미국의 W-M법안과 같은 국경조치를 두고 있지 않아 이 문제가 쟁점은 되지 않았다. 한국은 교토의정서상의 부속서Ⅰ국가가 아니고, 포스트 교토협상에서도 EU수준으로 절대적이고 엄격한 감축목표를 설정해 법적 구속력을 받으면서 감축을 추진하기가 쉽지 않으며, 에너지 집약적이고 무역노출도가 높은 제조업 중심의 현 산업구조상 비록 중국·인도 등의 위협과 가격경쟁력 저하문제 등을 무시할 수 없으나 각계로부터 강한 비판을 받고 있는 탄소보호무역주의에 편승하는 것이 적절하지 않다는 점 등이 고려된 것으로 여겨진다. 국경조치는 탄소누출을 방지하고 자국산업의 경쟁력을 보호하기 위한 것이나, 제도설계도 어려울 뿐만 아니라 개도국의 강한 반발을 초래해 포스트 교토 국제협상에 상당히 부정적인 영향을 미칠 뿐만 아니라, 보호무역주의에 의한 선·개도국의 첨예한 갈등을 유발할 수도 있으며 WTO체제하 적법성 또한 의문시된다.

(3) 경쟁력 제고를 위한 법적 장치가 연계에 미치는 영향분석

일반적으로 탄소누출방지를 위한 법제도는 배출권거래제의 국제적 연계에 있어 조화가 바람직하기는 하나, 설령 다르다 하더라도 연계에 큰 영향을 미치는 장애물은 아닌 것으로 여겨지고 있다.[123] 연계되어진 배출권거래제들은 탄소누출을 조절하기 위해 서로 다른 메카니즘을 채택할 수 있다.[124] 탄소누출을 조절하기 위한 다양한 메카니즘이 고려되고 있는 바, 그러한 해결책들이 배출권의 제한과 부합해 신뢰할 만한 수준으로 환경적 통

---

123) Tuerk et al., *Linking Emissions Trading Schemes, Synthesis Report*, Climate Strategies (May 2009), at 25.

124) Mace et al., *Analysis of the legal and organizational issues arizing in linking the EU Emissions Trading Scheme to other existing and emerging emission trading schemes*, FIELD·IEEP·WRI (May 2008), at 68.

합성을 유지할 수 있다면, 연계된 거래제들은 탄소누출을 조절하기 위해 반드시 동일한 메카니즘을 채택할 필요는 없다.[125] 즉, 탄소누출문제를 보완하는 어떤 수단이던지, 그 수단들에 의해 환경적 목표를 변경하지 않고 잠재적인 경쟁력 문제를 완화할 수 있겠는가 하는 도전이 앞이 있는 것이다.[126] 이러한 평가의 기저에는 국제경쟁력이라는 것이 배출권거래제 연계 당사국간의 상대적인 문제이고, 대부분의 국가들이 정도의 차이가 있기는 하지만 에너지 집약도, 무역노출도가 높은 산업에 대해 법적 보호장치를 두고 있으며, 가장 핵심적인 탄소누출방지를 위한 법적 장치인 무상할당의 경우 전체 상한내에서의 할당방식의 차이에 의거하는 것이고, 할당방식의 차이 또한 배출권거래제의 연계에 중대한 영향을 미치는 장애물이 아니기 때문이라 여겨진다.

각국 거래제의 할당방법의 차이를 살펴보면, EU-ETS의 경우 무상할당 시 엄격한 벤치마크방식을 채택하고 있다. 뉴질랜드 ETS는 생산량과 관련된 활동기반접근을 채택하고 있는데 반해, 호주의 청정에너지법(CEB)은 산출량을 기반으로 무상할당을 하고 있으며,[127] 미국에서 제안된 법안의 경우 역사적 데이터를 토대로 한 산출량기반의 접근을 제안하였다.[128] 연계는 할당 방식뿐만 아니라 위와 같은 구체적인 할당방법론의 차이에 의해서도 영향을 받을 수 있다. 뉴질랜드와 같이 생산량과 관련된 활동기반 접근이나 미국의 산출량 기반접근과 같은 경우에는 생산증설 계획이 반영되어 생산량에 비례해서 무상할당을 받을 수 있으므로 다른 할당방식에 비해서 국제경쟁력에 보다 유리하게 작용할 수 있는 것이다.[129] 탄소누출을 제한하기 위

---

125) *Id.*

126) Reinaud, *Trade, Competitiveness and Carbon Leakage, supra* note 3, at 20.

127) IETA, *IETA Summary of the Australia-European Union Linkage Plan, supra* note 49, at 6.

128) Hausotter et al., *supra* note 3, at 46.

129) Hausotter et al.(2011)도 ETS 설계규칙의 할당방식이 탄소가격이 형성되는 방법을 통해 직·간접적으로 경쟁에 영향을 미치는 결정적인 요인이라고 한다. Hausotter

한 무상할당의 효과는 상당히 불확실하며, 탄소누출의 효과는 오히려 총량 제한(cap)과 할당방식에 좌우될 것이라고 한다.[130] 그리고 유상할당의 경우 경매수익을 탄소누출관련 산업에 보조금형태로 환불하거나 지원하는 방안 이 있는데, 환불은 온실가스의 감축을 유도하는 배출권거래제의 유인효과를 저해할 가능성이 있고, 탄소누출을 방지하는 효과적인 방안으로 완벽히 기능한다고 보기 어려우며, 각국마다 정도의 차이는 있으나 유사한 형태의 지원책을 실시할 것으로 보여 그 효과가 상당부문 상쇄될 것으로 예상되므로, 경매수익의 일부 환불·지원이 배출권거래제의 연계에 중요한 제한으로 작용할 것으로 보여지지 않는다.

부문별 협약(sectoral approach)은 시멘트 등 일부 업종의 경우 국제적으로 관련기업들 간의 협의에 의해 시행되기는 하나, 이를 배출권거래제의 적용 대상이 되는 모든 부문이나 업종에 까지 구속력이 있는 형태로 확대하는 것이 쉽지 않고, 중국·인도 등 개발도상국이 강력히 반대하고 있어 정치적 측면에서도 실현가능성이 그다지 높지 않을 뿐만 아니라, 실제 각국의 배출권거래제에서 부문별 협약제도를 도입·실시하고 있는 사례도 없다는 점을 고려할 필요가 있다.

국경세는 경우에 따라서는 배출권거래제의 연계에 지장을 초래할 수도 있다고 여겨진다. 국경조치는 탄소규제가 있는 지역과 없는 지역들간의 일방적 조치이기 때문에, 만일에 "무상할당 대 국경조치"와 같이 서로 다른 탄소누출 보상조치들이 존재한다면, 연계를 위해 이런 장치들은 먼저 조화 되어야 한다.[131] 국경세의 경우 기후변화 국제협상에 있어 온실가스 감축에 매우 소극적인 국가와, 에너지 집약도, 무역집약도는 높은 반면 탄소비용은 거의 부담하지 않는 국가들과 상당한 무역마찰을 불러일으킬 수 있기 때문

---

et al., *supra* note 3, at 9.

130) Reinaud, *Trade, Competitiveness and Carbon Leakage, supra* note 3, at 13.

131) Hausotter et al., *supra* note 3, at 25.

에 정치적·경제·산업적 측면에서 연계에 있어 장애물이 될 수 있다.

그리고 국경조치는 다른 나라와의 무역분쟁을 야기할 위험이 크므로 실제로 이 조치가 도입·실행될 가능성이 높다고는 할 수 없다. 해당 당사국은 이러한 탄소세 부과와 국경세 조정이 국가간에 자의적(arbitrary)이거나 부당한 차별(unjustifiable discrimination)의 수단 또는 국제무역에 대한 위장된 제한(disguised restriction)의 수단을 구성하는 방법으로 적용되었다고 주장할 가능성이 있다.132) 국경조정과 같은 장치가 배출권거래제법에 도입될 경우, 이것은 인간의 건강과 안전, 환경보호가 주된 목적이 아니라 자국산업 보호의 일환이므로 GATT·WTO 체제위반이라는 국제적 분쟁을 불러 일으키며, 관련국간에 무역마찰로 번질 가능성이 높고, 거래제 운영에 있어 높은 불확실성을 제공하는 등 연계에 장애물로 작용할 수 있다.

탄소누출방지와 국제경쟁력 문제는 특정분야에서 탄소배출 가격을 비슷하게 설정하여 이를 감소시킬 수 있다. 이러한 관점에서 배출권거래제와의 연계 또는 적어도 특정분야와의 조화는 일반적으로 탄소누출문제에 관한 가장 해답이 될 수 있다.133) 배출권거래제 연계는 탄소누출문제가 발생하기 전에 각 지역에서 서로 다른 탄소배출가격을 설정함으로 야기되는 왜곡된 경쟁력을 제거하는 데 도움을 주므로 균형적인 탄소배출 가격정책을 유도해 낼 수 있을 것이다.134) 글로벌 배출권 거래제가 실시될 경우, 세계적으로 동일한 탄소가격이 설정되므로 탄소누출의 위험 없이 공평한 경쟁의 장이 펼쳐질 것이므로 최상의 대책이 될 것이다. 그러나 그간의 기후변화 국제협상의 추이를 고려해 볼 때, 완전한 형태의 글로벌 배출권거래제 체제 구축과 같은 하향식 접근방식은 가까운 시일 내에는 성사되기 쉽지 않은 것으로

---

132) 김홍균, 앞의 글 100, 512면.
133) 강민경, "탄소배출권거래제도의 경쟁력 및 연계", 유럽환경시장동향 제67호 (2011. 3.30) 6면, <http://attfile.konetic.or.kr/konetic/uploaded_data/MARKET_FOREIGN/_20110330AM113804.pdf> (2012.10.16.방문).
134) 위의 글.

예상되므로, 탄소누출방지를 위해서는 각국 배출권거래제간의 연계가 현실
적인 대안이 될 수 있다.

2) 소송에 대한 우려완화

최근 들어, 특히 2006년 이후 기후변화소송은 양적으로 크게 늘어나고 있
고 복잡성도 더해가고 있으며, 공법분야의 가장 새로운 도전중의 하나가 되
고 있다.[135] 소송상황을 유럽과 미국으로 나눠 살펴보면, 먼저 유럽의 경우
에는 2004년에 제정된 EU-ETS지침은 대기 중 온실가스의 기후체제에 대한
위험성을 인정하고,[136] 통합적 공해방지 및 통제에 관한 이사회 입법지침
96/61/EC[137]는 오염방지 및 통제를 위한 일반적 구조를 확립하고 이를 통하
여 온실가스 배출허가를 발급할 수 있도록 하였다.[138] 유럽에서는 EU-ETS
의 시행과 관련하여 법적 분쟁이 많이 제기되었는데, 분쟁당사자에 따라 크
게, 1) EU집행위와 회원국간의 분쟁 2) 회원국 정부와 시설사업장간의 분쟁
으로 나눠지는데, 두 번째 형태의 분쟁이 대부분을 차지하였고,[139] 법적 분
쟁내용에 따라 개념적으로 1) 지침의 유효성,[140] 2) 침해절차,[141] 3) EU집행
위의 국가할당계획(National Allocation Plan)에 의한 결정에의 도전[142]이라

---

135) Luciano Butti, *The Tortuous Road to Liability : A Critical Survey on Climate Change Litigation in Europe and North America*, Sustainable Development Law & Policy, 32, 32 (Winter 2011).

136) Directive 2003/87/EC recitals (2),(3)

137) OJ L 257, 10.10.1996, at 26.

138) Directive 2003/87/EC recitals (21).

139) 한상운·박시원, "외국의 배출권거래제 시행에 따른 법적 쟁점분석", 환경정책평가 연구원 정책보고서 (2010-2), 33면 참조.

140) Case C-127/07, Societe Arcelor Atlantique et Lorraine and Others v. Premier Ministre, 2008 E.C.R. 1-09895를 참고하라.

141) Case C-122/05, Comm'n v. Italy, 2006 E.C.R.1-65를 참고하라.

는 3가지 범주로 구분할 수 있다.[143]

미국의 경우에는 유럽과 달리 아직 배출권거래제가 도입되지 않다 보니 기후변화로 인한 충격, 온실가스 규제와 피해보상과 관련해 집단소송형태로 많은 법적 분쟁이 진행 중이다. 따라서 에너지 다소비 업체들에게 가해지는 압력은 상당하다고 할 수 있다.

기후변화 소송은 미국에서 "제2의 담배소송" 이자 "가장 위험한 소송"이 될 것으로 여겨졌지만, 미국 내에서 불법행위 민사소송은 제한되었는데 이는 많은 부분 연방법률의 부재에 기인하였다.[144] George W. Bush 대통령 임기 초기에 EPA는 여러 주들과 NGO들이 온실가스를 청정대기법에 의한 대기오염물질[145]로 규제해 달라는 청원들을 거부했다.[146] 2007년 4월 미 연방대법원은 Massachusetts v. EPA에서 이산화탄소 등 자동차로부터 배출되는 온실가스도 규제대상 오염물질이며, 연방정부가 이를 규제해야 한다는 요지의 판결을 내렸다.[147] 2011년 6월 20일 미 연방대법원은 American Electric Power Co. v. Connecticut(이하 'AEP')에서 온실가스가 청정대기법상의 대기오염물질로서 규제가능하다고 판결하였던 Massachusetts v. EPA 판

---

142) Regina Betz, Wolfang Eichhammer, & Joachim Scheich, *Designing National Allocation Plans for EU Emissions Trading-A First Analysis of the Outcome*, 15 Energy & Env'T 375, 376 (2004) (explaning the sub-allocation plans and mechanism)을 참고하라.

143) Butti, *supra* note 135, at 4.; EU-ETS를 둘러싼 구체적인 소송사례와 자세한 내용에 대해서는 한상운·박시원의 앞의 글 139를 참고하라.

144) Sharon Tomkins, Lisa Wing Stone, Melissa Onken, *Litigation Global Warming: Likely Legal challenges to Emerging Greenhouse Gas Cap-And trade Programs in the United States*, 39 Envtl. L. rep. News & Analysis (May 2009), at 10409.

145) 청정대기법 제302(g)항에 의한 대기오염물질이란 (원료물질, 특별한 핵물질, 부산물을 포함하여) 대기 중으로 방출되거나 대기 중으로 들어오는 모든 물리적·화학적·생물학적·방사성 물질을 포함하는 대기오염의 원인물질 또는 원인물질의 결합체를 의미한다.

146) Michael B. Gerrard, *Climate Change Litigation in the United States*, American Law Institute, SS033 ALI-ABA 325 (March 7, 2011), at 1.

147) Massachusetts et al. v. EPA, 549 U.S. 497 (2007).

결을 재확인하였는데, 이는 2004년 소가 제기된 기후변화 책임(liability)에 관한 첫 사건이고, 온실가스 규제와 관련해 미국 연방대법원이 내린 2번째 판결이었다.[148] AEP사건에서 연방대법원은 Massachusetts v. EPA 결정에서 와 같이 원고적격을 인정하고 "정치적 문제원칙(political question doctrine)" 이 이 사건을 가로막지는 않는다고 하였다.[149] 본안심사에서 연방대법원은 8:0 만장일치로 온실가스가 청정대기법상의 대기오염물질(air pollutant)이라 는 것을 확인하면서,[150] 청정대기법과 동법에 의한 EPA규칙이 전력회사의 온실가스 배출을 제한하고자 하는 연방보통법상의 생활방해의 소(law of nuisance)를 대체(displace)한다고 판결하였다.[151] 중요한 것은 AEP판결에서 미 연방대법원은 온실가스로 인한 손해배상에 있어 원고적격, 정치적 문제 원칙 등에 대한 그간의 1심 법원의 결정을 뒤집는 판결을 내려, 앞으로 온 실가스·기후변화로 인해 피해를 입은 원고들이 손해배상을 받을 가능성이 상당히 높아졌다는 점이다. AEP판결에서 연방대법관중 절반(4:4)이 원고들 에게, 특히 비정부 기구들이나 환경단체들에게 특정 피해가 없음에도 원고 적격을 인정하였다. 대법관 임용 전에 제2순회구 항소법원 판사로서 이 사 건의 항소심 판결의 다수의견에 동조하였던 소토마이어(Sotomayor) 대법관 은 본 대법원판결에 참가하지 않았다는 점을 고려한다면, 향후 유사한 사건 에서 원고적격이 인정될 가능성이 매우 높다고 할 수 있다.[152] 비록 기후변 화로 인한 피해가 너무 간접적이고 오랜 기간이 지난 뒤에야 나타나 원고적

---

148) Hari M. Osofsky, *AEP v. Connecticut's implications for the Future of Climate Change Litigation*, 121 Yale L.J. 101, 101 (2011).; 이재협, 기후변화의 도전과 미국의 에너 지법정책, 경희법학 46권4호 (2011), 21면.

149) 131 S.Ct. 2530.

150) *Id*. at 2533.

151) *Id*.

152) J. Wylie Donald, *American Electric Power Co. v. Connecticut: 8-0 the Supreme Court rules federal common law is displaced* (June 20, 2011), <http://www.lexology. com/library/ detail.aspx?g=91b5b453-39f2-4bfd-ace5-a5afca5d7813> (2012.10.24.방문).

격에 관한 문제를 야기 시킨다고 할지라도, 필요한 전문적인 증거와 자료를 가지고 있는 원고들에 대해서는 AEP판결과 Massachusetts v. EPA의 두 판결에서 확인한 온실가스라는 오염물질로부터의 피해에 근거해 원고적격이 인정될 수 있다고 한다.[153] 즉, 정치적 문제원칙은 AEP 사건에서와 같은 비헌법적인 다툼에는 적용되지 않는다고 결론지을 수 있다는 것이다.[154] 한편, 원고들의 주장인 보통법에 의한 생활방해의 소를 통한 피해구제에 대해서는 연방대법원이 인정하지 않은 점은 피고들의 주장도 일정부분 인정한 것이라 할 수 있다.[155]

기후변화로 인한 다른 소송을 살펴보면, Comer v. Murphy Oil 사건의 경우, 2005년 미시시피주 주민들은 정유·석탄·기계·화학 등 수많은 공장들을 상대로 그들의 재산권이 지구 온난화로 강화된 허리케인 카트리나로 인해 피해를 입었으므로, 온실가스를 배출한 기업들이 이런 피해에 대해 책임이 있으니 금전적 피해에 대해 보상을 해달라고 하였는데, 미시시피 지방법원은 정치적 문제이고 원고적격이 부족하다며 기각하였다.[156] 제 5항소법원은 3인의 재판부에서 원심을 파기했으나, 피고는 전원 재판부 심리를 요청하였고, 여기서는 원심의 결정은 유효하다고 하였는 바, 원고 Comer는 연방대법원에 상소를 하지 않고 의외로 청원을 신청해 절차적 이유로 거부되어 사건이 종료되었다.[157] 그리고 Kivalina v. ExxonMobil 사건은 2008년 알래스카 키발리나 마을 주민들이 인근의 23개 에너지회사에서 나오는 온실가스로

---

153) Daniel Farber, *Standing on Hot Air: American Electric Power and the Bankruptcy of Standing Doctrine*, The Yale Law Journal Online (2011), at 124.
154) James R. May, *AEP v. Connecticut and the Future of the Political Question Doctrine*, The Yale Law Journal Online (2011), at 132.
155) Osofsky, *supra* note 148.
156) No. 05-CV-0436 (S.D. Miss. Aug. 30, 2007).; Tomkins, *supra* note 145, at 10410.
157) 585 F.3d 855 (5th Cir.2009).; Fredric D. Bellamy, Mark E. Freeze, *The Present and Future of greenhouse Gas regulation: key Considerations for Industry*, Aspatore (1 Aug. 2010), at 8-9 참조.; Gerrard, *supra* note 146, at 5.

인한 기후변화로 마을 가까이 있는 빙하가 녹아 침수로 인한 주민들의 이주
가 불가피하게 되었으니 생활방해로 이유로 400만불의 마을 이전비용을 청
구한 것으로,158) 샌프란시스코 지방법원은 정치적 문제원칙과 원고적격 부
록을 이유로 기각하였고,159) 원고들은 항소를 하였는데 2012년 9월 21일 제
9순회 항소법원은 만장일치로 국내 온실가스배출에 근거한 연방 보통법상
의 생활방해청구는 의회의 행동[청정대기법]에 의해 대체된다고 판결하였
다.160) Kivalina 항소심에서 원고들은 AEP 사건과 차별성을 두기 위해 AEP
사건의 원고들이 금지적 구제(injuntive relief)만 청구한 것과는 달리 실제
피해(damages)를 청구했지만, 제 9순회법원은 연방 생활방해법리 하에서
청정대기법은 피해뿐만 아니라 금지청구 두 가지 모두를 대체한다고 판결
하였다.161)

　　온실가스 및 기후변화로 인한 소송은 구조적으로 집단소송으로의 성격을
띨 수 밖에 없는데, AEP판결에서 보듯이 피해를 입은 주민들의 권리보호가
강화되는 추세라서 에너지 집약산업체로서는 점점 더 많은 우려를 갖게 되
고, 아울러 생활방해를 이유로 소송 외에 "민간공모 및 공동행동(civil
conspiracy and concert of action)"를 이유로 한 소송,162) 기후변화에 관한 위
험을 공개하라는 주주소송(shareholder suits), 보험책임소송(insurance liability
suits)163) 등을 함께 제기시키고 있어 기업체에 커다란 경영부담으로 작용하

---

158) 663 F.Supp. 2d 863-76 (N.D.Cal.2009).

159) *Id.*

160) No. 09-17490. 11641, 11656-11657 (9th Cir. Sept. 21, 2012)

161) *Id.*; Joy L. Langford, Samantha B. Miller, *Climate Change Lawsuits Update*,
　　ClientAlert (Oct. 4, 2012), <http://www.chadbourne.com/files/ Publication/a6efde93-
　　87e8-41ca-913d-5a4c73becf6d/Presentation/PublicationAttachment/c530b1b7-dd4f-
　　4219-baab-6a835a28ffcf/ClimateChange_ca(Langford).pdf> (2012.12.9.방문).

162) 키발리나 사건은 생활방해라는 이유 외에 민간공모 및 공동행동(civil conspiracy
　　and concert of action) 청구도 함께 했는데, 피고들이 합의해 지구온난화의 과학성
　　을 왜곡하고 공중에게 제대로 알리지 않았으며, 각기 개별의 온실가스 배출량이
　　합쳐져 본질적인 위험을 초래했다는 것이다. Tomkins, *supra* note 144, at 10410.

고 있다.

총량배출권거래제를 도입하는 것은 사실상 온실가스를 오염물질로 간주
하는 것과 같은 결과를 초래한다고 할 수 있다. 왜냐하면 역으로 생각해 볼
때, 만일 온실가스가 오염물질이 아니라면 총량제한(cap)을 설정하고 위반
시 제재를 가하는 것이 법적으로 가능하지 않을 것이기 때문이다. 이런 점
에서 최근 호주가 배출권거래제의 근거법인 청정에너지법(CEB 2011)에서
"탄소오염상한(carbon pollution cap)"이란 "특정한 유동가격제 기간 동안의
특정한 톤수의 CO_2환산치를 가지는 온실가스의 양" 이라는 정의 규정을 둔
뒤,164) 호주 규제기관은 탄소오염상한을 설정하고 이를 감축하기 위하여 이
전·보고·측정·등록·제재 등의 각종 규제를 가하고 있는 것은 시사하는 바
가 크다.165)

문제는 법적으로 온실가스를 오염물질로 규정할 경우 산업체로서는 다른
오염물질과 같이 대기법에 의해 강력한 규제를 받게 되고, 온실가스로 인해
피해를 입은 자들이 집단으로 소송을 제기할 가능성이 더욱 높아져 막대한
손해배상을 해 줄 위험성에 노출되게 된다는 것이다. 연방 법률의 존재는
정치적 문제라는 항변을 제거해 많은 민사소송을 야기할 수 있고, 법률제정
과정에서 대중의 관심을 많이 끌게 되어 소송을 증가시킬 수 있으며, 법에
온실가스의 배출이 위험하다고 선언되어 있으면 그 존재자체만으로도 극히

---

163) 키발리나 사건의 피고중 하나인 AES기업의 보험회사가 Steadfast사인데, Steadfast
사는 지구온난화부문에 대해서 까지 AES를 방어하거나 변상할 책임이 없다는 결
정을 버지니아 법원이 선언해 줄 것을 청구하는 소송을 제기하였는데, 1심은 보험
사인 Steadfast를 지지했고, 항소심에서도 1심 결정이 유지되었다[715 S.E. 2d
28(2011)]. 왜냐하면 Steadfast사가 AES에 팔았던 보험의 일반적인 책임약관 내에
키발리나 사건에서 문제되는 부분들은 사고(occurrence)에 해당되지 않는다고 보
았기 때문이었다. Dustin Till, *Climate Change Lawsuits Get Chilly Reception* (June 19,
2012).

164) Clean Energy Bill 2011, §5.

165) *Id.* Part 2 §14. 17. 18. Part 3 §19.

강력하고,166) 그 법의 통과는 원고측 변호사에게 소송을 제기할 수 있는 녹색신호등(green light)과 같은 역할을 할 것이기 때문이다.167) 한국의 경우에도 사회문화적 측면에서 보면, 한국민은 권리의식이 매우 강해서 탄소배출권의 초기배분에 있어 적지 않은 갈등이 예상된다.168) 한국사회를 "소송을 기피하는 사회(non-litigious society)"로 보는 시각은 더 이상 받아들여지지 않고 있는데, 이를 뒷받침하기라도 하듯 근자에 들어서는 민사소송, 행정소송을 막론하고 소송을 통한 분쟁해결 건수가 급증하고 있다.169) 상황이 이러한데, 법적으로 온실가스를 오염물질로 규정할 경우 산업체로서는 다른 오염물질과 같이 대기법에 의해 강력한 규제를 받게 되고, 온실가스로 인해 피해를 입은 자들이 집단으로 소송을 제기할 가능성이 더욱 높아져 막대한 손해배상을 해 줄 위험성에 강하게 노출되게 된다. 따라서 사법부의 판결을 통해 온실가스 피해와 관련된 개별사건에 있어 인용결정이 내려지는 것은 별론으로 하더라도, 기후변화법이나 배출권거래제관련법에서 온실가스를 오염물질로 명시하는 것은 다각적인 측면에서의 종합적인 검토가 요구되는 것이다. 비록 총량배출권거래제의 도입 자체가 사실상 온실가스를 오염물질로 인정한다는 전제 하에 있는 것이라 하더라도 관련법에 이를 명시하는 것은 또 다른 차원의 문제로서 온실가스 배출로 인한 피해정도, 역사적 책임, 경제 발전상황 및 산업구조, 국민들의 인식 등에 따라 온실가스를 오염물질로 규정하는 방식·정도 및 시기에 있어 차이가 날 수 있기 때문이다. 참고로 W-M법안은 EPA가 온실가스를 청정대기법에 의거 오염물질로 규제하거나 새로운 배출허용기준을 설정하는 것을 금지하는 내용을 담고 있었다.170)

---

166) Tomkins, *supra* note 144, at 10409.

167) *Id.* at 10410.

168) 조홍식, "기후변화의 법정책", 기후변화와 법의 지배 (조홍식 외 편, 2010. 9.5), 19면.

169) 위의 글.

170) H.R. 2454, Title III, Subtitle C, §331.

위와 같은 사례를 참고해 볼 때, 총량배출권거래제 도입 초기나 개도국의 경우에 산업계의 반발이 워낙 거세어 거래제의 도입자체가 어려운 경우 등 부득이한 사정이 있는 때에는 온실가스를 오염물질로 한시적으로 법에 명시하지 않되, 총량배출권거래제의 운영상황 및 포스트 교토 협상추이 등을 보아가며 탄력적으로 법제도를 설계하는 방안을 신중히 검토할 필요가 있다. 또한, 온실가스를 오염물질로 법에 규정하더라도 온실가스와 여타 오염물질은 특성과 규제방식에 따른 효과가 다를 수 있으므로, 기존의 오염물질과 같이 취급해 배출허용기준을 정한 뒤 이를 위반할 경우 제재를 가하는 식의 전통적인 명령지시방식의 규제와는 다른 접근방식이 요구된다.

3. 거래제와 탄소세의 연계

배출권거래제의 경우 온실가스 배출에 대한 총량제한이 설정되다보니 에너지집약 산업의 경우 이는 곧 생산량에 대한 총량제한으로 여겨져 거부감이 많고, 대신 차선책으로서 탄소세를 선호하기도 한다. 또한 국제적으로 배출권 가격이 급등락하다 보니 기업들로서는 미래에 대한 불확실성이 높아 경영상의 위험으로 작용하며, 새로운 제도도입에 따른 불안감도 강하다.

국제적 연계라는 측면에서 배출권거래제와 탄소세를 비교해 보면, 배출권거래제의 국제적 연계는 배출권 매입국에서 매도국으로 상당한 규모의 자본이동을 유발하지만, 탄소세 간의 연계는 이와 같은 자본이동을 발생시키지 않는다.[171] 그러나 탄소세의 경우 각 국가들이 같은 대상과 같은 수준으로 탄소세율을 적용하면 국제적 연계가 가능하나, 많은 국가들이 화석연료

---

171) 이재협, "기후변화입법의 성공적 요소", 기후변화와 법의 지배 (조홍식 외 편, 2010. 9.5), 88면.

에 대해 이미 연료세·에너지세 등을 부과하고 있어 이를 탄소세로 전환하거
나, 아니면 기존의 환경세와 별도로 탄소세를 새로 신설·부과하는 데 반대
할 가능성이 적지 아니하다. 비록 과세는 단순한 정책도구이지만, 각 국가별
로 탄소세를 조화시키는 것은 상당히 어려운 과제이고 협상의 복잡성과 정
부의 주권에 대한 민감성을 고려할 때, 각 국가들을 관통해 세금을 조화시
키는 것은 어려운 과제이다.172) 각국별로 세금의 부과방식·부과단위 등 탄
소세 관련 제도가 상이하며, 특히, 개도국의 반발 등을 고려할 때 국제적 탄
소세 도입은 어려울 것으로 예상된다.173) 1990년대에 EU집행부는 기후변화
라는 과제에 대응하기 위해 범 EU차원의 탄소세를 도입하려 했으나, 재정
주권 문제로 회원국들이 강하게 반발해 이를 무시할 수 없어 좌절되었는데,
대신 배출권거래제는 별 저항없이 도입되었다.174) 비록 배출권거래제와 탄
소세를 국제적으로 연계하는데 많은 어려움이 존재하는 것이 사실이지만,
많은 국가들이 배출권거래제를 시행하고 있고 또 각 국가별·지역별로 배출
권거래제를 연계하려는 노력을 진행 중인 점 등을 고려할 때, 탄소세보다는
배출권거래제의 국제적 연계가 상대적으로 우위에 있거나 보다 용이하게
이루어 질 수 있다고 여겨진다.175)

---

172) Mark Lazarowicz, *Global Carbon Trading: A Framework for Reducing Emissions*
(London: DECC/OCC, 2009), at 8 참조.

173) 같은 취지, Robert O. Kcohane, Kal Raustiala, *Toward a Post-Kyoto Climate Change
Architecture: A Political Analysis* (2009), at 17.; Lazarowicz, *supra* note 172, at 8.; 윤
종수, "국내 온실가스 배출권거래제도 구축방향", 기후변화와 법의 지배 (조홍식
외 편, 2010.9.5), 278면.

174) Anthony Giddens, The Politics of Climate Change (Cambridge Polity Press, 2009),
at 197 참조.

175) 같은 취지, Kcohane, Raustiala, *supra* note 173.; 임재규, "배출권 거래제 도입과 대
응", 기후변화 25인의 전문가가 답하다 (전의찬 편, 지오북, 2012.3.10), 231면.;
윤종수, 앞의 글 173, 278면을 참고하라.

일반적으로 배출권거래제와 탄소세는 양자의 정책적 혼합을 통해 더 나은 결과를 만들어 낼 수 있는 것으로 평가되고 있다. 순수한 가격기반 시스템과 순수한 양적 기반 시스템은 양자 모두 결점을 가지고 있다.[176) 그런데 비용효과적인 관점에서 볼 때, 단기적으로는 가격기반 정책수단이 효과적이고, 장기적으로 보면 양적 기반 시스템이 더 설득력이 있다.[177) 총량배출권거래제와 탄소세의 연계는 사실상 총량배출권거래제와 가격상·하한제를 채택하고 있는 또 다른 총량배출권거래제와 같다고 할 수 있다.[178) 가격상한제와 하한제는 가격에 직접적으로 개입하는 방법이다 보니 EU-ETS는 환영하지 않는 정책수단이다. 그런데 Cédric Philibert(2009)는 가격상한제는 줄어들지 않는 배출량과 감축비용에 대한 불확실성이 증대되어 가고 있는 상황하에서 가격의 불확실성과 예상비용을 2/3정도까지 상당부분 줄일 수 있다고 한다.[179) 반면에 가격하한제는 어떤 감축목표를 달성하기 위한 비용을 늘리기는 하지만, 주어진 환경적 결과를 달성하는데 있어 저비용을 유지하는데 도움이 된다고 한다.[180) 하지만, 가격상한제는 총량제한의 환경적 효과성을 위태롭게 하는데, 특히 이월(banking)과 결합될 경우 더욱 그러하다.[181) 아울러 가격상한제는 부수적인 행정적 복잡성을 야기시키는데, 특히

---

176) Alex Bowen, *The Case for carbon Pricing*, The Grantham Research Institute on Climate Change and the Environment, Center for Climate Change Econmics and Policy, Briefing Note (December 2011), at 16, <http://www2.lse.ac.uk/ Grantham-Institute/publications/Policy/docs/PB_case-carbon-pricing_Bowen.pdf> (2013.1.6방문).

177) *Id.*

178) Gilbert E Metcalf, David Weisbach, *Linking Policies When Tastes Differ: Global Climate Policy in a Heterogeneous World*, Harvard Project on International Climate Agreements, Harvard Kennedy School (July 2010), at 16.

179) Cédric Philibert, *Assessing the Value of Price Caps and Floors*, Climate Policy 9 (2009), at 630 참조.

180) *Id.*

181) Steffen Brunner, Christian Flachsland, Gunnar Luderer, Ottmar Edenhofer, *Emissions Trading Systems: an overview*, Discussion paper, Posdam Institute for Climate Impact

다른 거래제와의 연계라는 측면에서 더욱 그러하다.[182]

그런데 가까운 장래에 개도국이 국제 배출권거래제에 참가하는 것이 현실적인 목표가 될 수 없고, 이들의 참가와 거래를 유도할 수 있는 다른 방법이 개발되어야 한다.[183] 이것은 연계에 대한 대안으로서 가격조화(price harmonization) 방식인데, 뉴질랜드에서 보여준 EU-ETS에서의 평균 배출권 가격에 탄소세를 연계시키는 접근방식이라고 한다.[184] 호주와 뉴질랜드는 총량배출권거래제를 본격적으로 실시하기 전에 3년간의 전환기간(transition periods)를 설정해 고정가격제를 실시한 후, 유동가격제에 의한 배출권거래제를 단계적으로 도입하고 있는 데, 3년간 배출량에 고정된 가격을 부과하는 것은 탄소세처럼 작용될 것인데, 이는 시장을 기반으로 한 거래제도로 변화하기 위한 과정이다.[185] 장기적으로 가격기반에서 수량기반 메커니즘으로 이행하는 이 같은 단계적 가격정책은 실제 불확실성을 관리하는데 우위를 확보할 가능성이 높고 다른 정책 접근방식보다 시행하기 어렵지 않은 방식으로 설계가 가능하다.[186] 이런 점을 고려할 때, 배출권거래제의 도입 초기나 연계 전에 배출권거래제와 탄소세를 연계해 양자의 장점을 살리는 혼합체제(hybrid system)를 구축하여, 단기적으로는 배출권의 가격변동성과 투자위험을 줄이면서 본격적인 완전한 양자 또는 다자간 연계로 전환해 나가는 방안을 검토할 필요가 있다. 특히, 세계 경제가 불안정한 가운데 배출권의 가격이 급등락하는 상황에서는 더욱 그러하다.

Research, at 13.

182) *Id.*

183) Joseph Kruger, Wallace E. Oates, and William A. Pizer, *Decentralization in the EU Emissions Trading Scheme and Lessons for Global Policy*, RFF DP 07-02, at 24 참조.

184) *Id.* at 25 참조.

185) Frank Jotzo, *The Potentials in Linking the Carbon Market for Green Growth*, 글로벌법제연구실 국제 컨퍼런스 회의보고서 (한국법제연구원, 2012년 8월 17일), 10면.

186) 김은정, 녹색성장을 위한 탄소시장 연계가능성에 관한 연구 (한국법제연구원, 2012.11.29), 96면.

4. 분배문제에 대한 고려 및 단계적 연계추진

배출권거래제의 연계는 비용효과적인 편익이 크다 보니 자칫 연계로 인하여 나타나는 여타 문제점들을 과소평가하거나 간과하기 쉽다. 연계로 인해 얻을 수 있는 최종적인 경제적·환경적 효과성은 연계의 장점과 단점을 비교 형량하여 결정될 것이고 연계되는 시스템의 형태에 따라 달라질 것이다. 그리고 배출권거래제의 연계의 효과는 선진국과 선진국, 선진국과 개도국, 개도국과 개도국 등 국가 또는 지역특성에 따라 다르고, 또 대규모 배출권 국가와 소규모 배출권 국가 등에 따라 그 효과가 달라질 수 있는 만큼, 일률적으로 연계의 효과를 예단하기 보다는 각 사안별로 주의깊고 세밀한 분석이 요구된다. 두 시스템간의 양방향 연계가 바람직한 형태가 되느냐의 여부는 배출권거래제의 설계를 어떻게 하느냐와 연계참여자의 목적에 달려 있다.[187] 연계의 형태를 평가함에 있어서는 누가 순 매도자 또는 매입자가 될 것인가 하는 것 보다는 노력수준의 공평성(fairness)이라는 질문에 의해 결정되어야 한다.[188] 이런 관점에서 볼 때, UNFCCC의 상응하지만 차별적인 노력을 고려하는 국제적인 책임부담(international burden-sharing)에 대한 합의서가 연계에 대한 잠재적인 장애물을 제거할 수 있을 것이다.[189]

배출권거래제의 연계가 성공적으로 운영되기 위해서는 연계의 경제적 편익과 장점을 극대화하면서, 연계에 따른 문제점이 최소화될 수 있도록 연계되는 시스템간의 법제도적 주요 설계요인들을 조화시켜 환경적 통합성을 높이고 공평성의 관점에서 분배문제를 해결해 나가는 노력이 필요하다. 연

---

187) Jane Ellis and Dennis Tirpak, *Linking GHG Emission Trading Systems and Markets*, OECD/IEA COM/ENV/EPOC/IEA/SLT(2006)6 (Oct. 2006), at 9.
188) Flachsland et al., *To link or not to link; benefits and disadvantages of linking cap-and-trade systems*, Postsdam Institute for Climate Impact Research (2009), at 7.
189) *Id.* at 7-8.

계단계에서 미리 승자와 패자가 결정되어져서는 안 된다.[190] 배출권거래제를 연계하게 되면 이익을 보게 되는 국가와 손해를 보게 되는 국가가 생기게 되어 분배적 문제가 발생한다. 배출권거래제의 성공적인 연계를 위한 법제도를 설계함에 있어서는 사안에 따라서는 파레토 효율을 완화하여, 연계를 통해 얻을 수 있는 이익이 그로 인해 나타날 수 있는 부정적 효과를 충분히 보전하여 이전보다 더 나은 결과를 만들어 낼 수 있는 경우에는 칼도-힉스(Kaldor-Hicks efficiency)[191]의 효율을 적용해야 할 경우가 있게 된다. 이 경우 역사적 책임이나 협상력·정보·능력 등의 면에서 선진국과 대등하지 못한 개도국 거래제와의 연계에 있어서는 효율성 못지 않게 형평성은 정의를 구성하는 중요한 내용이라 할 수 있다.[192] 이재협(2004)은 [기후변화]협약에서는 '공통의 차별화된 책임'(common but differentiated principle)과 '당사국의 능력(respective capabilities)' 원칙이 형평성 원칙의 한 요소로서 또는 별도로 거론되고 있으며, 이들을 형평성 원칙보다는 보다 구체적으로 적용할 수 있는 기준이라 할 수 있다고 한다.[193]

　　배출권거래제의 연계의 효율성을 제고시키고 중장기적으로는 글로벌 탄소시장을 지향하기 위해서는 각 거래참가자들의 다양한 정치적·경제적 이

---

190) *Linking with emissions trading schemes of third countries*, Final Report of the 4th meeting of the ECCP working group on emissions trading on the review of the EU ETS (14-15 June 2007), at 5. <http://ec.europa.eu/clima/ policies/ets/docs/report_4th_meeting_en.pdf> (2012.12.11).

191) 만일 어떤 거래를 통해서 더 나은 결과로부터 나온 충분한 보상을 통해 그로 인해 야기된 피해를 보전할 수 있게 됨으로써, 모든 것이 이전보다도 악화된 것이 없이 파레토 효율이 달성된다면 그 산출물은 더 효율적이라고 간주되는 것을 말한다. Wikipedia, *Kaldor-Hicks efficiency*, <http://en.wikipedia.org/wiki/Kaldor%E2%80%93Hicks_efficiency> (2013.1.3.방문).

192) 허성욱, 환경자원의 바람직한 배분을 위한 법경제학적 방법론의 모색, 서울대 법학석사학위논문 (2000.10), 83-84면.

193) 이재협, "국제환경법상 형평성원칙의 적용: 교토의정서에서의 개도국의 의무부담", 국제법학회논총 제49권 제1호 (2004), 50면.

해관계를 조율하는 한편, 분배적 문제도 함께 고려하지 않을 수 없다.

　일반적으로 온실가스의 한계감축비용이 낮은 국가가 높은 국가에 비해 이익을 보게 되고, 배출권가격이 높은 국가로부터 낮은 국가로 재원이 이동하게 되어 양 시스템간의 배출권 가격이 수렴될 때에야 비로소 멈추게 될 것이다. 따라서 연계상대방 모두 상호이익을 보는 형태로 연계가 진전되기 위해서는, 상대적으로 엄격한 절대목표를 설정하고 국제배출권의 적절한 사용범위와 한도를 정하는 등 주요 법제도를 조화시키면서, 거래제의 연계로 인한 이익분배상황과 변화추이를 고려하여 연계당사국의 거래참여자와 투자가들이 사전에 충분한 준비를 할 수 있도록 법적 보완장치와 유예기간을 설정하는 것이 필요하다. 호주의 경우 EU-ETS와의 연계에 있어 2015년부터 일방연계를 실시하고, 3년 뒤에 완전한 양방향 연계를 실시키로 하였는데, 이처럼 분배문제를 비롯한 연계에 따른 문제점을 최소화할 수 있도록 단계적인 접근방식을 채택하는 것이 바람직하다고 여겨진다.

5. 국제지원 메카니즘 구축

　글로벌 탄소거래의 활성화를 위해서는, 1) 강화된 MRV에 의한 국가감축목표를 확대하고, 2) 배출권거래제의 연계를 발전시키며, 3) 중간 메카니즘으로서 개도국의 참여를 촉진하고, 4) 강하고 효과적인 국제기구가 필요하다.[194] 배출권거래제의 연계를 발전시켜 중장기적으로 글로벌 탄소시장으로 나아가기 위해서는 선진국 거래제들간의 연계만으로는 부족하고 개도국의 참여를 적극적으로 유도할 필요가 있다. 형평성 차원에서의 국가별 상이한 의무를 책정하고 이러한 의무가 실질적으로 시장 기반적 교토 메커니즘

---

194) Lazarowicz, *supra* note 172, at v. 22.

에 의해 이행될 수 있도록 하는 것이 형평성 이외에도 동시에 효율성을 강조하는 지속가능한 발전의 관점에서도 부합한다.[195]

따라서 온실가스 배출에 대한 역사적 책임과 재원 및 기술적 능력이 있는 선진국들이 보다 엄격한 감축목표를 설정하고 책임에 상응하는 보다 적극적인 행동을 해야 하고, 이와 함께 개도국의 글로벌 탄소시장의 참여와 국제적 연계를 촉진할 수 있도록 배출권거래제 관련 정책수립, 법제도 형성 및 개혁, 거래소 및 레지스트리 설립, MRV 체제 구축, 운영경험 전수, 기술이전, 재정지원 등을 통한 능력배양(capacity building)이 요구된다. 거래제의 연계에 있어 "신뢰를 쌓는 것(building trust)"는 차후 시스템의 기능보장을 위해 결정적으로 중요하다.[196] "국제탄소행동 파트너쉽(International Carbon Action Partnership, ICAP)"은 세계 공통의 배출권거래규칙 만들기에 나서고 있는데,[197] 이미 제도의 운용실적이 있는 EU의 주도하에 국제시장이 들어설 경우 EU-ETS의 규칙이 세계표준이 될 가능성이 높은 바,[198] 개도국의 경우에는 EU 등 선진국과는 역사적·경제적·환경적 배경과 여건이 다른 점을 고려해, 선진국·개도국 등으로 유형별로 나눠 배출권거래법제도의 표준모형을 개발해 보급하는 것이 적절하다고 판단된다. 일부에서는, UN 산하에 새로운 국제기구를 설립해 배출권을 발행하여 새로운 시장을 규제해야 한다고 하면서, 세계 주요 300개 배출기업에 대해서는 배출권을 배분하는 것이 용이하므로 1년 내에 써야 할 배출권의 총량을 점차 낮춰가면서 누적이 되지 않도록 해야 한다고 제안하였는데,[199] UNFCCC 산하에 국제 배출

---

195) 소병천, "기후변화 대응 국제논의의 쟁점 및 국제법적 함의", 서울 국제법연구, Vol.16 No.2 (2009), 26면.

196) *Linking with emissions trading schemes of third countries, supra* note 190.

197) みずほ總合研究所「活發化する國內排出權取引制度の導入論議」要旨 5 (2008. 5.21).

198) *Id.*

199) *Manu, Evaluation of the EU-ETS in its present form and possible reforms: Economics for a Sustainable World assignment for the One Planet MBA (2012.1.31), at 3, <http://*

권거래 사무국을 설치·운영하는 등 국제적인 지원 메카니즘을 구축할 필요가 있다고 본다.

6. 소결

배출권거래제의 도입은 연계의 선행조건이라 할 수 있다. 그간 미국·일본 등의 사례에서 보듯이, 에너지 집약 산업체의 강력한 반대 때문에 배출권거래제의 도입자체가 번번이 좌절되다 보니 연계가 이루어지지 않는 점을 고려하여야 한다. 따라서 배출권거래제의 주요 법제도의 설계요인을 조화시키는 노력도 중요하지만, 산업계의 탄소누출과 집단소송에 대한 우려, 총량제한에 대한 생산차질 우려 등을 감안해 연계와 경쟁력을 조화시키는 것이 매우 중요하다. 다만, 장기간의 과다한 무상할당과 무역분쟁을 야기할 수 있는 국경조정조치 등 자국산업의 보호에만 치중한 지나친 보호장치는 연계의 장애물이 될 수 있을 뿐만 아니라, 포스트 기후변화체제에도 위협이 될 수 있으므로 신중한 검토가 필요하다.

한국의 경우 탄소누출 우려가 큰 기업체들에 대해 아무런 기간제한 없이 무상할당을 하고 있는 데, EU·미국·호주의 경우처럼 원칙적으로 무상할당 종료시기를 정하고, 매년 무상할당비율을 줄이면서 경매비율을 늘려나가는 것이 입법론적으로 바람직하다. 그리고 미 연방대법원의 2007년 Massachusetts v. EPA 판결, 2011년 6월의 AEP 판결에서 재확인 했듯이, 온실가스를 대기오염물질로 법적으로 규율해야 하겠지만, 기후변화 집단소송

---

betrindade.wordpress.com/2012/01/31/evaluation-of-the-eu-ets-in-its-present-form-and-possible-reforms-economics-for-a-sustainable-world-assignment-for-the-one-planet-mba/> (2012.12.8.방문).

에 대한 산업계의 우려 등을 감안해, 부득이 하다면 총량배출권거래제의 도
입·실시 전까지라도 온실가스를 오염물질로 법에 명시하는 것을 한시적으
로 유보하는 방안을 신중히 검토할 필요가 있다. 그리고 거래제와 탄소세의
연계를 통해 양자의 장점을 극대화할 수 있는 법제도적 보완장치를 강구하
는 한편, 연계로 인해 발생하는 분배문제를 고려하면서 충분한 준비를 거쳐
단계적으로 접근하는 것이 바람직하다. 아울러 중장기적으로 글로벌 탄소시
장 구축을 목표로 국제적인 법제도 통일을 촉진하기 위해 선진국·개도국 등
유형별로 나눠 배출권거래제법제도의 표준모델을 개발·보급하고, 개도국의
능력배양과 및 연계를 지원하여야 하며, UNFCCC 산하에 국제 배출권거래
사무국을 설치하는 등 국제적 지원 메카니즘을 구축할 필요가 있다.

제6장
결 론

　지구온난화로 인한 기후변화를 방지하기 위해서는 민간재원을 대규모로 조달하는 것이 필요한데, 이를 위해서는 무엇보다도 시장메카니즘을 이용한 탄소가격화(carbon pricing)를 통해 글로벌 탄소시장을 조속히 구축하는 것이 긴요하다. 그런데 배출권거래제는 각국 또는 각 지역별로 실시하기 보다는 글로벌 탄소시장을 형성해 실시할 경우 2020년까지 전지구적 온실가스 감축비용을 최대 70%까지 줄일 수 있는 것으로 추정되고 있어, 배출권거래제의 연계는 글로벌 탄소시장 출범을 위한 지렛대로서의 역할을 할 수 있다. 이와 같이 배출권거래제의 연계는 경제적으로 엄청난 파급효과를 유발할 뿐만 아니라, 국가 간 감축부담의 차이로 발생하는 국제경쟁력의 약화라는 우려를 해소할 수 있으며, 각국 거래제간의 시장메카니즘의 연결을 통해 국제적 협력을 증진시킴으로써, 교착상태에 있는 포스트 교토체제에 새로운 전환점으로 작용할 가능성도 있다.

　배출권거래제의 효율적인 연계를 위해서는 거래비용발생의 필요를 줄이고 시장메카니즘에 직접 개입하는 것은 최소화하는 방향으로 배출권거래제의 주요 법제도를 조화시키고 일치시킴으로써 후생손실이 발생하지 않도록 해야 한다. 포스트 교토체제하의 연계를 위한 새로운 설계기준은 환경법의 기본원리에서 도출되는 환경적 통합성과 자원배분의 효율성, 자원배분의 형평성 외에, 연계라는 측면을 고려한 제도적 유사성이라는 4가지 기본이념 하에서, 이의 실행원리로서 연계를 위한 기초요건, 일반요건 및 특수요건을 갖추어야 한다.

포스트 교토체제하 배출권거래제의 효율적인 국제적 연계를 위해서는, 첫째, 연계의 기초요건으로서, 국제수준의 MRV를 구축하는 것이 필요하다. 이런 점에서 볼 때, 중국 등 개도국의 경우 무엇보다도 연계를 위한 사전 인프라로서 MRV시스템의 구축이 요구된다.

둘째, 연계의 일반요건을 일치시키는 법제도적 노력이 요구된다. 특히, EU와 미국 배출권거래제와의 연계를 위해서는 EU-ETS지침이나 미국 기후변화법안에 제시된 필수요건을 갖추는 것이 중요하다. 이를 위해서는 총량배출권거래제를 도입하고, 상대적으로 엄격한 절대적 목표를 채택하며, 상쇄허용범위와 허용한도를 조화시키고, 제재수준을 엄격하게 하는 것이 필요하다.

중국의 경우 2015년 이후 전국적 배출권거래제를 실시할 경우, 현 시범사업에서와 같이 자발적인 형태의 거래제를 계속 유지할 지 아니면 총량배출권거래제를 도입할 지 유동적이다. 만일 중국이 자발적 배출권거래제를 계속 실시한다면 CDM을 통한 간접적인 연계는 가능하지만, EU-ETS 등 총량배출권 거래제와의 직접적인 연계는 많은 장애가 있을 것으로 여겨진다. 뉴질랜드의 경우에는 명시적인 총량제한(cap)이 없는데, 2015년 호주 및 향후 EU-ETS와의 연계를 위해 제도적인 보완이 필요할 것으로 보인다.

그리고 중국의 경우 원칙적으로 집약도 목표를 채택하거나, 아니면 절대적 목표와 집약도 목표를 병행하여 사용할 가능성이 적지 않고, 일본의 경우 원칙적으로 절대적 목표방식을 지향하나, 산업계의 반발 등을 고려해 집약도 목표를 함께 사용하는 방안도 예상되며, 뉴질랜드의 경우 에너지집약도, 무역노출도가 높은 산업체에 대해 집약도 목표를 사용 중인데, 이럴 경우에는 절대적 목표를 채택하고 있는 EU-ETS 등과의 연계에 있어 환경적 통합성 확보 및 형평성 차원에서 장애가 될 수 있다. 아울러 감축목표치의 상대적 엄격성이 연계대상으로서의 적격성 여부를 판단하는 중요한 기준인데, 미국 기후변화법안의 경우 EU-ETS와 비교해 볼 때 상대적으로 감축목표가 엄격하지 않은 것으로 평가되고, 중국·일본·한국의 경우 아직 구체적인 거래제의 감축목표치가 드러나지 않아 판단하기 이르다.

상쇄의 경우 EU는 산림분야의 상쇄를 허용하지 않는 데 반해, 호주·뉴질랜드·미국·한국은 이를 허용하고 있어 조화가 필요하다. 상쇄한도에 있어서 EU는 10-50%, 미국 W-M법안은 약 30%, 호주는 50%인데 반해, 뉴질랜드는 100%까지 허용하고, 한국의 경우 2020년말 까지는 해외상쇄는 전혀 허용하지 않으므로 조화가 필요하며, 그 외 상쇄할인율 적용 및 국제기준에 맞는 상쇄의 질 관리 등의 조화도 이뤄져야 한다. 그리고 위반 시 제재는 미국·호주·뉴질랜드의 경우 EU수준으로 보다 엄격하게 조정하고, 한국의 경우 과징금 수준을 보다 상향조정하고 감축목표 미달분에 대한 추가 보충의무 부여, 위반자에 대한 명단공표 등을 병행할 필요가 있다고 본다.

셋째, 필수요건은 아니지만 연계되는 시장의 안정적 운영과 배출권 가격의 불안정을 완화하기 위해 반드시 일치가 요구되는 중요요건으로서, 비용완화수단·계획기간·사후조정을 들 수 있다. 그간의 EU-ETS의 운영사례를 보면, 배출권 가격의 급등락으로 인해 많은 문제가 야기되고 있는 바, 각국 배출권거래제의 성공적인 연계를 위해서는 가격안정화 장치로서의 적절한 비용완화수단을 갖추는 것이 필요하다. 각국의 비용완화수단을 검토해 보면, 이월·차입 등의 경우에는 유사한 제도를 하고 있어 별 문제가 없을 것으로 여겨진다. 그러나 미국·호주·뉴질랜드·한국 등에서 제시한 바 있는 가격 상·하한제는 시장메커니즘에 직접 개입하는 정책수단이므로 연계에 장애를 야기할 것으로 판단된다. 특히, 한국의 경우 시장안정화를 위해 거래량제한, 이월·차입·상쇄한도 축소 등 사용가능한 거의 모든 수단들을 제도화시키고 있는 데, 만일 타 거래제와 연계가 될 경우에는 이런 수단들이 상대방의 거래제에 전이될 수 있으므로, 연계 전에 미리 개선하거나, 아니면 초기단계에 한해 일몰제 형태로 운영할 필요가 있다. 아울러 EU-ETS는 사후조정장치를 두고 있는 거래제와는 연계를 하지 않는다는 방침에 따라 스위스 ETS와의 연계에 부정적인 점을 감안해, 원칙적으로 적용대상 기업이 예측할 수 없었고 수인한도를 넘는 극히 예외적인 경우에 한해 사후조정을 허용해야 한다. 한국의 경우 국가감축목표 및 할당계획 수립 시 호주·영국·네덜란드 처럼 생산량 증설계획이 반영되는데도 불구하고, 배출권거래제 시행령에서 "신청에 의한 사후조정"을 광범위하게 허용하는 것은 사실상 집약도 목표를 허용하는 것과 유사한 결과를 초래하므로 개선이 필요하다.

넷째, 배출권거래제의 연계에 있어 할당방법, 부문별 적용대상, 신규진입 및 시설폐쇄, 레지스트리 등의 요건도 가급적 조화나 일치가 바람직하다. 할당방법의 경우, 거래제의 전체적인 상한에는 큰 영향을 미치지 않고, EU를 포함한 대부분의 국가가 공통적으로 초기에는 무상할당을 원칙으로 하다가 점차 경매방식으로 전환한다는 계획이므로 연계에 장애가 될 것 같지는 않다. 미국·호주·뉴질랜드처럼 상·하류 복합시스템으로 할 지, 아니면 EU·한국처럼 하류시스템으로 할 지는 환경적 통합성에는 큰 영향을 미치지 않아 연계의 장애가 될 것 같지 않다. 중국·일본의 경우 적용대상부문을 검토 중이라 현 단계로서는 판단하기 어려운 바, 가급적 유사하고 많은 부문을 대상으로 하여 잠재적인 비용을 줄이면 연계를 더욱 촉진할 수 있을 것으로 여겨진다. 대상가스 측면에서는 EU(계획기간 I 은 제외)·미국·호주·뉴질랜드·한국의 경우 온실가스를 적용대상으로 하나, 중국·일본 등은 초기에는 CO_2로 하다가 차츰 6개 가스로 늘려나갈 것으로 예상되는데, 환산방법을 적용하면 큰 문제가 아니므로 연계의 장애물이 될 것 같지 않고, 한국이 영국처럼 직접배출 외에 간접배출을 포함한다 하더라도 이 역시 연계에 별 문제가 될 것 같지는 않는데, 이중계산을 방지하는 것이 요구된다. 신규진입 및 시설폐쇄의 경우 각국 제도가 유사하여 연계에 별 문제가 없을 것 같고, 배출권 레지스트리의 경우에는 일본처럼 국가 레지스트리와 배출권 레지스트리를 분리하지 말고, EU처럼 양자를 통합하는 것이 연계에 효율적이며, 호주가 EU-ETS와의 연계를 위해 레지스트리 관련법을 새로 개정하고 있는 것은 시의적절하다고 여겨진다.

　다섯째, 배출권거래제의 연계를 저해하는 특수요건에 대한 법제도적 보완 방안을 강구하는 것이 필요하다. 효율적인 연계를 위해서는 기본적으로는 국제기준에 맞게 제도를 설계하여야 하나, 에너지 다소비, 무역집약도가 높은 산업을 보호하며 탄소누출문제가 완화될 수 있도록 연계와 경쟁력을 조화시키는 법제도적 보완장치를 강구할 필요가 있다. 그런데 일부 국가의 경우, 산업계의 강한 반발로 총량배출권거래제의 도입 자체가 좌절되거나, 설령 이를 극복하더라도 자국 산업보호를 위해 지나치게 오랜 기간의 과다한 무상할당과 재정적 지원, 강력한 국경조정조치 등을 실시하는 방안을 검토 중인데, 국제기준에 부합하지 않는 지나친 자국산업 보호장치는 연계의 장애가 될 수 있다고 여겨진다. 에너지 집약 산업체는 기후변화관련 집단소송에 대한 우려가 많은데, 온실가스가 오염물질이라는 기본인식을 바탕으로 하더라도 총량배출권거래제 도입이 난망한 경우 등 부득이한 사정이 있는 때에는 총량배출권거래제의 도입 전까지는 이를 법에 명시하는 것을 한시적으로 유보해 산업계의 우려를 완화하는 방안도 신중한 검토가 필요하다. 그리고 호주·뉴질랜드와 같이 배출권거래제와 탄소세의 연계를 통한 정책조합(policy-mix)으로 상승효과(synergy)를 거두는 한편, 거래제 참가자들과 관련 투자가들이 충분히 준비하고 배출권의 가격이 서로 접근할 수 있도록 하여 연계당사국간의 분배문제가 최소화될 수 있도록 하고, 연계를 단계적으로 추진해 연계당사자들이 사전에 충분히 준비할 수 있도록 하는 것이 바람직하다. 아울러 국제적인 법제도 통일 및 조화를 촉진하기 위해 선진국·개도국 등 유형별로 배출권거래법제도의 표준모형을 개발·보급하고, UNFCCC 산하에 국제 배출권거래 사무국을 설치·운영하는 등 국제적인 지원 메커니즘을 구축할 필요가 있다.

　배출권거래제의 도입 및 연계는 관련 국가 및 정부뿐만 아니라, 산업계, 교통·건물부문 등의 많은 이해당사자와도 밀접히 관련되는 만큼, 이들과의 체계적이고 긴밀한 협의를 통해 감축전략·비용분담·연계시기 및 방법 등에 대한 사회적 합의와 공감대를 형성하는 한편, 기후변화로 인해 피해를 받는 저소득층, 에너지 빈곤층 등을 지원하기 위한 형평성 제고 프로그램도 적극적으로 실시할 필요가 있다.

배출권거래제는 범지구적인 온실가스 감축목표를 가장 효과적이고 적은 비용으로 달성할 수 있도록 하지만, 제도를 잘못 설계하거나 부적절한 법제도를 구축·운영되는 경우, 시장왜곡과 역진적 인센티브, 환경적 통합성의 저해 등의 문제점을 야기할 수도 있다는 점을 유의해야 한다. 그리고 배출권거래제의 국제적 연계가 보다 진전되기 위해서는 호주처럼 EU-ETS와의 연계 이전에 국제기준에 맞지 않거나 연계에 장애가 되는 요인들을 제도적으로 개선해 나가는 노력이 필요하다.

포스트 교토 체제하 초기에는 몰라도 시간이 가면 갈수록 각국 또는 각 지역의 배출권거래시스템들을 연계하고 국제화하려는 압력은 더욱 강해질 것으로 예상된다. 특히 미국과 중국이 배출권거래제를 시행할 경우, 글로벌 차원에서 탄소배출권 거래물량이 폭발적으로 늘어나 어떤 형태로던지 이들 국가의 거래제와 국제적으로 연계하고 법제도를 조화시키려는 노력은 급격히 진행될 것으로 보인다. 이런 점들을 고려해 볼 때, 배출권거래법제도의 도입 초기단계에서 부터 국제적 연계를 고려하여, 기본적으로 국제기준에 부합하도록 핵심적인 법제도를 조화시키거나 일치시키되, 에너지 집약산업의 배출권거래제 도입에 대한 반발과 탄소누출에 대한 우려 등을 고려해 연계와 경쟁력을 조화시키는 방향으로 법제도를 설계하는 것이 바람직하다.

주요 용어해설

교토의정서(Kyoto Protocol) : 교토의정서는 지구온난화의 규제 및 방지를 위한 국
　제협약인 기후변화협약 수정안으로, 1997년 12월 11일에 일본 교토의 국
　립교토국제회관에서 개최된 지구온난화방지 교토회의(COP3) 제3차 당사
　국총회에서 채택되었으며, 2005년 2월 16일 발효되었다.

국가할당계획National Allocation Plans(NAPs) : 국가별 국가할당계획

기후변화(Climate Change) : 기후변화란 자연적 원인 또는 인간활동의 결과에 의해
　야기된 시간에 대비되는 어떤 기후의 변화를 의미한다.

기후변화에 관한 정부간 협의체(Intergovernmental Panel on Climate Change, IPCC) :
　1988년 유엔 산하 세계기상기구(WMO)와 유엔환경계획(UNEP)이 기후변
　화와 관련된 전 지구적 위험을 평가하고 국제적 대책을 마련하기 위해
　UN에 의해 설립된 과학적 기구로서 정부간 기후변화협의체이다.

기후변화협약(United Nations Framework Convention on Climate Change, UNFCCC) :
　온실가스에 의한 지구온난화현상이 심각한 지구환경문제로 대두되면서 체
　결된 국제협약으로, 각국의 온실가스 배출을 규제하기 위한 기본협약이다.

당사국 총회 (Conference of the Parties, COP) : 기후변화협약 관련 최고 의사결정
　기구로, 1995년 3월 제1차 독일 베를린에서 시작하여 당사국들이 협약의
　이행방법 등 주요사안들을 전반적으로 검토하기 위해 1년에 한번 모임을
　가진다.

산림전용 및 산림황폐화 방지로부터의 탄소배출감축(Reducing Emissions from De-
　forestation and Forest Degradation, REDD) : 개도국의 산림전용방지 노력
　활동에 대해 탄소배출권이라는 인센티브를 주자는 제도이다.

산성비 프로그램(Acid Rain Program, ARP) : 미국 환경성(EPA)이 청정대기법에 따

라 산성비의 원인이 되는 SOx, NOx의 대기 중 배출량을 줄이기 위해 도
입한 시장기반 제도이다.

온실가스(greenhouse gas) : 지구의 표면·대기·구름에 의해 방출되는 열적외선을
흡수하거나 방출하는 대기 중 자연 또는 인위적으로 만들어진 가스로서,
CO_2, CH_4, N_2O, HFCs, PFCs, SF_6 등을 말한다.

지구온난화(global warming) : 지구온난화는 지구의 대기와 바다의 평균 온도가 장
기적으로 상승하는 현상이다.

청정개발체제(CDM) : 교토의정서 제12조에 의거해 선진국이 개도국에 투자하여
감축한 온실가스의 일정량을 자국의 감축실적으로 인정하는 제도를 말
한다.

추가성(additionality) : 교토의정서에서 사용되고 있는 용어로서, 청정개발체제
(CDM), 공동이행(JI) 프로젝트 이행에 따른 온실가스 감축분이 그 프로젝
트를 수행하지 않았을 때의 자연적인 감축분에 비해 더 많은 추가적인 감
축효과를 가져와야 한다는 것이다.

하버거 삼각형(Harberger's triangle) : 완전시장에 대한 정부의 개입(가격상하한제,
조세, 관세, 쿼터 등)에 의해 발생하는 후생손실을 나타내는 삼각형으로서
하버거(Harberger)에 의해 명명되었다.

후생손실(deadweight loss) : 상품 또는 재화의 균형점이 파레토 최적에 있지 않을
때 생기는 경제적 효율성의 손실로서, 사중손실 또는 초과부담이라고도
한다.

ACCUs(Australian Carbon Credit Units) : 고정가격제하에서 Carbon Farming Initiative
(CFI)를 통해 생긴 호주 크레딧

BAU(Business As Usual) : 특별한 조치를 취하지 않을 경우 배출될 것으로 예상되
는 미래 전망치를 나타난다.

CEMS(Continuous Emission Monitoring System) : 온실가스를 실시간으로 측정해 모

니터링할 수 있는 연속측정 시스템을 말한다.

IEA(International Energy Agency) : 국제에너지기구로서, 제1차 석유위기 후의 국제에너지정세에 대응해 가기 위해, 미국의 제창에 의해 1974년 11월에 설립된 국제기구이다.

lCERs(long term certified emission reductions) : 장기CER

LULUCF(Land Use, Land-Use Change and Forestry) : 토지사용·토지변화와 산림을 이용한 CDM

NESHAP(National Emission Standards for hazardous Air Pollutants) : 미국 EPA가 청정대기법에 따라 대기로 배출되는 유해화학물질에 대한 오염규제기준이다.

NSPS(New Source Performance Standards) : 미국 EPA가 청정대기법, 청정수질법에 따라 고정배출원이 배출할 수 있는 오염물질의 수준을 규제하는 오염규제기준이다.

tCERs(temporary certified emission reductions) : 임시CER

참고문헌

I. 국내문헌

1. 단행본 (가나다 순)

기타무라 케이. 탄소가 돈이다 (황조희 옮김, 도요새, 2009).
드레드 크럽. 미리암 혼. 지구, 그 후 (김은영 옮김, 에이지 21, 2009.2.27).
문하영. 기후변화의 경제학 (매일경제신문사, 2007).
바츨라프 스밀. 새로운 지구를 위한 에너지 디자인 (허은녕·김태유·이수갑 옮김,
　　창비, 2008.2.5).
박균성·함태성. 환경법 제4판 (박영사, 2010).
박천규·정도현·김병훈·이영주·박형건. 탄소, 사고팔 준비가 되었나요? (도요새,
　　2012).
부기덕·이원희·김희락. 배출권거래와 탄소금융 (한국금융연수원, 2010.4.9).
전의찬 편. 기후변화 25인의 전문가가 답하다 (지오북, 2012.3.10).
조샤페·힐러리 프렌치. "떠오르는 탄소시장". 탄소경제의 혁명 (월드워치 연구소
　　역음, 생태사회연구소 옮김, 도요새, 2008.3.3).
조홍식·이재협·허성욱 편저. 기후변화와 법의 지배 (박영사, 2010).
홍준형. 환경법 제2판 (박영사, 2005).
John Liewellyn. The Business of Climate Change (재정경제부 옮김. Lehman Bro-
　　thers, 2007).

2. 논문

강민경. "탄소배출권거래제도의 경쟁력 및 연계". 유럽환경시장동향 제67호 (2011.
　　3.30).
강희찬. "효과적인 온실가스 배출량 검인증 방식(MRV)의 구축방안". 지역개발연
　　구 제42권 제1호 (2010년 5월).

권원태. "기후변화의 현상과 과학". 기후변화 25인의 전문가가 답하다 (전의찬 편, 지오북, 2012.3.10).

김용건. "온실가스 배출권 할당방식에 관한 논쟁과 시사점". 기후변화와 법의 지배 (조홍식·이재협·허성욱 편저, 박영사, 2010.9.5).

김은정. 녹색성장을 위한 탄소시장 연계가능성에 관한 연구-호주의 배출 권거래제를 중심으로- (한국법제연구원, 2012.11.29).

김홍균. "기후변화협약체제와 WTO체제의 충돌과 조화". 기후변화와 법의 지배 (조홍식·이재협·허성욱 편저, 박영사, 2010.9.5).

문상덕. "일본의 온실가스 배출권거래제도의 현황과 전망". 기후변화와 법의 지배 (조홍식·이재협·허성욱 편저, 박영사, 2010).

박세일. "코-스정리(Coase Theorem)의 법정책학적 의의" 서울대 법학 제27권 2·3호 (1986).

박정훈. "경제적 유인제도 도입확대를 위한 환경법상 환경정책수단의 비교연구". 환경법연구 제25권 1호 (2003).

박찬호. "미국의 온실가스 배출량 보고의무제도에 대한 검토". 법제 (2010).

박천규. "배출권거래제의 쟁점 및 향후 과제". 기후변화시대의 에너지법정책 (조홍식 편저, 박영사, 2013.1.10).

_____. "온실가스 감축인프라 구축방안". 기후변화와 법의 지배 (조홍식·이재협·허성욱 편저, 박영사, 2010.9.5).

_____. 정도현·김병훈·이영주·박형건. 탄소, 사고 팔 준비가 되었나요? (도요새, 2012.11.15).

박현. "기후변화정책과 철강산업". 기후변화와 법의 지배 (조홍식·이재협·허성욱 편저, 박영사, 2010).

박호정. "온실가스 감축에 기여하는 배출권거래제 설계방향" (2011.11).

소병천. "기후변화 대응 국제논의의 쟁점 및 국제법적 함의". 서울 국제법연구. Vol.16 No.2 (2009).

서정민·김영귀·박지현·김정곤·금혜윤. 포스트 교토체제하에서 한국의 대응전략: 탄소배출권 시장의 국제적 연계를 중심으로. 경제·인문사회연구회 녹색성장 종합연구 총서 10-02-17 연구보고서 10-03. 대외경제정책 연구원.

손현·박찬호. 온실가스 보고·검증제도(MRV)에 관한 법제 개선방안 연구 -국제 MRV 연계방안을 중심으로-. 한국법제연구원.녹색성장연구 10-16-10 (2010.12.30).

안병옥. "탄소배출권거래제 주요쟁점과 성공의 조건" (2011.11.29).

안영일. 환경규제에 관한 연구. 대전대학교 법학박사논문 (2008.2).

오인하. 배출규제가 탄소누출에 미치는 영향분석 및 전망-소비관점의 탄소회계와 국경조치의 영향을 중심으로. 경제·인문사회연구회 녹색 성장종합연구 총서 11-02-19. 에너지경제연구원.

_____. 2012년 이후 국제 탄소시장 전망 및 활용전략 연구. 경제·인문사회연구회 녹색성장 종합연구 총서 10-02-28 기본연구보고서 10-17. 에너지경제연구원.

윤정화. "온실가스 배출권거래제도의 공법적 고찰". 동아대학교 대학원, 박사학위논문 (2009).

윤종수. "국내 온실가스 배출권거래제도 구축방향". 기후변화와 법의 지배 (조홍식·이재협·허성욱 편저, 박영사, 2010.9).

이기평. 중국의 탄소배출권거래제 추진현황 및 시사점. 녹색성장연구 12-23-①. (한국법제연구원, 2012.6.30).

이상협, 고석진. 배출권거래제의 사회·경제적 영향분석 연구 (환경정책 평가연구원, 2012.2).

이선화. "EU·ETS를 통해서 본 배출권 초기할당의 이슈와 쟁점". KERI Zoom-In (한국경제연구원, 2009).

이수철. "일본의 기후변화 정책과 배출권거래제도: 특징과 시사점". 환경정책연구 (2010.11.29).

이재협. "국제환경법상 형평성원칙의 적용 : 교토의정서에서의 개도국의 의무부담". 국제법학회논총 제49권 제1호 (2004).

_____. "기후변화의 도전과 미국의 에너지법정책". 경희법학 46권 4호 (2011).

_____. "기후변화입법의 성공적 요소-미국의 연방법률안을 중심으로-". 기후변화와 법의 지배 (조홍식·이재협·허성욱 편저, 박영사, 2010.9.5).

_____. "녹색성장기본법의 친환경적 실현을 위한 법적 수단-기후변화 대응 시장적 메커니즘을 중심으로-". 환경법연구 Vol.31 No.1 (2009).

이종영. 총량제한 탄소배출권거래제도입을 위한 입법적 과제. 국회입법 조사처 (2009.11.30).

이창수. "저탄소 녹색성장 기본법의 입법취지 및 의미". 월간 법제 (2009.11).

임동순. "국제탄소시장의 현황과 전망". 기후변화 25인의 전문가가 답하다 (전의찬 편, 지오북, 2012.3.10).

임재규. "배출권 거래제 도입과 대응". 기후변화 25인의 전문가가 답하다 (전의찬 편, 지오북, 2012.3.10).

장근호. "기후변화에 대비한 온실가스 배출권거래제도 도입동향과 정책적 시사점". 조세연구 제9-2집 (2009.8.20).

조용성. 탄소배출권 거래제 도입 및 운영에 관한 연구. 국무총리실 연구 용역결과보고서 (2008.12).

조현진. "배출권거래제도의 도입방안에 관한 법적 연구". 연대 법학박사 논문 (2011.12).

조홍식. "기후변화의 법정책". 기후변화와 법의 지배 (조홍식·이재협·허성욱 편저, 박영사, 2010.9.5).

_____. "환경법 소묘". 서울대 법학 제40권 2호 (1999).

_____. 이재협·허성욱·문상덕·김태호·황영준. 배출권거래제의 법적쟁점분석과 법·제도(안)에 관한 연구. 서울대학교 법과대학 환경에너지 법정책 센터 (2010.1.20).

_____·황형준. "녹색성장과 환경법제의 대응". 법제연구 제36호 (2009).

_____·허성욱·김태호·황형준. 온실가스 배출규제 법제에 관한 발전방안 연구 (2011.12).

한국자원경제학회. 온실가스 배출권거래제 도입에 따른 경제성 분석 (2011.9).

한귀현. "지구온난화와 배출권 거래-독일의 배출권거래제법을 중심으로". 환경법연구 제29권2호(2) (2007.8).

한상운·박시원. 외국의 배출권거래제 시행에 따른 법적 쟁점분석. 환경 정책평가연구원. 정책보고서 (2010-2).

허성욱. 환경자원의 바람직한 배분을 위한 법경제학적 방법론의 모색-형평성을 고려한 효율적인 자원배분이론의 가능성을 중심으로-.서울대 법학석사학위 논문 (2000.10).

현준원. "배출권거래제 입법의 성과와 과제". 제3회 공법학자 대회 발표문 (2012. 6.27).

_____. "온실가스 배출권거래제도 관련 소송사례와 시사점-독일의 사례를 중심으로". 환경법연구 제32권3호 (2010.11).

황의관. "온실가스 배출권거래제에 관한 법적 연구". 성균관대 법학대학원 박사논문 (2012.1.17).

3. 보고서

국회 기후변화대응·녹색성장특위. "온실가스 배출권의 할당 및 거래에 관한 법률안 검토보고서" (2011.11).

_____. "온실가스 배출권의 할당 및 거래에 관한 법률안 심사보고서" (2012.2).

대한민국 정부대표단. 제15차 유엔기후변화협약 당사국 총회 결과 [2009.12.7-19, 덴마크 코펜하겐] (2010).

삼일PwC. 배출권거래제 법·제도 해외사례분석 연구용역보고서 (2009.9).

_____. 온실가스 규제와 자국산업 보호정책의 미래 (2010).

환경부, 배출권거래제 시행령 제정관련 주요쟁점사항에 대한 검토의견 (내부자료) (2012.11).

환경정책평가연구원·에너지경제연구원. 배출권거래제 요소별 운영·관리 체제 및 기본계획 수립 연구. 녹색성장위원회 연구용역보고서 (2010.1).

4. 뉴스·보도자료

"교토의정서 연장 — '포스트 2012' 논의 본격화". 연합뉴스 (2011.12.11).

"교토의정서 연장·2020년 새체제 출범(종합2보)". 연합뉴스 (2011.12.11).

"교토의정서, 파국 피했지만 '껍데기'만 남았다". 프레시안 (2012.12.9). "국가별 GDP대비 제조업비중". 매일경제 (2008.11.11).

국무총리실·녹색성장위원회. "온실가스 배출권 거래제도에 관한 법률안 재입법예고 실시" (2011.2.25).

"기업들 탄소배출 총량감축 관심없어". 환경일보 (2011.6.17).

김경태. "배출권거래제, 껍데기만 남았다". 환경일보 (2012.8.17).

김용건. "산업계 경쟁력 약화는 과장... 부담 아닌 체질개선 촉매". 한국경제뉴스 (2012.8.17).

김정석. "산업계 배출권 무상할당, 2020년까지 연장 주장". tntnews (2012.8.6).

녹색성장위원회. "온실가스 배출권거래제의 오해와 사실" (2012.2.16).

대한상공회의소. "산업계, 산업경쟁력 고려한 배출권거래제 설계" 정부건의. NEWS WIRE (2012.6.10).

목정민. "기업들 온실가스 배출예상치 부풀려 허위신고". 경향신문 (2012.5.31).

"美 캘리포니아주, 2012년부터 배출권거래제 시행". 해외기후변화 동향 (2011.1. 06).

"미 환경청(EPA) 캘리포니아 배출가스 규제를 환원시키다". 세계법제정보. 법제처 (2007.8.23).

박희정. "배출권거래제 '의견상충' … 접점 찾을 수 있을까?". 미래환경 27 (2011.

12.1).

"발전사, 업계현실 반영된 '온실가스 배출권제' 시행령 요구". 전기뉴스 (2012.6. 17).

"발전업계, '온실가스 배출권거래제' 제정관련 공동건의문 제출". 아주경제 (2012. 6.10).

"배출권거래 … 국가전체를 보자". 한국에너지 (2012.8.20).

"배출권 무상할당이 시장왜곡시켜 다배출업소가 오히려 횡재이윤 부작용". 환경일 보 (2011.5.23).

"배출권거래, 총량제 아닌 원단위 방식 필요". 전력/원자력 (2009.12.14).

"산업계, '배출권거래제 도입유보' 국회건의". 연합뉴스 (2011.12.27).

신병철. "파느냐 마느냐 그것이 문제로다". 한국에너지 (2012.4.3).

"온실가스는 대기오염물질 법안 발의". 내일신문 (2009.10.29).

"온실가스 배출권거래제 '업계 입장 반영' 건의 잇따라". 에너지경제신문 (2012.6. 13).

"온실가스, 오염물질에 포함추진". 뉴시즈 (2009.12.30).

외교통상부. "제17차 기후변화협약 당사국총회(COP17) 개최결과"(보도자료) (2011. 12.12).

"유럽탄소배출권거래제". 환경경영 (2012.6.17).

"일본 배출권거래제 계획연기". 닥터카본 (2011.1.3).

최광림. "기업부담으로 투자위축.....미·일도 배출권거래제 도입주저". 한국 경제뉴 스 (2012.8.17).

최준영. 온실가스배출권 거래제도. 주간경향 916호 (2011.3.15).

"캘리포니아주, 미 최초로 11조원 규모의 배출권거래제 채택". Los Angeles Times (2011.10.20).

환경일보. 주요국 온실가스 배출권 거래제 세미나 발표내용. 한국법제연구원·뉴질 랜드환경부와 국제컨퍼런스 (2012.8.24).

"'한때의 조크'였다는 EU 탄소배출권 시장". 한국일보(사설) (2012.10.3).

함봉균. "캘리포니아주, 배출권거래제 시행 승인". 그린데일리 (2011.10.23).

허재용. "배출권거래, '원단위 할당방식'으로". 지식경제부 주최. 자발적 배출권거 래 운영결과 분석 워크숍 (2009.12.10).

5. 기타

"국가 온실가스 배출권 거래제도에 관한 법률안" 입법예고안.

녹색성장기본법.

녹색성장 주간동향 (2012.4.16).

녹색성장위원회. "온실가스 배출권의 할당 및 거래에 관한 법률"관련 주요 질의·
    답변자료 (2012).

대기환경보전법.

대한상공회의소, 한국무역협회, 중소기업중앙회, 한국철강협회. "온실가스배출권의
    할당 및 거래에 관한 법률안"에 대한 산업계 공동건의문 (2011.10).

대한상의 등 24개 단체. "온실가스 배출권의 할당 및 거래에 관한 법률시행령 제
    정안에 대한 산업계 공동건의문" (2012.8).

박호정. "배출권거래제의 경제적 효과와 대응과제"(PPT). 녹색성장위원회·한국경
    제학회 주관 "새로운 경제전략 녹색성장" 심포지엄 발표자료 (2011.6).

안병욱. "탄소배출권거래제 주요쟁점과 성공의 조건"(PPT). 온실가스 배출권의 할
    당 및 거래에 관한 법률안에 관한 공청회. 국회기후변화대응·녹색성장특
    위 (2011.11.3).

온실가스 감축실적 인증 및 배출권거래에 관한 법률안.

"온실가스 배출거래제도에 관한 법률제정안에 대한 산업계 의견" (2011).

온실가스 배출권의 할당 및 거래에 관한 법률.

온실가스 배출권의 할당 및 거래에 관한 법률시행령.

저탄소 녹색성장기본법

저탄소 녹색성장기본법시행령.

최경환의원 제안법률. 온실가스 감축실적 인증 및 배출권거래에 관한 법률안
    (2011).

탄소흡수원 유지 및 증진에 관한 법률.

허성욱. "탄소시장 산업경쟁력 그리고 경쟁정책"(PPT). 녹색성장연구회 (2012.9.
    11).

환경정의 등 37개 시민사회단체. 배출권거래제 시행령 제정에 관한 시민 사회단체
    (38개 단체) 의견서 (2012.9.13).

II. 외국문헌

1. 일본 문헌

環境省『キャップ・アンド・トレード方式による國內排出量取引制度オプショ
ンについて』(平成20年 5月20日)
環境省國內排出量取引制度檢討會 『國內排出量取引制度のあり方について
中間まとめ』(平成20年 5月20日)
經濟産業省 産業構造審議會 環境部會地球環境小委員會 『政策手法ワーキ
ンググループにおける議論の中間整理』(平成22年 9月)
國內排出量取引制度の課題整理に關する檢討會 『國內排出量取引制度の課
題整理 報告書』(平成24年 3月)
みずほ總合研究所「活發化する國內排出權取引制度の導入論議」(2008.5.21)
前田 章 「排出權取引制度と市場設計」(2008.4.1)
諸富 徹 「アメリカ・歐州の最新動向を踏まえた日本における排出量取引制
度設計の方向性」(2009)
Digital Government「歐州連合域內排出量取引制度EU-ETSの第3フェーズに向け
た動向」(2012.3.22)

2. 영어문헌

1) 단행본 (알파벳 순)

Biermann, F. P. Pattberg, and F. Zelli. eds. Global Climate Governance Beyond
2012: Architecture, Agency and Adaptation (Cambridge University Press,
2010).
Giddens, Anthony. The Politics of Climate Change (Cambridge, Polity Press 2009).

2) 논문

Ackerman, Bruce A., and Richard B. Stewart. Recorming Environmental Law: *The
Democratic Case for Market Incentives*, 13 Colum. J. Envtl. L. 171 (1987-
1988).

Aldy Joseph E., and Robert N. Stavins. *Designing the Post-Kyoto Climate Regime: Lessons from the Harvard Project on International Climate Agreements.* An Interim Progress Report for the 14th Conference of the Parties, Framework Convention on Climate Change, Poznan, Poland (December 2008).

Alexeeva-Talebi, Victoria and Niels Anger. *Developing Supra-European Emissions Trading Schemes: An Efficiency and International Trade Analysis.* ZEW Discussion Paper No. 07-038(2007).

Asselt, H., and Frank Biermann. *European emissions trading and the international competitiveness of energy-intensive industries: a legal and political evaluation of possible supporting measures.* Energy Policy 35 (2007).

Babiker, Mustafa, John Reilly, and Laurent Viguier. *Is International Emissions Trading Always Beneficial?.* MIT Joint Program on the Science and Policy of Global Change, Report No. 93 (December 2002).

Baron, Richard, and Stephen Bygrave. *Towards International Emissions Trading: Design Implications for Linkages.* OECD (2002).

Bellamy, Fredric D, and Mark E. Freeze. *The Present and Future of Greenhouse Gas Regulation: Key Considerations for Industry.* Aspatore (1 Aug. 2010).

Bergman and Ingelson. *Transaction Costs for Swedish Actors Participating in the European Emission Trading Scheme.* Stockholm School of Economics, Mater's Thesis (2006).

Betz, Regina. *Emissions trading to combat climate change: The impact of scheme design on transaction costs.* Australia 2005 Conference 49th (February 9-11 2005).

_____. Wolfang Eichhammer, and Joachim Scheich. *Designing National Allocation Plans for EU Emissions Trading-A First Analysis of the Outcome,* 15 Energy & Env'T, 375 (2004).

Blyth, Williams and Martina Bosi. *Linking Non-EU Domestic Emissions Trading Scheme with the EU Emissions Trading Scheme.* COM/ENV/IEA/ SLT92004)6, OECD (17 June 2004).

Bodansky Daniel. *W[h]ither the Kyoto Protocol? Durban and Beyond.* Policy Brief. Havard Project on Climate Agreements. Belfer Center for Science and International Affairs, Harvard Kennedy School (Aug. 2011).

Bowen, Alex. *The Case for carbon Pricing.* The Grantham Research Institute on Climate Change and the Environment. Center for Climate Change

Econmics and Policy. Briefing Note (December 2011).

Brunner, Steffen, Christian Flachsland, Gunnar Luderer, and Ottmar Edenhofer. *Emissions Trading Systems: an overview*. Discussion paper, Posdam Institute for Climate Impact Research.

Bullock David. *Emissions Trading in New Zealand: development challenges and design*. Environmental Politics Vol.21, No.4 (July 2012).

Burgess, Scott. *Linking emissions trading programs can advance climate policy*. Center for Climate and Energy Solution (2/17/2012).

Bygrave, Stephen, Martina Bosi. *Linking project-based Mechanism with Domestic Greenhouse gas Emissions trading Schemes*. ECD/IEA, COM/ENV/EPOC/IEA/SLT(2004)5 (16 June 2004).

Chapman, James. *Linking a United States Greenhouse gas Cap-and-Trade System and The European Union's Emissions Trading Scheme*. 11 Vt. J. Envtl. L. 45 (2009).

Coase, Ronald H. *The Problem of Social Cost*. Journal of Law and Economics. Vol. 3 (Oct. 1960).

Edenhofer, Ottmar, Christian Flachsland, and Robert Marschinski. *Towards a global CO_2 market*. Potsdam Institute for Climate Impact Research (May 2007).

Egenhofer, Christian et al., *The EU Emissions Trading System and Climate Policy towards 2050-Real incentives to reduce emissions and drive innovation?-*. CEPS Special Report (2011).

Ellis, Jane and Dennis Tirpak. *Linking GHG Emission Trading Systems and Markets*. OECD/IEA COM/ENV/EPOC/IEA/SLT (2006.6).

Epstein, Paul R. *Bringing Climate Change into Global Governance*. Bulletin of the Atomic Scientists (2009.11.9).

Farber, Daniel. *Standing on Hot Air: American Electric Power and the Bankruptcy of Standing Doctrine*. The Yale Law Journal Online (2011).

Feng Lin. Jason Buhi. *The Copenhagen Accord and The Silent Incorporation of the Polluter Pays Principle in the International Climate Law:An Analysis of Sino-American Diplomacy at Copenhagen and Beyond*. 18 Buff. Envt'l. L.J. 1, 23 (2010-2011).

Flachsland, Christian. *To link or not to link; benefits and disadvantages of linking cap-and-trade systems*. Postsdam Institute for Climate Impact Research (2009).

_____. Ottmar Edenhofer, Michael Jakob, Jan Steckel, *Developing the International Carbon market. Linking Options for the EU ETS*. Climate Strategies (May 2008).

_____. Robert Marschinski, and Ottmar Edenhofe. *Global Trading versus Linking: Architectures for International Emissions Trading*. Potsdam Institute for Climate Impact Research (12 September 2008).

Garnaut, Ross. *The Garnaut Climate Change Review* Final Report (2008).

Gerrard, Michael B. *Climate Change Litigation in the United States*. American Law Institute (March 7, 2011).

Grunfeld, Daniel. *The Prospects for Cap and Trade-Developments, Challenges and Opportunities*. Practising Law Institute Corporate Law and Practice Course Handbook Series PLI Order No. 29097 (May-June, 2011).

Grüll, Georg and Luca Taschini. *Linking Emission Trading Schemes: A Short Note* (Feb. 2010).

Haites, Eric. *Harmonization between National and Internationa Tradable Permit Schemes*. CATEP Synthesis Paper (Paris: OECD, 2003).

Han, Guoyi et al., *China's Carbon Emission Trading-An Overview of Current Development*. Fores Study (2012.1).

Harrison, David et al., *Using Emissions Trading to Combat Climate Change: Programs and Key Issues*. Environmental Law Institute (31 May 2008).

Hausotter, Tobias, Sibyl Steuwer, and Dennis Tanzler. *Competitiveness and Linking of Emission Trading Systems*. Umwelt Bundes Amt (2011).

Hepburn, Cameron. et al., *The 'surrender charge' on international units in the Australian ETS*. Grantham Research Institute on Climate Change and the Environment (January 2012).

Hof, Andries, Michael D. Elzen, and Detlef van Vuuren. *Environmental effectiveness and economic consequences of fragmented versus universal regimes : What can we learn from model studies?* Global Climate Governance Beyond 2012: Architecture, Agency and Adaptation.

Hood, Chrisina. *Reviewing Existing and Proposed Emissions Trading Systems*. IEA (Nov. 2010).

Jaffe, Judson, Matthew Ranson, and Robert N Stavin. *Linking Tradable Permit Systems: A Key Element of Emerging International Climate Policy Architecture*. 36

Ecology Law Quarterly, 789 (2009).

Jember, Gebru et al., *Summary of Durban Outcomes of the 17th session of the Conference of the Parties.* (COP17/CMP7) (2011).

Jotzo, Frank. *A Price floor for Australian's emissions trading scheme?.* Commissioned paper for Australia's Multi-Party Climate Change Committee (17 May 2011).

_____. Regina Betz. *Linking the Australian Emissions Trading Scheme.* Climate Strategies (March 2009).

Kanamoto, Jusen, Asuka kei-Ichiro, and Lu Xiang Chun. *Emission Trading and International Competitiveness: Case sudy for Japanese Industries.* iGEs, Working Paper (2010-004).

Kcohane, Robert O. and Kal Raustiala. *Toward a Post-Kyoto Climate Change Architecture: A Political Analysis* (2009).

Keogh Ben. *Preparing for Carbon Trading in Australia.* Greenhouse gas Market, IETA (October 1 2012).

Kiesling Lynne. *Co$_2$ Emission Trading. The Coase Theorem, and Creating New Markets.* Knowledge Problem (Oct. 23, 2002).

Kimura, Hitomi and Andreas Tuerk. *Emerging Japanese Emissions Trading Schemes and Prospects for linking.* Climate Strategies (Oct. 2008).

Kneteman. Christie J. *Building an Effective North American Emissions Trading System: Key Considerations and Canada's Role.* 20 J. Env. L. & Prac. 127 (May 2010).

Kruger, Joseph, Wallace E. Oates, and William A. Pizer. *Decentralization in the EU Emissions Trading Scheme and Lessons for Global Policy.* RFF DP 07-02.

Lazarowicz, Mark. *Global Carbon Trading: A Framework fo Reducing Emissions* (London: DECC/OCC, 2009).

Lipsey, R. G. and Kelvin Lancaster. *The General Theory of Second Best.* The Review of Economic Studies, Vol. 24, No. 1 (1956-1957).

Luciano, Butti. *The Tortuous Road to Liability: a Critical Survey on Climate Change Litigation in Europe and North America.* Sustainable Development Law & Policy (Winter, 2011).

Mace, M.J. et al., *Analysis of the legal and organizational issues arizing in linking the EU Emissions Trading Scheme to other existing and emerging emission trading schemes*. FIELD·IEEP·WRI (May 2008).

Manders, Ton and Paul Veenendaal. *Border tax adjustments and the EU-ETS*. Netherlands Environmental Assessment Agency (October 2008).

Manu. *Evaluation of the EU-ETS in its present form and possible reforms: Economics for a Sustainable World assignment for the One Planet MBA* (2012.1.31).

May, James R. *AEP v. Connecticut and the Future of the Political Question Doctrine*. The Yale Law Journal Online (2011).

Mckinstry Jr, Rober B. *The Clean Air Act: A suitable tool for Addressing the Challenges of Climate Change*. Envtle. L. Rep. News & Analysis, 10301 (2011).

Mehling, Michael. *Emission Trading: European Outlook and Transatlantic Perspectives* (2010.7.21).

_____. *Linking the EU Emissions Trading System to a Future US Emissions Trading Scheme*. European Parliament Policy Deparment Economic and Science Policy (Oct. 2009).

_____. *Linking of Emissions Trading Schemes*. Legal Aspects of Carbon Trading, David Freestone, Charlotte Streck (Oxford, 2009).

_____. Andreas Tuerk, and Wolfgang Sterk. *Prospects for a Transatlantic Carbon Market*, Climate Strategies (April 2011).

Melby John. *Western Power Markets and California's AB 32*. Greenhouse Gas Market (IETA, 2012).

Melissa, Powers. *Integrating the Clean Air Act with CAP-and-Trade*. Rutgers Law Record Spring (2010).

Metcalf, Gilbert E. *Designing a Carbon Tax to Reduce U.S. Greenhouse Gas Emissions*. 3 Rev. Envtl. Econ & Pol'y, 63 (2009).

_____. David Weisbach. *Linking Policies When Tastes Differ: Global Climate Policy in a Heterogeneous World*. Harvard Project on International Climate Agreements. Harvard Kennedy School (July 2010).

Michaelowa, Axel, and Frank Jotz. *Impacts of transaction costs and institutional rigidities on the share of the Clean Development Mechanism*. Energy Policy 33, 511, 512 (2005).

Mullins, Timothy J. and M Rhead Enion. *Things Full apart : Searching for Optimal Regulatory solutions to combating Climate Change under Title I of the existing CAA if Congressional action fails*. Envtle. L. Rep. News & Analysis, 10864

(2010).

Osofsky, Hari M. *AEP v. Connecticut's implications for the Future of Climate Change Litigation*. 121 Yale L.J. 101 (2011).

Peretz, Neil. *Carbon Leakage under the European Union Emissions Trading Scheme: Is it a major policy concern?* Tulane Environment Law Journal (Winter 2009).

Peter, Hsiao and Andrea L. Tozer. *Full Speed Ahead: California's New Climate Cap-and-Trade Regulations*. American Law Institute-American Bar Association Continuing Legal Education ALI-ABA Course of Study (December 2-3, 2010).

Philibert, Cédric. *Assessing the Value of Price Caps and Floors*. Climate Policy 9 (2009).

_____. *Emission Trading: Trend and Prospects*. OECD/IEA (2007.11.22).

_____. *Reinaud, Julia. Emission Trading: Taking Stock and Looking forward*. OECD, COM/ENV/EPOC/IEA/SLT (2004.3).

PRATLONG, Florent. *The Implication of Transaction Costs on the Non-cooperative Choice of Emission Allowances*, ERASME. Ecole Centrale Paris. CES-EUREQua and PRISM. Université Paris 1, (1st November 2006).

Qian, Win. *China Emissions Trading Pilots-From Principles to Pragmatic Measures*. IETA. Greenhouse Gas Market 2012, Commodities now (1 Oct. 2012).

Ramseur, Jonathan L. *Emission Allowance Allocation in a Cap-and-Trade Program: Options and Considerations*, CRS Report for Congress (June 2, 2008).

_____. *The role of Offsets in a Greenhouse Gas Emissions Cap-and Trade Program: Potential Benefits and Concerns*. CRS Report for Congress (April 4, 2008).

Ranson, Matthew, Robert N. Stavins. *Post-Durban Climate Policy Architecture Based on Linkage of Cap-and-Trade Systems*. Resources From the Future (May 2012).

Rayfuse, Rosemary. *Monitoring, Reporting and Verification in the Post-2012 Climate Regime*. 한국법제연구원 주관 "그린코리아 2010: 기후변화대응 규제체계의 국제적 연계". 국제회의 발표자료 (2010.9.10).

Reinaud, Julia. *Issues Behind Competitiveness and Carbon Leakage*. IEA (October 2008).

_____. *Trade, Competitiveness and Carbon Leakage: Challenges and Opportunities*. Chamtham House (January 2009).

Reitze, Arnold W, Jr. *Federal Control of Greenhouse Gas Emissions*. Environmental Law (Fall, 2010).

Schüle, Ralf. *Linking domestic emissions trading schemes and the evolution of the international climate regime bottom-up support of top-down processes?* Mitig Adapt Strateg Glob Change (2009).

_____. Wolfgang Sterk. *Options and Implications of Linking the EU ETS with other Emissions trading Schemes*. IP/A/CLIM/NT/2007-18.

Schyns, Vianney and Jan Berends. *Interpretation outcome legal case Germany against EU Commision concerning ex-post adjustments* (18 Dec. 2007).

Shimada, Akio. *Designing a CO_2 Emission Trading Scheme from the Perspectives of Law and Economics-Proposal for a "Hybrid CO_2 Allowances Trading Scheme"*. The Fourth annual conference of the Asian Law and Economics Association (2008).

Sonja, Peterson. *Monitoring, Accounting and Enforcement in Emissions Trading Regimes*. OECD, CCNM/GF/SD/ENV (2003)5/ Final. 17-18 (March, 2003).

Stavins, Robert N. *Transaction Costs and Tradeable Permits*. Journal of Environmental Economics and Management 29, 133 (1995).

Sterk, Wolfgang. Michael Mehling, and Andeas Tuek. *Prospects of linking EU and US Emission Trading Scheme: Comparing the Western Climate Initiative, the Waxman-Markey and the Lieberman-Warner Proposal*. Climate Strategies (April 2009).

Tessa Schwartz, William Sloan, and Adam Young. *Legal Issues for Carbon-Related Transactions: Regulations Markets, Technology & Enhancing Value*. Practising Law Institute Corporate Law and Practice Course Handbook Series PLI Order No. 18722 (February 2009)

Toda, Eisaku. *Recent Development in Cap and Trade in Japan* (2011).

Tomkins, Sharon, Lisa Wing Stone, and Melissa Onken. *Litigation Global Warming: Likely Legal challenges to Emerging Greenhouse Gas Cap-And trade Programs in the United States*. 39 Envtl. L. rep. News & Analysis (May 2009).

Tuerk, Andeas et al., *Linking Emissions Trading Schemes, Systhesis Report*. Climate Strategies (May 2009).

Turin, Dustin R. *The Challenges of Climate Change Policy : Explaining the Failure of Cap and Trade in the United States with a Multiple-Streams Framework*. Student Pulse (2012).

Vandenbergh, Michael P. and Mark A. Cohen. *Climate Change Governance: Boundaries and Leakage*.18 N.Y.U. Envtle. L.J. 221 (2010).

Waughray, Dominic K. *Unleashing Green Dragons: A Bottom-up Approach.* Global Asia. Volume 4, Number 4 (Winter 2010).

Wood, Peter J. and Frank Jotzo. *Price Floors for Emissions Trading*, Environmental Economics Research Hub. Research Reports No. 36 (Oct. 10 2009).

Wräke Markus, Dallas Burtraw, Asa Löfgren, and Lars Zetterberg. *What Have We Learnt from the European Union's Emissions Trading System?* Royal Swedish Academy of Sciences (2012).

Zelli, Fariborz, Frank Biermann, Philipp Pattberg, and Harro van Asselt. *The consequences of a fragmented climate governance architecture: a policy appraisal.* Global Climate Governance Beyond 2012: Architecture. Agency and Adaptation (Biermann, F. P. Pattberg and F. Zelli.eds. Cambridge University Press, 2010).

Zetterberg, Lars. *Linking the Emissions Trading Systems in EU and California.* Mistra Indigo (2012).

Zyla, Kathryn and Bushinsky, Joshua. *Designing A Cap-and Trade Program for the Midwest.* World Resources Institute (March 2008).

3) 보고서

Carbon Taxes vs Carbon Trading(Pros, cons and the case for a hybrid approach). Price Waterhouse Coopers (March 2009).

Climate Change 2007: Synthesis Report 1.1(Definitions of climate change).

Deloitte. Design implications of linking emission trading schemes and the impact on business (2009).

European Commission. Communication From the Commission to the European Parliament, International Climate Policy post-Copenhagen: Acting Now to Reinvigorate Global Action on Climate Change. COM(2010)86 final (2010. 3.9).

European Commission. Toward a Comprehensive Climate Change Agreement in Copenhagen. COM(2009) 39 Final (28 Jan. 2009).

IETA. Greenhouse Gas Market 2012, 1 Oct. 2012.

_____. IETA Summary of the Australia-European Union Linkage Plan (29 Aug. 2012).

_____. Principles for a Post-2012 International Climate Change Agreement. <http://
    www.ieta.org/index.php?option=com_content&view=article&catid=25%3A
    archived-position-papers&id=238%3Aprinciples-for-a-post-2012-internationa
    l-climate-change-agreement&Itemid=107>

IPCC. Climate Change 2007: Synthesis Report 1.1(Definitions of climate change).
    <http://www.ipcc.ch/publications_and_data/ar4/syr/en/mains1.html#1-1>

_____. Fourth Assessment Report.

_____. Forth Assessment Report: Climate Change 2007, <http://www.ipcc.ch/
    publications_and_data/ar4/wg3/en/ch11s11-7-2.html>

_____. IPCC 2006 Guideline for National GHG Inventory, Overview.3.

_____. IPCC 2007: Summary for Policymakers. <http://www.ipcc.ch/pdf/reports-
    nonUN-translations/korean/ar4_wg1_korean/Summary%20for%20Policymak
    ers.pdf>.

_____. Principles governing IPCC work. (2006.4.28). <http://www.ipcc.ch/pdf/ ipcc-
    principles/ipcc-principles.pdf>

J.P.Morgan. Carbon Price. Australia Equity Research (28 Aug. 2012).

Linking with emissions trading schemes of third countries, Final Report of the 4th
    meeting of the ECCP working group on emissions trading on the review
    of the EU ETS (14-15 June 2007). <http://ec.europa.eu/clima/policies/ets/
    docs/report_4th_meeting_en.pdf>

Marrakesh, Morocco. Oct. 29-Nov. 10, 2001, Report of the Conference of the
    Parties, UN DOC FCCC/CP/2001/13.Add.3 (Jan. 21, 2001).

OECD. OECD Environmental Outlook to 2005 (Nov. 2011).

Preston, John. Global Green Growth Insights. PwC (1 Oct. 2012).

Principles governing IPCC work (2006.4.28).

Putting a price on carbon: An Emissions Cap or a Tax?, Yale Environment 360
    (2009.5.7)

Rahel Belete and Kibrom Tadesse. Summary of Durban Outcomes of the 17th
    session of the Conference of the Parties(COP17/CMP7) (2011).

United States Environmental Protection Agency, Office of Air and Radiation, Tools
    of the Trade: A guide To Designing and Operating a Cap and Trade
    Program for Pollution Control, EPA430-B-03-002 (Jun, 2003).

World Bank. International Trade and Climate change. World Bank (2008).

_____. State and Trends of the Carbon Market 2012. Washington DC (May 2012).

4) 뉴스·보도자료

Addendum. *Midwestern Greenhouse Gas Reduction Accord* (Feb. 3, 2011).

Anderson, Mike, and Lynn Doan. *Australia in Talks with California to link Emission Programs*. Bloomberg (Oct. 2, 2012).

Broder, Jone M. *Climate Talks Yield Commitment to Ambitious, but Unclear*. Actions (December 8, 2012).

Australia Government. Department of Climate Change and Energy Efficiency. *A Carbon Price Floor for Emissions Trading Schemes*. Agenda Item4, at 1-2, <http:// www.climatechange.gov.au/en/government/initiatives/mpccc/meetings/ seventh-meeting/~/media/publications/mpccc/price-floor-paper.pdf>.

_____. Department of Climate Change and Energy Efficiency. *Australia and European Commission agree on pathway towards fully linking emissions trading systems* (28 Aug. 2012).

_____. Department of Climate Change and Energy Efficiency, *Clean energy legislation*. <http://www.climatechange.gov.au/government/clean-energy-future/ legislation.aspx>.

_____. *Implementing links to overseas emissions trading scheme-Draft legislation. Clean Energy Legislation Amendment(International Emissions Trading and Other Measures) Bill 2012 and related bills*. Explanatory Note (31 Aug. 2012).

_____. *Linking and Australian liable entities* (2012).

_____. *Securing a clean energy future* (2011). <http://www.cleanenergyfuture. gov.au/wp-content/uploads/2011/07/Consolidated-Final.pdf>.

Bateman, Brendan and Trisha Cashmere. *Carbon Price Mechcanism and EU Carbon Scheme linkage-more details revealed*. Claytonutz Insights (27 Sep. 2012).

California approves carbon cap-and-trade. UPI (2011.10.21).

California Regulators Approve Design for Carbon Trading System. Bloomberg (2011. 10.21).

Carbon 2008-Post 2012 Is Now. Point Carbon (27 Mar. 2008).

Carus, Felicity. *EU plans to link emissions trading scheme with California*. Guardian (7

April, 2011).

CER price forecasts to 2020: green and shades of grey. POINT CARBON (19 Jun 2012).

Chameides, Bill. *Durban Climate Change Agreement; 'A Remarkable New Phase'?* (12/13/11).

Climate Action. *Connie Hedegaard: The ETS is delivering real emission reductions* (2011.7.14). <http://ec.europa.eu/commission_2010-2014/hedegaard/headlines/news/2011-07-14_01_en.htm>

_____. *Ensuring the integrity of the European carbon market*. (2011.10.25), <http://ec.europa.eu/clima/policies/ets/oversight/index_en.htm>.

_____. *EU Emissions Trading System - Transition to the Union Registry* (2011.7.18), <http://ec.europa.eu/clima/news/articles/news_2011071802_en.htm>.

_____. *Linking the EU ETS to other Emissions Trading Systmes and use of international credits* (28 Aug. 2012).

_____. *The EU ETS is delivering emission cuts* (2011.7.27), <http://ec.europa.eu/clima/publications/docs/factsheet_ets_emissions_en.pdf>

Complete Disaster in the Making. Carbon markets (Sep. 15, 2012).

Consideration of carbon pricing issues —timeline. <http://www.climatechange.gov.au/government/reduce/carbon-pricing.aspx>.

Doha Climate Conference Takes Modest Step Towards Global Climate Deal In 2011. Albany Tribune (December 8, 2012).

Daan Bauwens. *Carbon Trading Scheme Close to Collapse* (Sep. 14, 2012).

Donald J. Wylie. *American Electric Power Co. v. Connecticut: 8-0 the Supreme Court rules federal common law is displaced* (June 20, 2011).

Dustin Till. *Climate Change Lawsuits Get Chilly Reception* (June 19, 2012).

EPA Grants California Vehicle GHG Regulations Waiver. Green Car Congress (2009.6.30).

EPA. Greenhouse Gases Threaten Public Health and the Environment. EPA (12/07/2009).

EU plans to link emissions trading scheme with California. Guardian (2011.4.7).

EU reveals carbon-market reform package. EurActiv (14 Nov. 2012).

European Commission. *Australia and European Commission agree on pathway towards fully linking emissions trading systems* (28 Aug. 2012).

_____. *FAQ: Linking the Auatralia and European Union emission trading systems* (28 Aug. 2012).

_____. Press release. *New rules for more efficient, resilient and transparent financial markets in Europe* (2011.10.20). <http://europa.eu/rapid/press-release_IP-11-1219_en.htm>.

_____. The EU Emissions Trading System (EU ETS).

Figuers: Asia is new centre of the Universe for Carbon cuts. RTCC (2 April 2012).

Gerard Wynn. *Linking to Europe's carbon market carries risks*. The Age (Sep. 6, 2012).

Global carbon agreement and Clean Energy Bill proclaimed. Freehills (12 December 2011).

Goldenberg, Suzanne. *Cap-and-trade emissions scheme expected to be approved by California* (20 October 2011).

Greenhouse Gas Market 2012. Commodities now (Oct. 2012). <http://www.commodities-now.com/reports/environmental-markets/12629-greenhouse-gas-market-2012.html>.

Hedegaard: Floor price is not preffered way to fix ETS. Energy Monitor (12 July 2012).

Jone M. Broder. *Climate Talks Yield Commitment to Ambitious, but Unclear, Actions* (December 8, 2012).

Joy L. Langford and Samantha B. Miller. *Climate Change Lawsuits Update*. ClientAlert (Oct. 4, 2012). kh<http://www.chadbourne.com/files/Publication/ a6efde93-87e8-41ca-913d-5a4c73becf6d/Presentation/PublicationAttachment/c530b1b7-dd4 f-4219-baab-6a835a28ffcf/ClimateChange_ca(Langford).pdf>.

Lewis, Barbara and Rex Merrifield. *EU agrees carbon deal with China, world's biggest emitter*. Reuters (Sep. 20, 2012).

Lomax, Simon. *EPA Studying Own Carbon-Trading System, Official Says(Update 2)*. Bloomberg (Mar. 1, 2010).

Morgan, Jennifer. *What America can Learn from Australia's New Clean Energy Future Package*. Think Progress (Sep 29, 2012).

Murray, James. *The Cancun Accord-at a glance*. Business Green (13 Dec. 2010)

NZ and Australia Agree on linking their ETS. Scoop (5 Dec. 2011).

OECD Warns of Ever-Highter Greenhouse Gas Emissions. The New York Times (2012.3.15).

Ros Donald. *Australia plans to join Europe's Carbon Trading Market : How will it work?*. Think Progress (Sep. 6, 2012).

Ruiz, Simon and Jana Frejova. *EU ETS: Same ambitions, New Design*.

Scott, Mike. *Carbon trading Schemes launched in Asia Pacific*. FT Times (April 17,

2011).

Second Carbon leakage list-basic legal environment for the issue. Emissions- EUETS.com (2012.7.23).

Simplified outline of the Australian Clean Energy Bill 2011 (6 Jan. 2012).

Summary: Copenhagen Climate Summit. <http://www.c2es.org/international/negotiations/cop-15/summary.>

Taylor, Lenore. *Warning over ETS windfalls for industry.* The Australian (Sept. 18, 2008).

Tournemille, Harry. *Japan Postpones Plans for Carbon Emissions Trading* (Jan. 7, 2011).

UN. *Durban conference delivers breakthrough in international community's response to climate change.* <http://www.un.org/wcm/content/site/climatechange/pages/gateway/the-negotiations/durban>.

UNFCCC, *Approaches to address loss and damage associated with climate change impacts in developing countries that are particularly vulnerable to the adverse effects of climate change to enhance adaptive capacity.* <http://unfccc.int/files/meetings/doha_nov_2012/decisions/application/pdf/cmp8_lossanddamage.pdf>.

Volcovic, Valevie. *California on track to link Co2 scheme with Quebec in 2013.* Reuters (Oct. 2, 2012).

Will the Durban Platform Influence Carbon Trading? (Jan. 12, 2012).

5) 기타

American Clean Energy and Security Act of 2009. H.R. 2454.

Annex III-criterion 6.

Bali Action Plan.

Bergman, Hans. *EU-ETS(PPT).* Greenhouse Gas Emissions Trading Scheme and the Competitiveness of Industries. 한국법제연구원·주한 EU대표부·주한 영국 대사관 공동주최 국제컨퍼런스 (Oct. 11, 2012).

Betz, Regina. *Designing Emissions Trading Schemes to Combat Climate Change: Lessons Learnt from the European Emissions Trading Scheme(PPT).* Helmholtz Centre for Environmental Research (26 July 2012).

Cap and Trade vs. Carbon Tax. <http://www.carbonshare.org/docs/capvscarbontax.pdf.>.

Carbon Pollution Reduction Scheme Act 2010.

Case C-122/05, Comm'n v. Italy (2006).

Case C-127/07, Societe Arcelor Atlantique et Lorraine and Others v. Premier Ministre (2008).

Chevron U.S.A., Inc. v. Natural Resources Defense Council, Inc., 467 U.S. 837 (1984).

Clean Air Act.

Clean Energy Bill 2011.

Clean Energy Jobs and American Power Act. S.1733.

Climate Change Response Amendment Act 2008.

Climate Change Response(Moderate Emissions Trading) Amendment Act 2009.

Commission Decision C(2007).

Consolidated Appropriation Act 2008, Public Law 110-161, 121 Stat. 1844, 2128 (2008).

Directive 2003/87/EC.

Directive 2007/589/EC.

Directive 2009/29/EC.

Draft *Clean Energy Legislation* Amendment Bill 2012 (28 Aug. 2012).

Dutton, John A. *Introduction to Energy and the Earth Sciences Economics.* <https:// www.e-education.psu.edu/ebf200up/node/161>.

Hedegaad Connie. *Initial Comments on Korean ETS* (17 Oct. 2012).

International Trade and Competitiveness Effects, Emissions Trading Policy Briefs. <http:// www.ucd.ie/t4cms/pb-et-06.pdf>.

Jotzo, Frank. *The Potentials in Linking the Carbon Market for Green Growth(PPT).* 한국 법제연구원 (201.8.17).

Judgements of the Court of First Instance (7 Nov. 2007).

Kyoto Protocol to the United Nations Framework Convention on Climate Change.

Mandatory Reporting of Greenhouse Gases, 40 CFR Part 98.

Marrakesh Accords.

Marrakesh, Morocco. Oct. 29-Nov. 10, 2001, Report of the Conference of the Parties, UN DOC FCCC/CP/2001/13.Add.3 (Jan. 21, 2001).

Massachusetts et al. v. EPA. 549 U.S. 497 (2007).

National Greenhouse and Energy Reporting Act 2007.

NGER Measurement Determination 2008.

O'Reilly Phil, *How the Act works*, Business NZ.

Regulation (EC) No 443/2009/EC of the European Parliament and of the Council of 23 April 2009 setting emission performance standards for new passenger cars as part of the Community's integrated approach to reduce CO2 emission from light-duty vehicles, §1.

Regulatory Impact Analysis for the Mandatory Reporting of Greenhouse Gas Emissions Final Rule 2009.9.

S.1733. Clean Energy Jobs and American Power Act.

Technical Guidelines for the estimation of greenhouse Gas emissions by facilities in Australia (2009).

The United Nations Framework Convention on Climate Change.

UNFCCC article §2.

UNFCCC, *List of Annex 1 Parties to the Convention*.<http://unfccc.int/parties_and_observers/parties/annex_i/items/2774.php>.

Wikipedia, *Carbon offset*, <http://en.wikipedia.org/wiki/Caron_offset>.

Wikipedia, *deadweight loss*. <http://en.wikipedia.org/wiki/Deadweight_loss>.

Wikipedia. *Emissions Trading*. <http://en.wikipedia.org/wiki/ Emissions_trading>.

Wikipedia. *Emissions Trading, Economics of international emissions trading*. <http://en.wikipedia.org/wiki/Emissions_trading#Applying_the_economic_theory>

Wikipedia, *Harberger's triangle*. <http://en.wikipedia.org/wiki/Harberger%27s_triangle>.

Wikipedia, *Kaldor‐Hicks efficiency*. <http://en.wikipedia.org/wiki/Kaldor%E2%80%93Hicks_efficiency>.

Wikipedia. *New Zealand Emissions Trading Scheme*. <http://en.wikipedia.org/wiki/Emissions_trading>.

Wikipedia, *Post‐Kyoto Protocol negotiations on greenhouse gas emissions*. <http://en.wikipedia.org/wiki/Post%E2%80%93Kyoto_Protocol_negotiations_on_greenhouse_gas_emissions>.

Wikipedia, *United Nations Framework Convention on Climate Change*, <http://en.wikipedia.org/wiki/United_Nations_Framework_Convention_on_Climate_Change>.

Wissenbach, Uwe. *EU Emission Trading System-Phase3*(PPT), Greenhouse Gas Emissions Trading Scheme and the Competitiveness of Industries. 한국법제연구원·주한 EU대표부·주한 영국대사관 공동주최 국제컨퍼런스 (Oct.

11, 2012).

40 CFR Chapter I Endangerment and Cause or Contribute Findings for Greenhouse Gases under Section 202(a) of the Clean Air Act; Final Rule.

443/2009/EC: setting performance standards for new passenger cars as part of the Community's integrated approach to reduce CO_2 emissions from light-duty vehicles.

2006 Guideline for National GHG Inventory. Overview.3.

2007/589/EC: Guidelines for the monitoring and reporting of greenhouse gas emissions pursuant to Directive 2003/87/EC.

http://unfccc.int/kyoto_protocol/items/2830.php.

http://www.majoreconomiesforum.org/

http://www.pewclimarg/epavsma.cfm.

Abstract

A study on establishing legal system for linkage of emissions trading schemes under the post-kyoto regime

Changsoo Lee

The aim of this study is to develop recommendations for facilitating international linkage of emissions trading systems under the Post-Kyoto regime by analyzing design standards and requirements for the linkages and present legal and institutional arrangements that will improve introduction and linkage of emissions trading systems. Global carbon trading can reduce global greenhouse mitigation cost by up to 70% until 2020, and linking emission trading schemes can create a leverage effect for creating a global carbon market. This linkage can also enhance international cooperation, as it connects different market mechanism created by different countries' emission trading scheme. This, in turn, could serve as a new breakthrough in the stalled Post-Kyoto regime. In order to create efficient linkages among different emission trading systems, consistency within different legal framework is required and it should be gained in a way that reduces transaction costs and minimizes direct intervention in the market mechanism-so as not to incur a deadweight loss.

New design standards for linkages of emission trading systems in the Post-Kyoto era, should be based on four fundamental principles of environmental integration, resource allocation efficiency, resource allocation equity which are derived from the basic principle of environmental law and institutional compatibility in consideration of linkage. Upon these, the implementation principles must be equipped with basic, general and special requirements for linkages.

First, as a basic requirement, it is necessary to establish an MRV system that complies with international standards. Second, as a general requirement, it is important to prepare for essential linkage requirements that are specified in EU-ETS Directive and US Climate Change Bills, which were proposed for emissions trading schemes, in order to create a linkage with EU-ETS and future federal ETS in the US. It is necessary to introduce a cap-and-trade system, adopt relatively strict emissions reduction targets in absolute terms, balance the scope and limits for offsets, and maintain strong enforcement and penalties to deter violations.

In the cases of China and Japan, prompt transition from pilot projects to a cap-and-trade system is required. In the case of New Zealand, in order to enable international linkage, it seems that issues of incompatible frameworks, such as the absence of a clear cap, should be resolved. If China, Japan and New Zealand adopt carbon intensity targets as well as absolute reduction targets, such moves may become obstacles to linkages with EU-ETS or the US systems. Countries that are willing to link with EU-ETS should set relatively strict quantitative targets.

In the case of offsets, while EU would not allow offsets from forestry sector, Australia, New Zealand, US, and Republic of Korea are allowing such offsets.

An harmonization approach will be required to address such differences. In addition, countries should pursue harmonization across quantity limit and quality control in offsets, in compliance with international standards. When it comes to penalties against violations, the severity of penalties in US, Australia, New Zealand needs to be strengthened to measure up to those in EU-ETS. Korea also needs to consider levying higher fines against violations, imposing additional reduction requirements where shortfalls of the target achievement arise, and publicizing names of offenders.

Third, necessary conditions for linkages, which may not be statutory requirements but are required in order to ease price volatility of emission allowances and thereby ensure stable operation of the global carbon market are; cost containment measures, commitment periods, and ex-post adjustments. A comparison of cost containment measures across countries reveals that banking and borrowing would not cause much issue to linkages, thanks to institutional similarity. However, price ceiling and price floor systems which were introduced in the US and Australia may impede linkages. Korea is institutionalizing almost all the available means for market stabilization, including transaction volume restriction, price ceiling and price floor, and decreasing borrowing and offset limits; however, over-intervention in the price mechanism may become an obstacle to linkages, which is why the above means have to be utilized in the context of sunset regulations in the introductory phase. In accordance with the Post-Kyoto period, phases of emissions trading system in each country need to be aligned. Ex-post adjustments should be allowed only in exceptional cases where facilities and business are exposed to extreme market uncertainties that are unpredictable and go beyond acceptable limits. Korea tends to allow ex-post adjustments that are overly generous, which may lead to an equivalent condition as adopting intensity targets in practice. This system needs to be improved.

Fourth, in the context of emissions trading system linkage, synchronization over the allocation method, sectoral coverages, new entrants and closures, registry is recommended; although they need not be absolutely identical to one another.

Fifth, complementary measures from the perspective of legal and institutional settings that guard against circumstances that may impede introduction or linkage need to be sought. Carbon leakage in the energy intensive, trade exposed industries need to be addressed by introducing legal and institutional remedies that harmonize linkage and competitiveness. However, excessive protection that goes against international standards can undermine the linkage.

As illustrated by Australia, it is desirable to introduce linkages phase by phase, to create synergy effects through the adoption of a policy mix by integrating emissions trading scheme and carbon tax, and allow sufficient preparation period, which minimizes trial and error and ensures balance in burden sharing among countries within the linked trading system. It is recommended to create and deploy standardized models tailored to developed and developing countries, in order to facilitate harmonization and synchronization of international legal systems, as well as install a secretariat for international emissions trading schemes under the UNFCCC to establish an international support mechanism for emissions trading systems.

The study concludes that countries should basically take into account potential linkages across borders from the earliest stage when they introduce domestic emissions trading systems; countries introducing domestic emissions trading systems should consider harmonization or synchronization of core legal and institutional settings with global standards from the beginning. At the same time however, resistance from energy intensive industries towards adoption of emission trading scheme and concerns over carbon leakage and climate change lawsuits need to be alleviated. To do that, it is desirable to design a legal framework that harmonizes linkage and competitiveness.

색 인

이 창 수

서울대학교 법과대학원, 법학박사 (2005~2013)
UC Berkeley School of Law, 객원연구원 (2010~2011)
University of Minnesota Lawschool, LL.M (2000~2001)
서울대학교 행정대학원, 행정학 석사 (1988~1991)
고려대학교 법학과 (1981~1986)

국무조정실 국정과제관리관 (2013~)
국무총리실 농수산국토정책관 (2011~2013)
대통령실 미래전략기획관실 녹색성장환경비서관실 선임행정관 (2010)
대통령실 국정기획수석실 미래비전비서관실 선임행정관 (2009~2010)
국무조정실 총괄심의관실·심사평가실·경제조정관실 등 과장 (2004~2009)
행정고시 31회

주요논문 등

포스트 교토체제하 배출권거래제의 국제적 연계를 위한 법제도 구축방안,
　　　서울대 법대 박사논문 (2013. 2).
자동차 연비 및 온실가스 규제에 관한 정책적·법적 고찰, 이창수·이지영, 조홍식 편,
　　　기후변화와 법의 지배 (2010. 9).
저탄소 녹색성장기본법의 입법취지 및 의미(법제시론), 월간 법제 (2009. 11).
한국의 녹색성장, 한독 비교공법학회지 (2009. 9).
저탄소 녹색성장 현황과 과제, 정책&지식 포럼(449회), 서울대 행정대학원 (2009. 6)
저탄소 녹색성장기본법의 입법취지와 의미, 환경법학회(2009. 2).
수평적 규제체제의 IPTV 적용 : 정책과 법, 황준석·이창수, 정보통신학회 발표 (2007).
네트워크 중립성, 정상조 편저, Entertainment Law (2006. 9).
Schiavo 사건의 법적 시사점, 서울대학교 법학연구 (2006. 9).
국정평가기본법, 한국행정학회지 (2005. 12).
뉴미디어 동향과 유럽의 법제도, 종합유선방송위 회보 (1993. 1. 15).
오수·분뇨 및 축산폐수의 처리에 관한 법률 해설, 월간 법제 (1991. 4).
폐기물관리법 해석, 월간 법제 (1991. 4).
한국입법과정에 있어서의 정당·관료·이익집단의 갈등적 상호작용,
　　　서울대학교 행정대학원 석사논문 (1991. 2).
헌법재판과 입법적 시사점(상),(하), 월간 법제 (1990. 10. 31/11. 10).

포스트 교토체제하

배출권거래제의 국제적 연계

초판 인쇄 | 2013년 9월 25일
초판 발행 | 2013년 9월 30일

저   자 | 이창수
발 행 인 | 한정희
발 행 처 | 경인문화사
등록번호 | 제10-18호(1973년 11월 8일)
주   소 | 서울특별시 마포구 마포동 324-3
전   화 | 02-718-4831~2
팩   스 | 02-703-9711
홈페이지 | www.kyunginp.co.kr
이 메 일 | kyunginp@chol.com

ISBN 978-89-499-0957-8 93360
값 24,000원